SRI DAYA MATA
(1914 – 2010)
Self-Realization Fellowship/Yogoda Satsanga Society of India
-järjestön kolmas presidentti ja hengellinen johtaja

Vain rakkaus

Hengellinen elämä
muuttuvassa maailmassa

SRI DAYA MATA

Tietoa kirjasta: Tämä teos alkoi pienenä kirjasena, joka julkaistiin 1971 nimellä *Qualities of a Devotee*. Siihen sisältyi useita Self-Realization Fellowshipin presidentin Sri Daya Matan puheita, joista useimmat oli pidetty 1960-luvulla. Nykyinen laajennettu antologia kattaa kahdenkymmenen vuoden ajanjakson vuodesta 1955 vuoteen 1975; mukana on sekä tärkeitä Intiassa ja Amerikassa pidettyjä esitelmiä että lyhyitä epämuodollisia puheita. Kirjaan sisältyy myös joitakin Daya Matan välittömiä vastauksia kysymyksiin, joita hänelle tehtiin *satsanga*-tapaamisissa (eli totuuden etsijöiden kokoontumisissa, joissa johtaja puhuu etukäteen valmistelematta hengellisistä aiheista). Monet puheista on julkaistu alkuaan *Self-Realization*-lehden sivuilla (lehden perusti Paramahansa Yogananda vuonna 1925). Vaikka useimmat puheet on osoitettu Self-Realization Fellowshipin luostariasukkaille tai muille Paramahansa Yoganandan opetuksia seuraaville, kaikkien uskontokuntien ja elämänalojen edustajat ovat löytäneet niistä auttavaa ja myötätuntoista ohjausta. Niinpä vuonna 1976 Self-Realization Fellowship julkaisi ensimmäisen Sri Daya Matan puheiden antologian. Toinen osa, *Finding the Joy Within You*, julkaistiin vuonna 1990.

Englanninkielinen alkuteos:

Only Love
Living the Spiritual Life in a Changing World
julkaissut Self-Realization Fellowship, Los Angeles, Kalifornia

ISBN-13: 978-0-87612-215-0
ISBN-10: 0-87612-215-2

Suomentanut Self-Realization Fellowship
Copyright © 2016 Self-Realization Fellowship

Kaikki oikeudet pidätetään. Lukuun ottamatta lyhyitä kirja-arvioinneissa käytettäviä lainauksia mitään osaa kirjasta Vain rakkaus – Hengellinen elämä muuttuvassa maailmassa (Only Love: Living the Spiritual Life in a Changing World) ei saa jäljentää, varastoida, välittää tai esittää missään muodossa eikä millään nykyään tunnetulla tai myöhemmin käyttöön otettavalla menetelmällä (sähköisesti, mekaanisesti tai muuten) – mukaan lukien valokopiointi, äänittäminen, tietojen tallennus- ja tulostusmenetelmät – ilman ennalta pyydettyä lupaa osoitteesta: Self-Realization Fellowship, 3880 San Rafael Avenue, Los Angeles, California 90065–3219, U.S.A.

 Self-Realization Fellowship -järjestön kansainvälisen julkaisuneuvoston hyväksymä

Self-Realization Fellowship -nimi ja yllä nähtävä tunnus esiintyvät kaikissa SRF:n kirjoissa, äänitteissä ja muissa julkaisuissa varmistamassa, että ne ovat Paramahansa Yoganandan perustaman järjestön tuottamia ja seuraavat uskollisesti hänen opetuksiaan.

Ensimmäinen suomenkielinen *Self-Realization Fellowshipin* tuottama painos, 2016
First edition in Finnish from Self-Realization Fellowship, 2016

Tämä painatus: 2016
This printing: 2016

ISBN-13: 978-0-87612-601-1
ISBN-10: 0-87612-601-8

1811-J3356

Kunnioitetulle Gurudevalleni

PARAMAHANSA YOGANANDALLE

*ilman hänen siunaustaan
tämä hengellisen tien kulkija
ei olisi löytänyt Jumalan taivaallista rakkautta –
täydellistä, tyydyttävää rakkautta
Häneen, joka on Isämme, Äitimme,
Ystävämme, Rakastettumme*

Sisällys

Kuvaluettelo xiii
Esipuhe xv
Johdanto xviii

Miksi etsisimme Jumalaa? 1
   "Miten voimme löytää Jumalan?" 3
   Meditaatio tuo mukanaan hyvää 7
   Jumala on kaiken elämän yhteinen nimittäjä 9

Ihmisen laajenevat näköalat 15
   Kokemus Jumalasta yhdistää maailmaa 18
   Maailman läheisyys sokaisee ihmisen 22
   Ei pidä odottaa kunnes elämä pakottaa etsimään
   Jumalaa 23

Jumalallinen kohtalomme 25

Jumalan palvojan ominaisuuksia 29
   Mielen keskittäminen Jumalaan auttaa
   selvittämään ongelmat 30
   Ponnistelkaa muuttuaksenne 32
   Kun asenne on oikea, se muuttuu Kristuksen
   kaltaiseksi 34
   Jokainen on hieman hullu 37
   Tarttukaa totuuteen älyllä; omaksukaa se sisäisesti
   sieluunne 38
   Jumala on ujon välttelevä 40
   Perushalumme ovat sielulle synnynnäisiä 41

Toisten ihmisten ymmärtäminen 46

Kuinka muuttaa toisia ihmisiä 51
   Kuka on vastuussa teini-ikäisten käytöksestä? 54

Vain rakkaus

> Ihmissuhteiden jumalallinen merkitys 62
>
> **Mitä voimme oppia muilta ihmisiltä** 66
>
> Säilytä mielenrauhasi 69
> Ottakaa selvää, mitä Jumala odottaa teiltä 70
> Ankkuroitukaa häneen, joka on muuttumaton 73
>
> **Jumalan rakastamisen tärkeys** 74
>
> **Elämän hengellistäminen** 78
>
> Sukeltakaa syvälle meditaatioon 79
> Oppikaa ammentamaan Korkeimmasta Voimasta 80
> Tasapainoisen elämän arvo 82
> Totuus on yksinkertainen 84
>
> **Viisaan näkemys elämän kokemuksista** 86
>
> **Ajatuksia oikeasta asenteesta** 96
>
> Tapahtukoon Sinun tahtosi 97
> Olkaa Jumalan välineitä 98
>
> **Uuden vuoden suomat hengelliset mahdollisuudet** 100
>
> Jumalan valo tuhoaa pimeyden 102
> Vahvistakaa hyviä päätöksiänne 103
> Rakentakaa elämänne meditaation kalliolle 105
> Harjoittakaa Jumalan läsnäoloa 106
> Muistakaa vain tehdä parhaanne joka päivä 107
> Rukoukseni teille 108
>
> **Anteeksiannon salaisuus** 110
>
> **Rukouksen aika, antautumisen aika** 115
>
> Arkinen keskustelu Jumalan kanssa on luonnollisin
>   rukouksen muoto 117
> Keho on vain sielua peittävä verho 119
> "Jumala auttaa niitä, jotka auttavat itseään" 120
> Vahvistavien lauseiden toistaminen luo
>   magneettista voimaa 121
> Ajatus on väkevin voima maailmassa 122

Sisällys

Ihminen tarvitsee Jumalaa 124
    Jumala ja ihminen etsivät pyyteetöntä rakkautta 126
    Pitäkää kiinni Jumalasta; Hän pystyy
    auttamaan teitä 126
    Jumalan miellyttämisen tulisi olla
    elämämme motiivi 127

Miten päästä Jumalan suosioon 130
    Jumala on mitä helpoin tuntea 131
    Jos tavoittelee ihmeitä, Jumala pysyy poissa 132
    Oivallus, joka kohottaa luonnon verhoa 135
    Karma-joogin asenne 137
    Olemme täysin riippuvaisia Jumalasta 137
    Älkää koskaan pelätkö Jumalaa 138
    Muistuttakaa Jumalaa Hänen vastuustaan
    vaikeuksissanne 139

Hengellisen edistymisen salaisuudet 142
    Palvelemisen ja meditaation välinen ristiriita 143
    Meditaatio on tärkein velvollisuutemme 145
    Muutos ajattelussamme tuo Jumalan lähemmäksi 147
    Suorittakaa tehtävänne innolla, valittamatta 148
    Sieluina kaikki ovat samanarvoisia 149
    Ainoa hyvä on Jumala 150

Sopiiko Jumalan meditointi moderniin elämään? 152
    Yhdistäkää meditaatio oikeaan toimintaan 153
    Vain meditaatio voi tyydyttää hengellisen
    nälkämme 154
    Olkaa vilpittömiä hengellisissä tavoitteissanne 156
    Positiivinen, oikea ajattelu 158
    Ajatelkaa Jumalaa päivin ja öin 159
    Velvollisuuden tarkoitus 161
    Rakentava ja tuhoisa herkkätunteisuus 162
    Meditaatio ja oikea ajattelu 166
    Todellinen tehtävänne elämässä 168

Vain rakkaus

Ainoa tie onneen 171
   Menestynein ihminen 172
   Askeleita kohti Itse-oivallusta 173
   Valtakuntamme ei ole tästä maailmasta 178

Taivas on sisällämme 180
   Tyhjyys, jonka vain Jumala voi täyttää 181
   Sisimmästämme löytyvä totuus muuttaa
     elämämme 184
   Jumala on aina kanssamme 186

Älä pidä muita jumalia 187
   Hiljaisuuden arvo 190
   Jooga opettaa ihmistä muuttumaan 191
   Kokemus Taivaallisesta Äidistä 195

Muisteluja gurustani Paramahansa Yoganandasta 200
   Jumalan voi tuntea vain henkilökohtaisen
     kokemuksen kautta 201
   Guru antaa Jumalalle sen rakkauden, joka
     hänelle annetaan 202
   Kokemus nirvikalpa samadhista 203
   Viimeiset päivät gurun kanssa 204
   Seuratkaa gurun sadhanaa 206

Antaumuksen tie 208
   Antaumuksen tulisi olla vain Jumalaa varten,
     ei vaikutuksen tekemiseksi muihin 210
   Autuus on ihmisen lopullinen päämäärä 211

Siunaus Mahavatar Babajilta 214
   Jumalallinen vahvistus Babajilta 219
   Enteellinen näky 221
   "Minun luontoni on rakkaus" 226

Totuuden henki 229
   Totuuden voi täysin ymmärtää vain
     kokemuksen kautta 231
   Oikea halujen tyydyttämistapa 232

Sisällys

Onko avataaroilla karma? 235
   Mestari voi olla kiivas olematta suuttunut 236
   Avataarat ottavat nimen ja muodon kuin
   roolia esittävät näyttelijät 238
   Todellinen vahvuutemme syntyy antautumisesta 240
   Ennemmin tai myöhemmin Jumala tyydyttää
   kaikki halut 241

Ykseytemme Jumalan kanssa 245
   Ihmiset ovat veljiä, Jumala on isämme 248
   Missä kaksi tai kolme on koolla 249

Ainoa vastaus elämään 252

Kulkekaa sisäisesti Jumalan kanssa 262

Miten opetella käyttäytymään 266
   Sisällään ei voi pitää sekä hyvyyttä että
   pahuutta 267
   Jumala-kokemuksen häivähdyskin muuttaa
   ihmistä 268
   Kun hallitsemme itsemme, mikään ei voi
   vaivata tai järkyttää meitä 269
   Vastoinkäymisten tarkoitus on tehdä meidät
   vahvemmiksi 270
   Suurin voima maailmassa 270

Miten opimme tuntemaan Jumalan 273
   Itsetutkiskelu: hyvä keino arvioida hengellistä
   edistymistä 274
   Meditaatio muuttaa elämämme 275
   Kiintymys Jumalaan vähentää kiintymystä
   materiaan 276
   Jumala on ikuinen kumppanimme 278

Antakaa huolenne Jumalan haltuun 280

Self-Realization Fellowshipin hengelliset päämäärät 284

Kokoelma neuvoja 293

Vain rakkaus

Jumala on suurin aarre 293
Jumala on vastaus kaikkiin ongelmiin 294
Hyvän ja pahan psykologinen taistelukenttä 295
Itse-oivallus löytyy sisäisestä hiljaisuudesta 297
Meillä ei ole aikaa hukattavaksi 298
Palakaa halusta Jumalaan 300
Jumalan rakkaus tekee jokaisesta
  sielusta ainutlaatuisen 304
Antakaa Jumalan auttaa taakkojenne
  kantamisessa 305
Turvautukaa yksin Jumalaan 306
Antakaa Jumalalle mahdollisuus 308
Kehotuksia tiellä etenemiseksi 309
Jumalallinen rakkaus motivoi oikeaan
  toimintaan 310
Maallisen tietoisuuden harha 311
On etuoikeus palvella Jumalaa 312
Päämääriä uudelle vuodelle 313
Rakkaus sitoo meidät yhteen 314
Taivaallinen Äiti kurinpitäjänä 315
Miten saada paras meissä esiin 317
Arvostelukyvyn voima 319
Tarkkailkaa omia ajatuksianne ja tekojanne 320
Hengellisen elämän malli 321
Onnellisen elämän salaisuus 323
Taivaallinen rakkaussuhde Jumalan kanssa 325

Kuvaluettelo

Sri Daya Mata *(esiölehdellä)*

Daya Mata ja Paramahansa Yogananda, Encinitas, 1939 19

Kansainvälisessä päämajassa, Los Angeles, 1969 20

Self-Realization Fellowshipin konvokaatiossa, Los Angeles, 1975 56

Saapuminen Ranchiin, 1967 57

Ram-dhunin aikana meditaatiossa, Ranchi, Intia, 1968 88

Lapsia ruokkimassa, Dakshineswar, Intia, 1961 89

Satsangaa pitämässä, Dakshineswar, 1973 90

Ananda Matan ja Mrinalini Matan kanssa, Bombay 91

Yogoda Satsanga -koulussa. Ranchi, 1972 133

Ystävystymässä käärmeen kanssa, Banaras, 1961 133

Johtamassa *sannyas*-seremoniaa, Ranchi, 1968 134

Siunaamassa lasta, Intia, 1961 134

Gowardan-mathin Jagadgurun kanssa, 1958 175

Samadhissa, Ranchi, 1967 176

Mahavatar Babajin luolassa, Himalaja 1963 217

Paramahansa Yoganandan kirje 218

Daya Matajin lempivalokuva Paramahansa Yoganandasta 223

Satsangaa johtamassa Pariisissa, 1969 224

xiii

Vain rakkaus

Meditaatiossa *kriya*-joogaseremonian aikana,
Los Angeles, 1965 224
Sannyas-seremonian jälkeen, Los Angeles, 1965 254
Palparan kylässä, Länsi-Bengal, 1973 255
Holi-juhlaa viettämässä, Ranchi, maaliskuu
1973 256
Lapsen *holi*-kunnioitusta Matajin edessä,
Ranchi 256
Iäkästä Jumalan palvojaa lohduttamassa,
Kalkutta, 1968 257
SRF-ashramin rannalla, Encinitas 301
Pahalgamissa, Kashmir, 1961 302

Esipuhe

Chakravarthi V. Narasimhan
Yhdistyneiden Kansakuntien sisäisten asioiden ja
koordinoinnin alipääsihteeri

Löysin *Autobiography of a Yogi* -teoksen (*Joogin omaelämäkerran*) vuonna 1967. Se tutustutti minut ensimmäisen kerran Paramahansa Yoganandaan ja Self-Realization Fellowship[1] -liikkeeseen. Tämän jälkeen olen seurannut läheisesti tuon järjestön työtä. Minulla on ollut etuoikeus tavata useita kertoja Sri Daya Mata sekä joitakin hänen uskollisia työtovereitaan. Minulla on ollut myös tilaisuus vierailla Self-Realization-keskuksessa Kalifornian Encinitasissa, jossa Paramahansa Yogananda asui monia vuosia.

Kuten jo sanoin, minulla oli etuoikeus tavata Sri Daya Mataji, sillä hänen läsnä ollessaan kukaan ei voi välttyä tuntemasta sitä hengellisen rauhan ja seesteisyyden auraa, joka hänestä säteilee. Sri Daya Mata lähti jo hyvin nuorena seuraamaan Paramahansa Yoganandan opetuksia. Sri Yoganandasta huokuvan valaistumisen jumalallinen kipinä oli ilmeisesti koskettanut häntä jo silloin. Hänestä tuli Paramahansa Yoganandan ensimmäisiä seuraajia tämän elinaikana,

---

[1] Kirjaimellisesti 'Itse-oivalluksen yhteisö'. Paramahansa Yogananda on selittänyt, että Self-Realization Fellowship -nimi merkitsee yhteyttä Jumalan kanssa Itse-oivalluksen avulla ja ystävyyttä kaikkien totuutta etsivien sielujen kanssa.

Vain rakkaus

ja nykyisin hän on Sri Yoganandan hengellisen työn ansiokas jatkaja[2] ja sanoman eteenpäin viejä tässä maassa, omassa maassani [Intiassa] ja kaikkialla maailmassa.

Tämä rauhan ja sisäisen tyyneyden sekä ehyen ihmispersoonan sanoma on omalle ajallemme mitä tärkein. Elämme kuohunnan aikaa ja muutoksen nopeus on suorastaan pelottava. Myös kaikkein kehittyneimmissä maissa monet tuntevat epävarmuutta omassa elämässään, ja kolmannen maailman maissa on käsittämätöntä köyhyyttä, puutetta ja kärsimystä. Tarvitsemme uutta, keskinäisen riippuvuuden ja maailman laajuisen solidaarisuuden filosofiaa ratkaistaksemme nämä ongelmat. Tämä edellyttää sangen huomattavaa asenteen muutosta. Muutosta tarvitaan sekä niiden hallitusten asenteissa, jotka toimivat kansainvälisten järjestöjen kuten Yhdistyneiden Kansakuntien kautta – tässä järjestössä olen palvellut yli yhdeksäntoista vuotta – sekä vieläkin enemmän yksityisten ihmisten asenteissa. Tarvitsemme kipeämmin kuin koskaan ehyitä yksilöitä, ja Itse-oivallus on varma ja yksinkertainen tie ehyen persoonallisuuden saavuttamiseen.

Ensimmäisten kuuhun laskeutuneiden astronauttien nähdessä maapallon kuusta käsin he huudahtivat sen olevan hyvin kaunis. Tuolta etäisyydeltä he näkivät maapallon kokonaisuutena, eivät maina tai maanosina tai alueina, joita asuttivat eri rotuiset ja eri väriset

---

[2] Sri Mrinalini Mata, toinen Paramahansa Yoganandan läheisimmistä oppilaista, tuli hänen hengellisen työnsä jatkajaksi Self-Realization Fellowshipin / Yogoda Satsanga Society of Indian presidenttinä Sri Daya Matan kuoltua vuonna 2010.

Esipuhe

ihmiset. Jos ajattelumme on liiaksi maahan sidottua, emme pysty näkemään maapalloa kokonaisuutena. Voimme ylittää helposti tämän rajoitteen käyttämällä hieman mielikuvitusta, joka auttaa meitä kohottamaan katseemme ahtaiden, meitä jakamaan pyrkivien erottelujen yli, sekä seuraamalla niiden suurten pyhimysten ja viisaiden opetuksia, jotka ovat kehottaneet meitä rakkauteen, myötätuntoon ja suvaitsevuuteen.

Sri Daya Matan sanoma on siis erittäin tärkeä ja olennainen epäilyn ja skeptisyyden aikanamme. Hänen tässä kirjassa julkaistut puheensa ovat kuin toivon ja uskon majakka. Ne julistavat sekä ihmiskunnan ykseyttä että ihmisen ykseyttä Jumalan kanssa.

New York City
14. tammikuuta 1976

Johdanto

Sri Daya Matan sanojen lukeminen tai kuuleminen tutustuttaa ihmiseen, joka rakastaa. Hänen rakkautensa ylittää kaikki rajat ja ympäröi kaiken. Se ilmentää ylevää sielun kaipuuta ja sen riemullista täyttymystä Jumalassa. Tässä epämuodollisten puheiden kokoelmassa Mataji tarjoaa meille välähdyksen laajentuneen hengellisen tietoisuuden valtakuntaan, jossa sielu kokee jumalallista rakkautta.

Daya Mata oli syntynyt Salt Lake Cityssä, Utahissa. Varhaisimmista vuosistaan lähtien hänellä oli syvä Jumalan kaipuu. Kahdeksan vuoden ikäisenä, kun hän kuuli koulussa Intiasta, hän tunsi mystisen sisäisen heräämisen ja sen mukana vakaumuksen, että Intialla oli avain hänen elämänsä täyttymykseen. Tuona päivänä koulun päätyttyä hän juoksi kotiin ja huudahti riemuissaan äidilleen: "Kun kasvan isoksi, en mene naimisiin; minä lähden Intiaan." Profeetallisia sanoja lapsen suusta.

Daya Matan ollessa viisitoistavuotias hän sai kappaleen *Bhagavadgitaa*, "Herran laulua". Teos liikutti häntä syvästi, sillä se paljasti Jumalan myötätuntoisen rakkauden ja ymmärtäväisyyden lapsiaan kohtaan. Jumalaa voitiin lähestyä ja hänet oli mahdollista tuntea; ja Hänen lapsiaan kutsuttiin jumalallisiksi olennoiksi, jotka omin pyrkimyksin saattaisivat toteuttaa hengellisen syntymäoikeutensa, ykseyden Hänen kanssaan. Daya Mata päätti, että jotenkin, jollain

Johdanto

tavoin, omistaisi elämänsä Jumalan etsimiseen. Hän kulki yhden uskonnollisen auktoriteetin luota toisen luo, mutta aina hänen sydämeensä jäi tyydyttämätön kysymys: "Mutta kuka *rakastaa* Jumalaa; kuka *tuntee* Hänet?" Murheellisena hän tajusi, että häneltä puuttui etsinnässään olennainen: sellaisen ihmisen opastus, joka todella tuntee Jumalan.

Vuonna 1931 Daya Matan ollessa seitsemäntoistavuotias hän näki Paramahansa Yoganandan[3] ensimmäisen kerran. Tämä oli pitämässä esitelmää suurelle yleisölle Salt Lake Cityssä. Ensimmäisiä vaikutelmiaan muistellen Daya Mata on kertonut: "Kuinka voin kuvailla tätä teille? Nähdessäni hänet seisomassa korokkeella jähmetyin täysin paikoilleni. Hän puhui tahdonvoiman ja Jumalan rakastamisen hengellisestä potentiaalista. Hän puhui tavalla, jolla en ollut kenenkään kuullut Jumalasta puhuvan. Olin lumoutunut. Tajusin välittömästi, että hän tunsi Jumalan ja että hän pystyisi osoittamaan minulle tien Jumalan luo, ja päätin: 'Häntä minä seuraan.'"

Tuhansien kuulijoiden joukossa näytti epätodennäköiseltä, että Daya Matalle olisi voinut avautua mahdollisuus tavata Gurua. Mutta sanotaan, että onnettomuus on joskus valekaapuinen siunaus. Daya Mata oli kärsinyt pitkään vakavasta verenmyrkytyksestä. Sairaus, jota lääkärit eivät pystyneet parantamaan,

---

[3] Paramahansa Yogananda, *Joogin omaelämäkerran* (*Autobiography of a Yogi* -teoksen) kirjoittaja, oli ollut Yhdysvalloissa vuodesta 1920 lähtien. Hänet oli tuolloin kutsuttu Intian edustajaksi Uskontoliberaalien kansainväliseen konferenssiin Bostoniin. Sen jälkeen hän oli esitelmöinyt ympäri Yhdysvaltoja ja perustanut Los Angelesiin päämajan toiminnalleen, joka sai nimen Self-Realization Fellowship / Yogoda Satsanga Society of India.

Vain rakkaus

oli lopulta pakottanut hänet jättämään koulun. Hän kuitenkin osallistui uskollisesti Paramahansajin luentokurssille, ja hänen siteiden peittämät turvonneet kasvonsa ilmeisesti herättivät suuren Gurun huomion. Kurssin lopulla tämä ilmoitti yleisölle, että seitsemän päivän kuluttua nuoren tytön sairaudesta ei olisi enää mitään jäljellä. Ja niin tapahtui. Mutta Daya Matalle ihmeellistä parantumista suurempi siunaus oli tilaisuus tavata tämä Jumalan mies. Daya Mata oli äärimmäisen ujo, ja hän ihmetteli aina myöhemminkin, kuinka hänellä saattoi olla rohkeutta lausua ensimmäiset sanansa Gurulle. "Tahdon niin kovasti liittyä ashramiinne ja omistaa elämäni Jumalan etsimiseen." Guru katsoi häntä hetken läpitunkevasti: "Ja niin käykin."

Vaadittaisiin kuitenkin ihme, että Daya Matan toive toteutuisi, sillä perheen vastustus oli suuri. Hän oli yhä nuori tyttö, ja hänen perheensä – ymmärtäväistä äitiä lukuun ottamatta – asettui jyrkästi vastustamaan hänen lähtöään kotoa seuraamaan uskontoa, joka oli heille täysin vieras. Mutta eräänä iltana Paramahansa Yogananda sanoi luennollaan, että jos Jumalan palvoja kutsuu tarpeeksi syvästi Jumalaa ollen vakuuttunut vastauksesta, Hänen vastauksensa on tuleva. Daya Mata teki päätöksensä, ja tuona iltana perheen käytyä levolle hän meni olohuoneeseen, jossa saattoi olla yksin. Kyyneleet valuivat hänen purkaessaan sydäntään Jumalalle. Useiden tuntien jälkeen hän tunsi syvällisen rauhan valtaavan koko olemuksensa eikä voinut enää itkeä: hän tiesi Jumalan kuulleen rukouksen. Kahdessa viikossa kaikki ovet avautuivat, ja hän

Johdanto

saattoi liittyä Paramahansa Yoganandan Los Angelesin ashramiin.

Aika vieri nopeasti Gurun jalkojen juuressa. Daya Mata oli syvästi onnellinen, mutta noihin varhaisiin vuosiin, jolloin hän sai opetusta ashramissa, kuului myös sisäistä taistelua. Paramahansa Yogananda ryhtyi rakastaen mutta lujasti muuttamaan nuorta *chelaa*[4] esimerkilliseksi opetuslapseksi. Myöhemmin hän selitti Daya Matalle antaneensa tälle yhtä ankaran koulutuksen kuin hänen gurunsa, Swami Sri Yukteswar, oli antanut hänelle – merkittävä huomautus, sillä Daya Mata oli perivä sen hengellisen ja järjestöllisen tehtävän, jonka Sri Yukteswar oli määrännyt Paramahansa Yoganandalle.

Ajan myötä Guru sälytti yhä enemmän tehtäviä Daya Matalle. Useita vuosia ennen *mahasamadhiaan*[5] Paramahansaji pyysi häntä ottamaan hallinnollisen vastuun Mount Washingtonin kansainvälisestä päämajasta. Tämän jälkeen Paramahansa Yogananda vetäytyi yksinäisyyteen ja alkoi omistautua suurimmaksi osaksi kirjoitustöille. Järjestön maailmanlaajuisen toiminnan lisääntyessä Daya Matan hengelliset ja hallinnolliset vastuut kasvoivat.

Tuli hetki, jolloin Guru ilmoitti oppilaalleen jättävänsä pian maallisen kehonsa. Järkyttyneenä Daya Mata kysyi, kuinka työ voisi jatkua ilman tätä. Guru vastasi lempeästi: "Muista, kun olen jättänyt tämän maailman, vain rakkaus voi ottaa paikkani. Ole öin

---

[4] Hindujen käyttämä sana oppilaasta.
[5] Jumalan oivaltaneen sielun tietoinen poistuminen ruumiista fyysisen kuoleman hetkellä.

ja päivin niin juovuksissa Jumalan rakkaudesta, että et tunne muuta kuin Jumalan, ja anna tuota rakkautta kaikille." Näistä sanoista tuli Daya Matan elämän ohjenuora.

Paramahansaji siirtyi mahasamadhiin Los Angelesissa 7. maaliskuuta 1952. Kolme vuotta myöhemmin, seuraten pyhimysmäistä Rajarsi Janakanandaa tämän kuoltua, Daya Matasta tuli Gurudevan yhteisön kolmas presidentti. Paramahansa Yoganandan hengellisenä seuraajana ja todellisena "myötätunnon äitinä" – tätä Daya Matan nimi merkitsee – hän valvoi Gurun ilmaisemien, Self-Realization Fellowshipiä / Yogoda Satsaga Societya koskevien ihanteiden ja toiveiden uskollista toteuttamista; samoin hän valvoi, että sen jäsenten hengellinen ohjaus sekä Self-Realization Fellowshipin / Yogada Satsanga Societyn useissa ashrameissa elävien luostariasukkaiden koulutus noudatti uskollisesti Gurun ohjeita.

Palveltuaan yli 55 vuotta Paramahansa Yoganandan maailmanlaajuisen työn hengellisenä johtajana Sri Daya Mata siirtyi hiljaa tuonpuoleiseen 96-vuotiaana 30. marraskuuta 2010. Hänen uraauurtavaa elämäntyötään Intian kunnianarvoisten perinteiden levittäjänä muistettiin *New York Timessa*, *Los Angeles Timesissa*, *The Times of India* -lehdessä sekä muissa keskeisissä sanoma- ja aikakauslehdissä Yhdysvalloissa, Intiassa ja muualla.

Vaikka Daya Matan elämä oli omistettu ensisijassa hänen Gurunsa työlle ja Self-Realization-polun seuraajille, hän tunsi kaikkien Jumalan etsijöiden kuuluvan hengelliseen perheeseensä riippumatta

Johdanto

heidän uskonsuunnastaan. Tavattuaan Daya Matan ja kuultuaan hänen puhuvan useissa tilaisuuksissa eräs katolinen Charity-sisar sanoi: "Minulle, joka kuulun uskonnolliseen sääntökuntaan, Daya Mata on loistava esimerkki siitä, mitä Jumalan ja lähimmäisten palvelemiseen omistetun elämän pitäisi olla. Hän saa minut ajattelemaan suurta Kristuksen edelläkävijää, Johannes Kastajaa, joka sanoi itsestään: 'Olen huutavan ääni autiomaassa. Tasoittakaa tie Herralle.' Daya Matan ollessa läsnä ei ole katolisia, protestantteja tai hinduja vaan vain yhden Isän, Jumalan, lapsia. Ja jokaisen hän ottaa vastaan viehättävästi ja jokaiselle hänellä on sijaa sydämessään. Minulle, katoliselle nunnalle, hän on antanut varsin paljon ystävällisyyttä, huomiota ja rohkaisua. Minulle hän tulee olemaan aina ihanne siitä, mitä minun elämäni nunnana pitäisi olla – –. Hän säteilee Jumalaa."

Ei sääntö vaan Jumalaan johtavan tien henki on voimakas, lähes maaginen tekijä, joka muuttaa Jumalan palvojan elämän. Pyhien kirjoitusten totuudet ja kehotukset ovat pelkkiä sanoja, kunnes ne tulevat osaksi kunkin omaa ajattelua ja toimintaa. Ne täytyy elää. *Vain rakkaus* kuvaa jumalallisen etsinnän henkeä. Se luo perustan Jumalan kanssa yhteen virittäytyneelle elämälle, Jumalan, joka on ihmisen elämän ja olemassaolon Lähde, Ylläpitäjä ja Olemus.

Kaikki hengelliset etsijät, mikä heidän ulkoinen roolinsa elämässä onkaan, huomaavat, että tämä kirja puhuu heidän sielulleen. Vaikka monet tämän kokoelman puheet pidettiin ensi sijassa Self-Realizationin / Yogoda Satsangan ashrameissa

Vain rakkaus

luostariasukkaille, niissä ilmaistuja totuuksia voidaan soveltaa universaalisti.

Daya Matan sanat, joita valaisee suora henkilökohtainen oivaltaminen, osoittavat, että Jumalan etsintä on iloinen kokemus ja että Hänen löytämisensä on itse Ilo.

Self-Realization Fellowship

VAIN RAKKAUS

Miksi etsisimme Jumalaa?

*Jyoti Mandram Hall, Bangalore, Intia,
31. joulukuuta 1967*

Miksi etsisimme Jumalaa? Mikä Jumala on? Miten voimme löytää Hänet? Ensimmäiseen kysymykseen on olemassa helppo vastaus. Meidän tulisi etsiä Jumalaa, koska meidät on luotu Hänen kuvakseen[1], ja vain Hänen täydellisyytensä ja pysyvyytensä voi antaa meille kestävän onnen. Ihmiselle annettiin mieli ja keho, jonka viiden aistin avulla hän havainnoi tätä rajallista maailmaa ja samaistuu siihen. Mutta ihminen ei ole keho tai mieli; hän on henkeä, kuolematon sielu. Aina kun hän yrittää löytää pysyvän onnen aistihavaintojensa kautta, hänen toiveensa, innostuksensa ja mielihalunsa haaksirikkoutuvat syvän turhautumisen ja pettymyksen karikkoihin. Aineellisessa maailmankaikkeudessa kaikki on pohjimmiltaan hetkellistä ja alati muuttuvaa. Kaikki muuttuvainen kantaa mukanaan pettymyksen siemeniä. Ja niin maallisten odotustemme laiva ennemmin tai myöhemmin juuttuu pettymysten särkille. Siksi meidän tulisi etsiä Jumalaa, koska Hän on kaiken viisauden, kaiken rakkauden, kaiken autuuden ja tyytyväisyyden alkulähde. Jumala on olemassaolomme ja kaiken elämän lähde, ja meidät on luotu Hänen kuvakseen. Kun löydämme

---

[1] 1. Moos. 1:27: "Ja Jumala loi ihmisen omaksi kuvaksensa – –."

Vain rakkaus

Hänet, oivallamme tämän totuuden.

Jos Jumala on ihmisen päämäärä, niin mikä Hän oikein *on*? Kaikki pyhät kirjoitukset ja kaikki suuret sielut, jotka ovat puhuneet omasta kokemuksestaan Jumalasta, ovat julistaneet Hengen muodostuvan tietyistä ominaisuuksista. Siltikään emme pysty sanomaan, mikä Jumala on. Yksikään ihminen ei ole pystynyt täysin kuvailemaan Häntä. Vanhassa tarinassa suolasta tehty hahmo meni rantaan mitataakseen valtameren syvyyden. Heti kun se astui veteen, se suli aaltoihin. Hahmo ei pystynyt mittaamaan syvyyksiä, sillä se oli muuttunut yhdeksi valtameren kanssa. Ihmisen tilanne on sama. Hänen olemuksensa koostuu samoista ominaisuuksista kuin Henki. Siitä hetkestä, kun hänen sielunsa samaistuu Äärettömään, hän muuttuu yhdeksi Jumalan kanssa eikä pysty enää kuvailemaan, mikä Jumala on. Monet pyhimykset ovat kuitenkin kuvailleet, mitä he ovat kokeneet ollessaan yhteydessä Henkeen.

Kaikki pyhät kirjoitukset julistavat, että Jumala on rauha, rakkaus, viisaus, autuus. Ne ovat samaa mieltä siitä, että Jumala on kosminen äly, kaikkitietävä, kaikkialla läsnä. Hän on Täydellisyys. Hän on valtaisa kosminen ääni *Aum*,[2] kristittyjen Amen. Hän on kosminen valo. Nämä kaikki ovat Äärettömän ominaisuuksia tai

---

[2] *Aum*: Kaikkien äänten perusta; universaali symbolinen sana Jumalalle. Vedojen *Aum*-sanasta muodostui tiibetiläisten pyhä sana *Hum*, muslimien *Amin* sekä egyptiläisten, kreikkalaisten, roomalaisten, juutalaisten ja kristittyjen *Amen*. *Aum* on kaikkialle kantava ääni, joka lähtee Pyhästä Hengestä (Näkymättömästä Kosmisesta Värähtelystä, Jumalasta hänen Luojan muodossaan); se on Raamatun "Sana", luomisen ääni, joka todistaa Jumalallisen Läsnäolon jokaisessa hiukkasessa. *Aum*-äänen voi kuulla harjoittaessaan Self-Realization Fellowshipin meditaatiomenetelmiä.

Miksi etsisimme Jumalaa?

laatuja. Kun palvoja etsii Häntä syvästi, hän alkaa oivaltaa nämä Jumalan erilaiset ilmentymät.

Sanotaan, että ensimmäinen todiste Jumalan läsnäolosta ihmisessä on rauha – rauha, johon ei vaikuta mikään ulkoinen tekijä. Jos ihminen sitoo unelmansa, ihanteensa, toiveensa ja kunnianhimonsa maallisiin tavoitteisiin, niiden saavuttamisen suoma rauha on ohimenevää. Tämä maailma on kaksijakoinen: elämä koostuu ilosta ja tuskasta, terveydestä ja sairaudesta, lämmöstä ja kylmyydestä, rakkaudesta ja vihasta, elämästä ja kuolemasta. Ihmisen päämäärä on viedä tietoisuutensa tämän kaksijakoisuuden lain tuolle puolen, *mayan*[3] verhon taakse, ja löytää se Ainoa, joka on läsnä koko luomakunnassa ja sen tuolla puolen.

"Miten voimme löytää Jumalan?"

Seuraava kysymys kuuluu: "Miten voimme löytää Jumalan?" Häntä ei voi tuntea aistien avulla, ei liioin mitata älymme rajoittuneella kahdentoista tuuman mittatikulla. Kun yritämme löytää Hänen suomansa autuuden, rakkauden, viisauden ja ilon aistinvaraisista kokemuksista, petymme. Mutta kun opimme syvän meditaation avulla hiljentämään kehomme ja sammuttamaan viisi aistiamme, kuudes aisti, intuitio, alkaa ilmaista itseään. Jumalan voi tuntea ainoastaan intuition aistin avulla. Hän *haluaa* meidän tuntevan Hänet. Siksi jokaiselle ihmiselle on annettu intuitio.

---

[3] "Kosminen illuusio; kirjaimellisesti: 'mittaaja' (sanskritiksi *maya*). *Maya* on se luomisen taikavoima, jonka vaikutuksesta Mittaamaton ja Jakamaton näyttäytyy rajoittuneena ja jakautuneena." – Paramahansa Yogananda, *Joogin omaelämäkerta*.

Vain rakkaus

Ensimmäinen tavoite on siksi hiljentää sekä keho että mieli, jotta intuition kuiskaukset on mahdollista kuulla. Gurumme Paramahansa Yogananda opetti meille niitä keskittymisen ja meditaation tekniikoita, joiden avulla kehon ja mielen voi hiljentää ja jotka sallivat meidän olla suorassa yhteydessä Äärettömään. Mutta kuinka monet ovatkaan sanoneet minulle matkoillani ympäri maailmaa: "Olet onnekas, kun pystyt siihen, mutta minulla on huono tuuri. Jumala ei vastaa minulle." Jos Jumala ei vastaa, se johtuu siitä, että palvoja ei tunne Häntä kohtaan riittävää kaipuuta eikä ole oppinut meditoimaan syvästi. Mestari[4] sanoi meille: "Kun istuudutte meditoimaan, teidän tulee pyrkiä tyhjentämään mielenne kaikista fyysisistä ja henkisistä rasitteista ja rauhattomuudesta. Teidän tulee unohtaa keho ja teidän tulee unohtaa oma tahto. Nämä ovat tärkeitä askelia, joita kaikkien hengellisten teiden seuraajien tulee harjoittaa ollakseen yhteydessä Jumalaan. Miten se onnistuu? Harjoittamalla joogan keskittymistekniikoita."

Guruji opetti meitä pyhittämään yhden pienen nurkkauksen huoneistamme pelkästään meditaatiolle, Jumalan ajattelemiselle. Meitä opetettiin heittämään kaikki muu pois mielestämme sillä hetkellä, kun istuimme hiljaa tässä "temppelissä". Mehän joudumme tekemään niin kuoleman hetkellä, eikö vain? Kuoleman kutsuessa meitä kaikki ne sitoumukset, joita pidämme niin tärkeinä tässä maailmassa, ja

---

[4] Lähin suomenkielinen vastine "gurulle". "Mestari", "Guruji" ja "Gurudeva" ovat arvonimiä, joilla oppilas ilmaisee rakastavaa kunnioitustaan puhuessaan gurulleen, hengelliselle opettajalleen, tai puhuessaan tästä. "Mestari" kuvaa tässä yhteydessä henkilöä, joka on oppinut hallitsemaan itsensä ja on siksi pätevä opettamaan muita itsensä hallinnassa.

Miksi etsisimme Jumalaa?

kehosta huolehtiminen, johon käytämme niin paljon aikaa, on hetkessä pakko hylätä. Mikään tehtävä tässä maailmassa ei ole tärkeämpi kuin velvollisuutemme Jumalaa kohtaan, koska yhtäkään velvollisuutta ei ole mahdollista täyttää ilman sitä voimaa, jonka saamme Jumalalta. Kun siis istutte meditoimaan, tyhjentäkää mielenne kaikista vaivaavista ajatuksista. Pystytte siihen, jos opettelette keskittymään.

Seuraava askel on, että hengellisen kilvoittelijan on tultava nöyräksi. Meidän on opittava unohtamaan itsemme, ja vasta kun olemme oppineet tämän, pystymme täyttämään tietoisuutemme Jumala-ajatuksin. Minä, minä, minä -tietoisuuden on väistyttävä. Meidän tulee opetella ja harjoittaa sitä nöyryyttä, josta puhutaan *Bhagavadgitassa*:[5]

> Suoruus, pidättyminen kaiken elollisen vahingoittamisesta,
> totuudellisuus, raivon välttäminen,
> luopuminen siitä, mitä muut ylistävät,
> rauhallisuus ja myötätuntoisuus,
> joka ei etsi muiden vikoja, ja lempeys
> kaikkia kärsiviä kohtaan, tyytyväinen sydän,
> jota eivät halut häiritse, luonteen lempeys,
> vaatimattomuus ja syvällisyys, rohkeus jalosti
>   yhdistyneenä
> kärsivällisyyteen, lujuuteen ja puhtauteen,
> henki vailla kostonhimoa, omahyväisyyttä –
>   nämä ominaisuudet,
> oi Intian ruhtinas, leimaavat häntä, joka kulkee
> taivaalliseen syntymään johtavaa oikeaa tietä!

[5] XVI:2–3 (suomennettu alkuteoksessa lainatusta Sir Edwin Arnoldin kirjasta *The Song Celestial*).

Vain rakkaus

Nöyryys on luopumista omasta itsestä, sydämestään, mielestään ja sielustaan. Se tarkoittaa koko ihmisen antautumista Jumalan jalkojen juureen. Miten se onnistuu? Toimikaa kuin palvoja, joka seuraa *karma*-joogan tietä:[6] laskekaa kaiken toimintanne hedelmät Jumalan jalkojen juureen. Pitäkää aina mielessänne tämä ajatus: "Herra, Sinä olet Tekijä; minä en ole mitään. Sinä olet valo, joka loistaa hehkulampussa; minä olen pelkkä hehkulamppu."

Seuraava askel on harjoittaa kärsivällisyyttä. Kun istuudumme meditoimaan, meidän on noustava kaiken aikatietoisuuden yläpuolelle. Vaikka meditoisimme vain viisi minuuttia, niiden viiden minuutin aikana meidän on oltava sataprosenttisesti keskittyneitä Jumalaan. Mielen ei pidä miettiä mitään ulkoista vaan laskeutua sisäisesti yhä syvemmälle, kunnes rauhan, autuuden ja jumalallisen rakkauden vedet alkavat vähitellen kuohua tietoisuudessamme.

Meidän on myös oltava tyytyväisiä pieniin askeliin. Älkää odottako suuria kokemuksia, kun aloittelette meditaatiota. Olkaa tyytyväisiä pienimpäänkin Jumalan pilkahdukseen sisimmässänne – hiljaiseen rauhan tunteeseen syvällä tietoisuudessanne.

Jos jotkut eivät pysty meditoimaan syvästi, yksi syy on, että he etsivät malttamattomina onnellista kokemusta ja lannistuvat, mikäli Jumala ei tunnu vastaavan välittömästi. Näin Herra koettelee meitä. Hän ei tule palvojiensa tykö ennen kuin Hän on täysin vakuuttunut, että heidän rakkautensa Häntä kohtaan, heidän kaipauksensa Häntä kohtaan, on pyyteetöntä.

---

[6] Yhteys Jumalaan oikean toiminnan kautta.

Miksi etsisimme Jumalaa?

Vasta kun Hän tietää, että olemme tosissamme, että emme tyydy mihinkään vähäisempään lahjaan, jonka Hän meille saattaa lähettää, Hän antaa meille itsensä. Guruji sanoi usein: "Meidän on oltava kuin tuhma lapsi. Kun vauva itkee, äiti antaa sille leikkikalun, josta hän toivoo vauvan tyyntyvän, niin että hän voi jatkaa kotitöitään. Mutta kun äiti antaa tuhmalle lapselle leluja, tämä ottaa ne ja heittää ne lattialle ja jatkaa äidin perään itkemistä. Tämän lapsen tarpeisiin äidin on pakko vastata." Jumala toimii samoin: niin kauan kuin Kosminen Äiti huomaa meidän tyyntyvän lahjasta, Hän jatkaa leikkikalujen pudottelua eteemme ja pysyy itse poissa. Mutta jos pystymme vakuuttamaan Hänet vilpittömyydestämme jatkuvalla omistautuneisuudella, pyyteettömällä rakkaudella, nöyryydellä ja antautumisella itkien "Äiti, emme enää tyydy leikkikaluihisi; haluamme vain Sinut!" – silloin Taivaallinen Äiti vastaa meille.

Jos meditoitte kiireessä tai malttamattomina, meditaation varsinainen tarkoitus, Jumala jolta etsitte vastausta, karkaa keskittymisenne verkosta. Jumalan etsiminen meditaation avulla onnistuu, kun hylkäämme rauhattomuuden, kärsimättömyyden ja malttamattomuuden.

Meditaatio tuo mukanaan hyvää

Mitkä ovat syvän meditaation hedelmät? Ensiksikin ihmisestä tulee rauhallinen. Riippumatta siitä, miten elämä häntä kohtelee, hänen tietoisuutensa pysyy keskittyneenä sisäiseen Itseen. Krishna opetti Arjunaa ankkuroitumaan Siihen, mikä on muuttumatonta. Ainoa

Vain rakkaus

muuttumaton periaate luomakunnassa on Jumala. Kaikki muu on muutokselle altista, koska se kaikki on vain Hänen uniajatuksensa. Te ja minä vaikutamme niin todellisilta, kehomme niin oikeilta; koko maailma näyttää olevan pysyvä. Kuitenkaan tämä todellisuuden vaikutelma ei ole mitään muuta kuin Kosmisen Uneksijan tiivistyneitä ajatuksia. Hänen laillaan, jos siirrämme ajatuksemme pois tästä maailmasta, maailmaa ei ole meille enää olemassa. Sillä hetkellä, kun keskitämme ajatuksemme Äärettömään, alamme ymmärtää sielujemme luonnollisen olotilan Kosmisen Itsen yksilöllisinä ilmentyminä.

Jos Jumala on rakkaus, rauha, viisaus ja ilo, silloin meillä Hänen kuvanaan on sama luonto. Mutta kuka meistä tietää olevansa sellainen? Joka yö kun nukahdamme, muutaman lyhyen tunnin ajan Ääretön Rakastettu sallii meidän myötätunnossaan unohtaa tämän kehon kaikkine huolineen ja murheineen. Mutta kun aamulla heräämme, puemme välittömästi jälleen yllemme rajoittuneen olennon tietoisuuden, jota kahlitsevat monet tottumukset, mielialat ja halut. Niin kauan kuin pysymme näin sidottuina, emme voi tuntea itseämme sieluna.

Vain meditaation avulla voimme vapautua kahleistamme, näkymättömistä köysistä, jotka sitovat meidät lihalliseen olomuotoon. Ensimmäinen todiste Jumalan olemassaolosta meissä itsessämme on, että alamme vähitellen tuntea suurta sisäistä rauhaa.

Kun jatkamme meditaatiota yhä syvemmin, tietoisuutemme alkaa laajentua. Meissä herää kaipaus unohtaa tämä vähäpätöinen lihallinen olomuoto ja nähdä Itse kaikissa olennoissa. Haluamme toimia toisten hyväksi; meissä herää halu palvella epäitsekkäästi ihmiskuntaa. Jos meditoi säännöllisesti läpi elämänsä, alkaa kokea suuren rakkauden valtameren sisimmässään. Jumalalle omistautuminen johtaa meidät tuntemaan Hänet Kosmisena Rakkautena, joka ilmenee inhimillisen rakkauden kaikkien erilaisten muotojen kautta. Ilman Hänestä tulevaa rakkautta emme voisi rakastaa ketään. Ilman Hänestä tulevaa voimaa emme voisi edes ajatella tai hengittää. Kuitenkin suljemme pois elämästämme juuri Hänet, josta olemme riippuvaisia olemassaolomme jokaisena hetkenä, ja turvaudumme maailmaan ikään kuin se olisi meidän omamme.

Jumala on kaiken elämän yhteinen nimittäjä

Saatatte sanoa: "Onko siis välttämätöntä, että hylkään maailman ja asetun kaukaiseen luolaan etsimään Jumalaa?" Ei suinkaan. Minne hän onkin asettanut meidät tässä maailmassa, sinne meidän tulee Hänet houkuttaa: epäitsekkyydellä, meditaatiolla, pyrkimällä kaiken aikaa harjoittamaan Hänen läsnäoloaan. Lyhyesti sanoen meidän tulisi pelkistää elämämme ja kaikki tekemisemme yhteiseen nimittäjään. Jumala on se yhteinen nimittäjä. Sen sijaan, että sulkisimme Hänet pois tekemisistämme, meidän olisi pidettävä Hänet mielessämme kaikkien toimiemme aikana. Kun syömme, nukumme, teemme työtä, rakastamme läheisiämme, meidän tulisi ajatella Häntä aina oman sielumme Kosmisena Rakastettuna.

Jumalaa on yksinkertaisinta rakastaa, kun opimme etsimään Häntä todellisen antaumuksen syvyyksistä.

Vain rakkaus

Ilman rakkaudellista antaumusta ja meditaatiota Häntä ei voi tuntea; mutta Hänet on mitä helpointa tuntea, kun lapsen tavoin kutsumme Häntä hiljaa tietoisuutemme syvyyksissä. Jokaisen tulisi joka päivä pyhittää pieni hetki syvälle meditaatiolle, unohtaa maailma ja etsiä Häntä, puhua Hänelle sydämen kielellä. Gurumme sanoi meille usein: "Kaikki tässä maailmankaikkeudessa kuuluu Rakastetulleni. Mutta jopa kaiken omistava Rakastettu etsii jotain, kaipaa jotain. Se jokin on teidän rakkautenne. Kunnes palaatte Hänen luokseen, joudutte kärsimään; ja samaan aikaan Hänkin kärsii, koska Hän kaipaa teidän rakkauttanne."

Niinpä ihmiskunnan päämäärä on löytää Jumala ja Hänet löydettyään oivaltaa vapautensa kaikista maallisista huolista ja kärsimyksestä. Tässä vapaudessa koetaan suurenmoinen rakkaus, autuas sulautuminen Kosmiseen Rakastettuun. Tämä on elämän päämäärä. Ja keino sen saavuttamiseksi on pyyteetön, syvä meditaatio.

Kun istutte meditoimaan, unohtakaa kaikki. Intiassa monet Jumalaa etsivät ovat asettuneet krematointipaikoille meditoimaan pitkään ja syvästi, koska näissä paikoissa he saavat muistutuksen maallisen elämän karusta todellisuudesta: elämän tarkoitus ei löydy maallisesta, koska riippumatta saavutuksistaan tässä aineellisessa maailmassa jokainen joutuu jonakin päivänä luopumaan kehostaan pelkkänä savikimpaleena. Kun siis istuudutte meditoimaan, ajatelkaa itseksenne: "Olen kuollut maailmalle. Olen kuollut perheelleni. Olen kuollut kaikille velvollisuuksilleni. Olen kuollut

Miksi etsisimme Jumalaa?

näille aisteilleni. Olen kuollut kaikelle rajoittuneelle. Vain Rakastettuni on olemassa minulle." Tässä tietoisuudessa meditoikaa syvästi ja kutsukaa Häntä.

Koska ihminen on Jumalan ylin luomus, on loukkaus sekä itseänne että Häntä kohtaan kohdistaa kaikki huomionne maallisiin asioihin. Niin kauan kuin tunnette, ettei teillä ole Jumalalle aikaa, voitte olla varmoja, että Hänelläkään ei ole aikaa teille. Hän odottaa koko ajan kutsuanne, mutta kuten Gurumme sanoi: "Jumala on hyvin ujo. Hän ei saavu, ellei Hän tiedä, että haluatte Hänet." Tästä syystä tunnette elämässänne suuren tyhjyyden; suuren hyödyttömyyden ja turhuuden tunteen. Tunnette jatkuvasti tuon puutteen, kärsitte siihen asti kunnes heräätte harhanne unesta ja oivallatte, että ilman Häntä ette voi olla olemassa. Kun alatte ymmärtää, että yksin Hän voi tehdä sydämenne tyytyväiseksi, alatte myös vähitellen tuntea Hänen suloisen vastauksensa – mutta ette sitä ennen.

Gitassa[7] Herra Krishna julistaa, että vähäinenkin meditaation harjoittaminen säästää kilvoittelijan suurelta kärsimykseltä tässä maailmassa. Siksi meditaation tulisi olla yhtä tärkeä osa arkipäivää kuin syömisen. Ihminen ei epäröi pitää huolta kehostaan: hän pitää sen ravittuna, vaatettaa sen ja antaa sille säännöllistä lepoa. Mutta miten hän laiminlyökään Itseä! Ihminen ei ole keho; mutta silti suuri osa hänen ajastaan, ponnistelustaan, varoistaan ja mielenkiinnostaan kuluu hoitaen sitä vähäpätöistä lihallista asumusta, jossa hän elää vain muutamien vuosien ajan. Mikä loukkaus sielua kohtaan!

---

[7] II:40.

Vain rakkaus

Ei ihme, että ihminen kärsii tässä maailmassa. Hän ansaitsee kärsimyksen ja hän jatkaa kärsimistä, kunnes ravistautuu irti tästä harhaisesta unesta. Ihmistä ei asetettu tänne vain syntymään, kasvamaan, lisääntymään ja kuolemaan. Eläimet toimivat siten. Ihmistä siunattiin suuremmalla älykkyydellä, arvostelukyvyllä ja vapaalla tahdolla. Millään muulla Jumalan luomalla ei ole näitä ominaisuuksia. Niiden sivuuttaminen tai väärinkäyttö on järjetöntä. Emme ole eläimiä vaan jumalallisia olentoja, Jumalan kuvia, ja kärsimme niin kauan, kunnes ilmennämme niitä hengellisiä ominaisuuksia, jotka Hän on meille suonut.

Herra Krishna sanoi rakkaalle oppilaalleen Arjunalle: "Lähde pois kärsimyksen valtamerestäni."[8] Ihminen pyrkii yhä todistamaan itselleen, että tämä maailma ei ole kärsimyksen valtameri, mutta hän ei tule koskaan onnistumaan siinä. Joskus olemme varmoja, että olemme saaneet kiinni onnellisuuden perhosen, mutta seuraavassa hetkessä se onkin lehahtanut pois kädestämme. Miksi emme keskittyisi sielun paratiisilintuun, joka asustaa kehomme häkissä? Ruokkikaa sitä päivittäin ainoalla ravinnolla, jolla se voi elää: hartaalla meditaatiolla. Meidän tulisi sanoa: "Aion itsekkäästi varata ainakin tunnin päivässä sinun ravitsemiseesi, sieluni. Aion unohtaa maailman sen tunnin ajaksi."

Paramahansajin guru, Swami Sri Yukteswar, piti kovasti tästä laulusta, jossa Jumala puhuu maallisen

---

[8] "Niiden luo, joiden tietoisuus on kiinnittynyt Minuun, Minä saavun pian Vapahtajana ja autan heidät maallisten syntymien merestä" (*Bhagavadgita* XII:7, suomennettu Paramahansa Yoganandan teoksesta *God Talks With Arjuna: The Bhagavad Gita*).

Miksi etsisimme Jumalaa?

harhan unessa nukkuvalle opetuslapselleen.

"Oi pyhimykseni, herää, herää oitis!
Et meditoinut, et keskittynyt,
vaan tuhlasit aikasi joutaviin sanoihin.
Oi pyhimykseni, herää, herää oitis!
Kuolema kolkuttaa ovellasi,
eikä sinulla ole enää aikaa
pelastaa sieluasi.
Oi pyhimykseni, herää, herää oitis!"[9]

Rukoilkaa siksi taukoamatta: "Oi sielu, herää unestasi. Herää, älä enää nuku! Herää, älä enää nuku!"

Sanotaan, että pyhimyksen ja syntisen välillä on vain yksi ero: pyhimys kävi läpi samat koettelemukset mutta ei suostunut luovuttamaan. Lausukaa jatkuvasti Jumalan nimeä ääneti, ei hajamielisesti, vaan kuten Guruji meille opetti: "Heti kun lausutte Hänen nimensä mielessänne, antakaa kaikkien ajatustenne ja koko antaumuksenne virrata siihen suuntaan." Kuiskatkaa jatkuvasti Kosmiselle Rakastetulle: "Koittaako se päivä, jolloin vain lausuessani Sinun nimesi koko olemukseni leimahtaa rakkauden liekkeihin?"

Sen hetken koittaessa kilvoittelija löytää elämälleen uuden merkityksen. Se muuttuu riemulliseksi kokemukseksi. Minne hän katsookin, hän näkee heijastuksen Rakastetustaan. Vastoinkäymisten keskellä hän oppii, kuten Gurudeva sanoi, "seisomaan järkähtämättä keskellä sortuvien maailmojen rysähdystä". Hän ymmärtää: "Minä olen sielu; tuli ei voi polttaa minua, miekat eivät voi lävistää minua, vesi ei voi

---

[9] Paramahansa Yoganandan teoksesta *Cosmic Chants*, joka sisältää antaumuksellisia lauluja Jumalalle.

Vain rakkaus

hukuttaa minua. Minä olen Se."
 Tällä tavalla eläessänne löydätte vapauden, jossa mikään ei voi rajoittaa teitä. Kaikkien elämänkokemusten keskellä huomaatte, että olette sielunne Rakastetun suojaavassa, rakastavassa sylissä.

Ihmisen laajenevat näköalat

*Self-Realization Fellowshipin ashramkeskus,
Encinitas, Kalifornia, 18. toukokuuta 1963*

Ihminen yrittää alituiseen laajentaa elämänpiiriään. Hän tutkii tuntematonta ja kurkottelee yhä kauemmas Äärettömään maallisin keinoin: lentämällä maailman ympäri ja ulkoavaruuteen ja laskeutumalla valtamerten syvyyksiin. Hän kehittää mieltään tieteen sovellusten ja sellaisten merkittävien keksintöjen kuin tietokoneiden avulla. Joka päivä hänelle avautuu uusia näkymiä ja hänen on pakko laajentaa henkistä näkökenttäänsä pysyäkseen omien saavutustensa vauhdissa. Miten paljon enemmän ihmisen aivoilta vaaditaankaan nykypäivänä kuin isoisiemme aikana!

Myös ihmisen hengellinen luonto käy läpi muutosta ja laajenee. Hän luotaa yhä syvemmälle Mysteeriin, jota jotkut kutsuvat Jumalaksi, Brahmaksi, Allahiksi tai muulla kunnioittavalla nimellä – siihen yhteen jumalalliseen, kosmiseen, älykkääseen, aina rakastavaan, aina riemulliseen Olemassa Olevaan, joka on Luojamme ja Ylläpitäjämme. Uskonnollinen kokemus, ei pelkkä usko, on tämän päivän etsijöiden vaatimus.

Tämä suuntaus saa minut entistä vakuuttuneemmaksi Paramahansa Yoganandan Self-Realization Fellowshipin toiminnan erityisestä merkityksestä, ei vain lännessä, vaan koko maapallolla. Näkemystäni vahvistaa suuri maailmanlaajuinen kiinnostus

Vain rakkaus

Paramahansajin *Joogin omaelämäkertaa* sekä *Self-Realization Fellowshipin opetuskirjeitä* kohtaan.[1] Self-Realization Fellowshipin jäsenillä on tärkeä tehtävä tässä työssä ja maailmassa. Heidän suurin velvollisuutensa on tulla eläviksi esimerkeiksi totuudesta sekä oman pelastumisensa että muiden ihmisten valaistumisen takia. Älkää lannistuko, vaikka teistä toisinaan tuntuu, että pysytte paikallanne ettekä etene hengellisellä tiellä. Nähkää enemmän vaivaa! Teillä on vain yksi velvollisuus, jota Paramahansaji alituiseen painotti meille ollessaan luonamme: kehittää itseänne löytämällä Itsenne. Vaikka temppelimme täyttyisivät miljoonista seuraajista, sellainen järjestö ei koskettaisi Gurumme sydäntä, jos heidän joukostaan ei löytyisi oikeanlaista hengellistä kasvua. Gurumme ei ollut kiinnostunut suurten ihmismäärien kokoontumisista, elleivät nämä koostuneet todella Jumalaa etsivistä sieluista. Hänen suurin ja ainoa kiinnostuksen aiheensa jokaisessa ihmisessä, joka hänen luokseen saapui, oli auttaa tätä oivaltamaan tietoisesti oman sielunsa ja Jumalan välillä vallitseva jumalallinen yhteys. Yhteys on jo olemassa; todellisen gurun tehtävä on auttaa etsijää tulemaan tietoiseksi ykseydestään Jumalan kanssa, sielunsa ja tämän maailmankaikkeuden luojan kanssa.

Kun mietin näitä yleviä periaatteita, huumaannun innostuksesta Gurun työtä kohtaan ja vielä enemmän

---

[1] Paramahansa Yoganandan opetukset, jotka lähetetään opiskelijoille kautta maailman; ne ovat kaikkien hartaiden totuuden etsijöiden saatavilla. Opetuskirjeet sisältävät Paramahansa Yoganandan opettamat joogameditaatiotekniikat. Lisäksi ne selittävät universaaleja, kaikkea elämää sääteleviä lakeja ja kertovat, miten ihminen voi niitä hyödyntää saavuttaakseen suurimman hyvinvointinsa.

Ihmisen laajenevat näköalat

innosta päihtyä öin ja päivin taivaallisesta Jumalatietoisuudesta. Hän on ainoa todellisuus, se ainoa asia, joka tässä maailmassa on muuttumatonta ja iankaikkista.

Jos miellytätte koko maailmaa ja kaikki lankeavat jalkojenne juureen, niin mitä sitten? Jos omistatte kaikki rikkaudet maailmassa, mitä sitten? Kaikki ulkoisesti tavoittelemamme johtaa lopulta kyllästykseen, ja sitä seuraa ikävystyminen. Ainoa kokemus, joka tarjoaa kaikkiallisen täyttymyksen, täydellisen tyytyväisyyden, joka ei koskaan kyllästytä eikä pitkästytä meitä, on yhteys aina uudistuvaan, aina riemulliseen Herraamme.

Maailman kansat tuntevat Jumalan tarpeen ja tulevat kääntymään Hänen puoleensa. Mitä piinatumpi maailma on, sitä selvemmin ymmärrämme, että emme tule toimeen ilman Häntä! Muistan ajan, joka alkoi vuonna 1939, kun maailmassa kaikuivat enenevässä määrin vihan ja sodan äänet. Silloin kärsin paljon henkisesti. En pysty kuvittelemaan mitään niin järjettömän tuskallista kuin sota – kärsin siitä ikään kuin sen aiheuttamat haavat olisivat olleet omakohtaisia. Jokainen herkkä ihminen, jolla on toisia kohtaan empatiaa tai myötätuntoa, tuntee samoin. Aina kun ajoimme Gurujin kanssa Encinitaksen ashramilta Mount Washingtoniin[2] ja näimme tien vierillä riveittäin nuoria asevelvollisia autokyytiä pyytelemässä, pystyin vain ajattelemaan: "Jokainen teistä on jonkun lapsi." Eräänä päivänä Paramahansaji kääntyi katsomaan minua

---

[2] Self-Realization Fellowshipin sijaintipaikka Los Angelesissa ja siksi järjestön kansainvälisestä päämajasta usein käytetty nimi.

Vain rakkaus

ja huomasi tuskan kasvoillani. Hän luki ajatukseni. Automme ei ollut täynnä, joten hän sanoi: "Pysähdy hetkeksi." Tien laidalla seisoi kaksi nuorukaista, pelkkiä poikia, ja hän sanoi: "Haluatteko kyydin?" En koskaan unohda, kuinka herttainen Guru oli heille. Teko oli yksinkertainen, mutta se lievitti ahdistustani.

Sodan aikana Paramahansaji sanoi: "Tuntuu kuin maailma kulkisi taaksepäin, kuin se tuhoaisi itsensä vihalla. Mutta voitte olla varmoja: maailma liikkuu kuitenkin eteenpäin, kehittyy jatkuvasti, paranee jatkuvasti."

Valkoinen erottuu selvästi mustalta taustalta. Samalla lailla hyvyys näkyy selkeimmin pahuuden taustaa vasten; Jumalan valo loistaa kirkkaimmin pimeyttä vasten. Eikö näin ollut myös Kristuksen elinaikana? *Bhagavadgita*[3] julistaa: kun maailmassa vallitsee tietämättömyyden pimeys, Jumala lähettää yhden pyhimyksistään maan päälle osoittamaan ihmisille tietä tietoisuutensa kohottamiseen ja täten palauttamaan oikeamielisyyttä.

Kokemus Jumalasta yhdistää maailmaa

Self-Realization Fellowship opettaa tuntemaan kunnioitusta ja rakkautta kaikkia uskontoja, rotuja ja kansoja kohtaan, sillä Jumala on Yksi ja Hänen lastensa keskuudessa tulisi vallita yhtenäisyys Jumala-tietoisuudessa. Se mikä antaa meille henkilökohtaisen Itse-oivalluksemme ja loppujen lopuksi yhdistää koko maailman, ei ole niinkään Jumalaa

[3] IV:7–8.

Daya Mata ja Paramahansa Yogananda SRF:n retriitissä.
Encinitas, Kalifornia, 1939

"Siitä lähtien, kun ensimmäistä kertaa kohtasin guruni Paramahansa Yoganandan melkein neljäkymmentä vuotta sitten, minulla on ollut ilo laskea sydämeni, mieleni, sieluni ja kuolevainen muotoni Jumalan jalkojen juureen siinä toivossa, että jollakin lailla Hän voisi hyödyntää tätä elämää, jonka olen Hänelle antanut. Mikä sielun tyytyväisyys onkaan täyttänyt nämä vuodet; tuntuu kuin jatkuvasti joisin Jumalallisen Rakkauden lähteestä. En voi ottaa siitä kunniaa itselleni. Se on Gurun siunaus, siunaus jonka hän suo meille jokaiselle yhtä lailla, jos vain valmistaudumme ottamaan sen vastaan."

Satsanga (hengellinen kokoontuminen) illalla ennen Daya Matan lähtöä tutustumaan SRF:n keskuksiin Euroopassa. SRF:n kansainvälinen päämaja, Los Angeles, elokuu 1969

"*Niin kuin ei juuri kukaan tässä kiireisessä maailmassa, en minäkään ole koskaan voinut olla täysin vapaa askareista. Mutta heti alussa tein päätöksen, että täyttäisin jokaisen vapaahetken Jumalalla.*"

Ihmisen laajenevat näköalat

koskevat uskomuksemme kuin se, miten koemme Jumalan. Jumalaa ei kiinnosta lainkaan, olemmeko verhoutuneet mustaan, ruskeaan, keltaiseen, punaiseen tai valkoiseen kehoon. Hän haluaa vain nähdä, miten me, jotka Hän on luonut omaksi kuvakseen, vastaamme Hänelle Hänen erivärisissä muodoissaan. Ettekö huomaa, ettei niissä ole mitään eroa? Että ihonväri, rotu ja uskonto eivät muuta Herran jumalallista sielunkuvaa jokaisen ihmisen sisimmässä?

Meidän on taisteltava murtaaksemme ennakkoluulot, jotka kaventavat mieltä ja tietoisuutta ja saavat Jumalan sisällämme itkemään. Siitä huolimatta voimme syyttää lyhytnäköisyydestämme osin Jumalaa. Voimme sanoa: "Herra, Sinä olet istuttanut ihmismieleen tämän ajatuksen jaotteluista, sillä ihmiset eivät olisi voineet sitä keksiä, jos Sinä et olisi ensin luonut sitä. Ihminen on vain osa Sinun luomisuntasi." Kaikki on peräisin Jumalasta; loppujen lopuksi jopa pahan voimat ovat Hänen työkalunsa. Paha eli *maya* on kosminen harha, jonka varjot muuntavat Jumalan luovan valon lukemattomiksi yksilöllisiksi muodoiksi kuin elokuvassa. Ilman *mayaa* ei olisi luomakuntaa. Tässä metafyysisessä mielessä pahuus on mitä tahansa pimeyttä, joka peittää tai vääristää Jumalan läsnäolon iäti puhtaan valon kaikkialla luomakunnassa.

Mikä on luomisen syy? Kuten Paramahansaji opetti, luomakunta on Herran *lila* eli jumalallinen näytelmä. Älkää antako sille liikaa huomiota. Älkää uppoutuko Hänen *lilaansa* niin täysin, että unohdatte Hänet, joka loi näytelmän, Hänet joka on sen varsinainen Olemus.

Vain rakkaus

Maailman läheisyys sokaisee ihmisen

Jos sulkee toisen silmänsä ja pitelee kolikkoa hyvin lähellä toista silmää, ei pysty näkemään maailmaa kolikon takana: pieni esine sokaisee. Jos siirtää kolikkoa kauemmaksi avoimesta silmästä, huomaa, kuinka suunnattoman laaja maailma on. Sama koskee Jumalaa. Jos samaistutte liian voimakkaasti maailmaan, joudutte sen sokaisemaksi ettekä pysty näkemään Häntä. Olette niin ahdistuksen, huolten, pelon, epävarmuuden ja epätietoisuuden vallassa, että ette pysty lainkaan ajattelemaan Jumalan olevan olemassa.

Vasta kun työnnätte tämän maailman muodostaman "kolikon" pois edestänne, näette Jumalan suuruuden luomakunnassa ja sen tuolla puolen. Vasta silloin katsotte maailmaa oikeasta perspektiivistä. Teidän on pidettävä tärkein asia – Jumala – suoraan näkökentässänne. Kun Hän on pääasia, kaikki muu tarkentuu kohdalleen.

Tämän takia Kristus sanoi: "Vaan etsikää Jumalan valtakuntaa, niin myös nämä teille annetaan sen ohessa."[4] Tätä Paramahansaji painotti yhä uudestaan kaikille. Jokainen ihminen tuntee sydämessään tarpeen johonkin. Me tarvitsemme Jumalaa; haluamme tukeutua johonkin muuttumattomaan, joka antaa meille voimia selviytyä ongelmista, vastoinkäymisistä ja kokemuksista, joita houkutamme puoleemme. Älkää koskaan syyttäkö ketään toista siitä, mitä teille tapahtuu. Syyttäkää itseänne, mutta älkää rankaisko itseänne, sillä se on väärin. Älkääkä koskaan velloko

[4] Luuk. 12:31.

Ihmisen laajenevat näköalat

itsesäälissä; sekin on väärin. Muistakaa aina tämä: olette Jumalan lapsia, ja meditaatio on keino oivaltaa, että kuulutte Hänelle.

Meditaatio vahvistaa meille jatkuvasti, mitä oikeasti olemme. Kun istumme meditoimaan, toteamme: "Olen sielu, yhtä Jumalan kanssa." Kun harjoitatte Self-Realization Fellowshipin meditaatiomenetelmiä, pyritte muistamaan oman luontonne. Meditaatioon pätee yleinen periaate: mitä enemmän harjoitatte sitä ja mitä paremmin hallitsette sen, sitä enemmän saatte siitä irti – ja sitä kirkkaammin tulette muistamaan ja ilmaisemaan jumalallista perintöosaanne. Meditaation tärkeys ja arvo piilee sen antamassa rikkumattomassa lupauksessa, että oivallatte lopullisesti sielunne luonnon.

Kirkossa käyminen ei riitä, ei myöskään se, että kuuntelee suurenmoisia saarnoja Self-Realization Fellowshipin temppeleissä. Saarnat ovat toki hyviä; on tärkeää kuulla niitä. Jos pystyy, on syytä käydä palveluksissa säännöllisesti. Mutta niiden lisäksi tulee päivittäin harjoittaa Jumalan läsnäoloa, olla päivittäin yhteydessä Häneen syvän meditaation kautta, päivittäin kertoa Hänelle huolensa.

Ei pidä odottaa kunnes elämä pakottaa etsimään Jumalaa

En tiedä, miten maailma elää ilman tällaista yhteyttä Jumalaan. Ehkä maailma tulee vielä niin maahan lyödyksi, että sen on pakko alkaa ajatella Jumalaa. Mutta sekin on vain hyvä, sillä loppujen lopuksi ei ole väliä, miten joudumme polvistumaan Herran eteen, kunhan vain päädymme Hänen eteensä.

Vain rakkaus

Älkää siksi koskaan voivotelko, mitä teille tapahtuu. Älkää koskaan lannistuko mistään olosuhteista elämässänne. Pyrkikää aina ajattelemaan: "Herra, uskon että mikään koettelemus tai kokemus ei satu tielleni ilman Sinun lupaasi. Tiedän, että Sinun siunauksesi ansiosta minulla on sisälläni voimia selviytyä mistä hyvänsä." Vaikka tehtävänne näyttäisi ylivoimaiselta, muistakaa että Jumala venyttää vain tietoisuutenne kuminauhaa ja laajentaa sen potentiaalisesti ääretöntä kapasiteettia.

Tällaisella uskon ja antautumisen asenteella ihminen oppii luovimaan maailmassa vain yksi kannatteleva ajatus mielessään: "Sinä, Herra – Sinä, Sinä, Sinä." Palvoja tuntee itsensä niin täysin osaksi Jumalaa, että hän kokee kaiken Jumalan kautta. Onpa hän sitten tekemisissä maailman asioiden kanssa, kiireinen virassaan tai osoittaa rakkautta aviomiestään, vaimoaan tai lapsiaan kohtaan, hän ymmärtää sen kaiken olevan Jumala – Jumalalta ja Jumalalle.

Kun ihmisellä on tällainen pyhä asenne, jolloin hän pyrkii näkemään Jumalan suhteessaan aviomieheensä, vaimoonsa, lapsiinsa, veljiinsä ja sisariinsa ja tietää, että jokaisessa ihmissuhteessa on mahdollista nähdä uusi puoli Jumalan luonteesta, hän alkaa huomata elävänsä, liikkuvansa ja keskittävänsä itsensä ainoaan Jumalalliseen Rakastettuun.

Sellainen on elämän tarkoitus, jokaisen ihmisen päämäärä. Kun takerrumme tietoisuuteen Jumalasta elämän tuomien kokemusten läpi vaeltaessamme, näemme jälleen itsemme ja kaikki ihmiset ympärillämme osana Ääretöntä Kokonaisuutta. Silloin saamme vapauden.

Jumalallinen kohtalomme

Intia, aika ja paikka tuntematon

Ihmisellä on täytettävänään jumalallinen kohtalo, mutta vain harvat tuntevat olemassaolonsa päämäärän ja vielä harvemmat yrittävät vakavissaan saavuttaa sen. Tavallisesti elämä kuluu kehon tarpeista huolehtimiseen ja kunkin hetken asettamien velvollisuuksien täyttämiseen. Näin keskiverto ihminen elää ja kuolee, tietämättä mistä hän on tullut, miksi hän on täällä ja mihin hän on menossa.

Maailman suuret pyhät kirjoitukset väittävät, että ihminen on Jumalan inspiroitunein luomus, että hänet on itse asiassa luotu Luojansa kuvaksi. Onko Luojan kuva siis lihallinen keho, helposti sairastuva ja voimaton kuoleman edessä, ja älykkyys, joka on verhoutunut *mayaan* ja altis muuttuville mielialoille ja tunnetiloille? Tämä ei voi olla Suuren Voiman kuva – Voiman, joka loi ja ylläpitää maailmankaikkeuden kosmista moninaisuutta! Missä siis on se jumalallinen kuva, joksi ihmisen pitäisi olla luotu?

Ihminen on kolminkertainen olento. Hänellä on keho, mutta hän ei ole se keho, joka esittää vaatimuksia, kärsii ja kuolee. Hänellä on mieli, mutta hän ei ole se mieli, joka on kieroutunut kosmisen harhan ilveistä. Hänen todellinen luontonsa on kuolematon *atman*, sielu, joka asuu näkymättömänä kuolevaisen ruumiin temppelissä. Tämä *atman* on Jumalan kuva ihmisen

Vain rakkaus

sisällä – iäti täydellinen kuva, jonka jumalallisia ominaisuuksia ovat rakkaus, viisaus, kaikkivoipaisuus ja ikuinen ilo. Sokea on se Jumalan lapsi, joka sallii sisällään asuvan jumalallisen kuvan häpäisyn, niin että se hämärtyy aineeseen rajoittuneen tietoisuuden tahroista eikä ole enää tunnistettavissa. Näin tehdessään ihminen elää todellisen luontonsa vastaisesti. Siksi hän ei ole koskaan täysin tyytyväinen, siksi hänellä on sisimmässään aina jokin kaipuu, joka ajaa hänet ensin yhdelle tielle ja sitten toiselle etsimään jotain tavoittamatonta, tuntematonta.

Se "jokin muu", mitä ihminen etsii, on Jumala – Jumala, joka sykkii aivan oman sydämemme takana, Rakkaus, joka tihkuu perhettämme, ystäviämme ja läheisiämme kohtaan tuntemamme rakkauden kautta, Ilo, joka sytyttää kaikki onnellisuuden liekit, ja kaikkitietävä Viisaus, joka on aivan pienen ihmismielemme ajatusten takana. Lähimpääkin lähempänä on Jumalallinen Voima, joka on antanut ihmiselle elämän ja voi tuoda tarkoituksen ja täyttymyksen hänen olemassaololleen.

Ihmisen kohtalo on tuntea Jumala

Ihmisen pyhä kohtalo on siis löytää Jumala ja oivaltaa, että Hänen kuvansa asuu kuolevaisen ruumiin ja mielen temppelissä. Kun löydämme Hänet sisimmästämme oivaltamalla Itsen eli *atmanin*, löydämme Kosmisen Rakastetun kaikissa luonnon ilmentymissä ja muotoa vailla olevana *Sat-Chit-Anandana*: ikuisesti olemassa olevana, ikuisesti tietoisena, ikuisesti

Jumalallinen kohtalomme

uudistuvana Autuutena. Kun sisäinen Jumalan kuva herää siihen suurenmoiseen oivallukseen, että se on kaikkivoipaisen, kaikkitietävän, kaikkialla läsnä olevan Herran heijastuma, mitä ihminen vielä kaipaa? Mitä rakkautta hänen sydämensä halajaa, mikä saavutus on poissa hänen ulottuviltaan, mikä ilo jää häneltä kokematta? Ihmisen on oivallettava, että hän itse on kaiken täyttymyksen, rakkauden ja ilon Alkulähteen heijastuma.

Raja-jooga[1] on muinainen tiede, joka opettaa tien Itsen tuntemiseen ja tuon yksilöityneen Jumalan kuvan liittämisen jälleen yhteen Kosmisen Hengen kanssa. Meditaation avulla saamme takaisin unohtuneen perintöosamme Kosmisen Luojan lapsina. Myös meillä Hänen lapsinaan on mahdollisuus saada kaikki mitä Isällämme on, kun luomme uudelleen oikean suhteen Häneen. Kaikkien askareidemme ja halujemme kautta etsimme aarretta, joka on onnellisuus. Hän, joka seuraa uskollisesti meditaation tietä, alkaa oivaltaa tämän totuuden: "Ilosta olen tullut, Ilossa elän ja liikun, Ilossa on olemukseni, ja tuohon pyhään Iloon sulaudun jälleen jonakin päivänä."

Hänen, joka haluaa tuntea tämän Ilon, on pyrittävä täyttämään elämänsä jumalallinen kohtalo täällä maan päällä. Hänen on omistauduttava löytämään uudelleen todellinen luontonsa ja Itsen suhde Henkeen. Hänen ei tarvitse paeta velvollisuuksiaan maailmassa, mutta kunkin päivän kahdestakymmenestäneljästä tunnista

---

[1] *Raja*-jooga on "kuninkaallinen" tai korkein tie yhteyteen Jumalan kanssa. Se sisältää kaikkien muiden joogamuotojen pääpiirteet ja painottaa tieteellisiä meditaatiotekniikoita, joiden avulla on suurin mahdollisuus saavuttaa Jumala-oivallus.

Vain rakkaus

hän voi varmasti omistaa yhden Jumalan etsimiseen. Ponnistelujen vilpittömyydestä ja säännöllisyydestä riippuen jopa muutaman minuutin päivittäinen hartaus ja suurten Gurujemme[2] opettamien joogameditaatiotekniikoiden harjoittaminen auttaa vilpitöntä palvojaa saavuttamaan suurimmat siunaukset. Kun tulemme yhä lähemmäs Jumalaa ja entistä enemmän ilmennämme todellista luontoamme, koko elämämme muuttaa muotoaan. Näemme jopa vastoinkäymiset Jumalan käden varjona, käden joka on ojentunut siunaukseen. Tekojamme motivoi vahvempi päämäärän taju ja ohjauksen voima. Ennen kaikkea rauhasta ja ilosta tulee olemassaolomme keskus – sisäisen autuuden ydin, jonka ympärillä kaikki ajatuksemme ja kokemuksemme pyörivät.

Eräänä päivänä meidän on palattava olemassaolomme Alkulähteelle. Miksi pitkittäisimme maanpakolaisuuttamme harhassa? Krishna sanoi rakkaalle oppilaalleen Arjunalle: "Lähde pois kärsimyksen ja tuskan valtamerestäni". "Lähtekäämme pois" seuraamalla suurten viitoittamaa tietä. Pyrkikäämme tästä päivästä kohti olemassaolomme määrättyä tarkoitusta. Etsikäämme Itse-oivallusta, etsikäämme Jumalaa, edetkäämme!

---

[2] Self-Realization Fellowshipin/Yogoda Satsanga Society of Indian Jumalan oivaltaneiden gurujen linja: Mahavatar Babaji, Lahiri Mahasaya, Swami Sri Yukteswar ja Paramahansa Yogananda.

Jumalan palvojan ominaisuuksia

Self-Realization Fellowshipin kansainvälinen päämaja, Los Angeles, Kalifornia, 19. helmikuuta 1965

Ensimmäinen edellytys hengellisellä tiellä on vilpitön Jumalan kaipuu. Ilman tätä kaipuuta Häntä on mahdotonta tuntea. Menestyäksemme missä tahansa hankkeessa meillä on oltava jatkuvaa pyrkimystä. Jos haluaa tuntea Jumalan, on oltava hellittämätöntä kaipuuta Häntä kohtaan.

Kaipuukaan ei itsessään riitä; on mentävä pidemmälle. Kun Jumalan kaipuu herää, sitä on ruokittava uskollisuudella ja omistautumisella: ensin Jumalalle itselleen, ja sitten sille tielle ja opettajalle, jotka Jumala on palvojalle lähettänyt. Kun ihminen alkaa vakavissaan etsiä Jumalaa, hän löytää tien ja gurun, joka inspiroi häntä tiellä. Siksi toinen tärkeä edellytys on uskollisuus ja omistautuminen Jumalalle ja sille gurulle, jonka tien oppilas valitsee.

Kolmas edellytys on erityisen tärkeä. Kun etenemme hengellisellä tiellä, meidän tulisi pyrkiä käyttäytymisellämme inspiroimaan niitä, jotka ehkä ovat meitä heikompia, sen sijaan että lisäisimme heidän lamaannustaan tai lannistuneisuuttaan. Tämä ei tarkoita, että meidän tulisi yrittää vetää puoleemme toisten ihmisten huomiota. Mutta meidän tulisi tunnollisesti ilmentää elämässämme sitä hengellisyyttä, jota alamme tuntea sydämessämme. Näin pystymme rohkaisemaan

Vain rakkaus

myös muita Jumalaa kohti kulkevalla tiellä.

Neljänneksi palvojan on jatkuvasti pyrittävä nöyryyteen, sillä nöyryys on kuin laakso, johon Jumalan armon vedet voivat keräytyä. Egoismi, kaikenaikainen minä, minä, minä -tietoisuus, on kuin rutikuiva vuorenhuippu aavikolla; pisaraakaan vettä ei voi kertyä sellaiselle huipulle. Vesi keräytyy syviin laaksoihin. Yhtä lailla laupeuden, armon ja siunauksen vedet kerääntyvät vain nöyryyden laaksoon, jossa palvoja asettaa Jumalan ensimmäiseksi ja itsensä viimeiseksi. Sitten, kuten hindut sanovat: "Kun tämä 'minä' kuolee, saan tietää kuka olen."

Viides edellytys on, että palvoja varaa joka päivä aikaa meditaatiolle. Petkutatte itseänne – ja ehkä luulette petkuttavanne Jumalaakin, mutta ette onnistu siinä – jos teeskentelette jollain lailla, että työnne olisi tärkeämpää kuin päivittäinen pyrkimyksenne meditoida. Tämä harhaluulo on yksi suurimmista koetuksista, jonka kilvoittelija kohtaa. Alussa emme ehkä tunne mitään konkreettisia tuloksia meditaatiossamme ja olemme siksi taipuvaisia huomioimaan ensin työmme tai muut tämän maailman vaatimukset. Vasta kun kohtaamme ikäviä kokemuksia, vastoinkäymisiä ja fyysisiä, henkisiä ja hengellisiä kärsimyksiä, alamme äkkiä ymmärtää, että olemme tehneet virheen, kun emme ole asettaneet Jumalaa etusijalle elämässämme.

Mielen keskittäminen Jumalaan auttaa selvittämään ongelmat

Aina kun lähestyimme Paramahansajia jonkinlaisen henkilökohtaisen ongelman tai valituksen takia

Jumalan palvojan ominaisuuksia

– jos meillä oli kritisoitavaa tai olimme joutuneet konfliktiin jonkun toisen tai työmme kanssa – hän ei jäänyt puimaan asiaa. Itse asiassa yhtä ainoaa poikkeusta lukuun ottamatta en muista hänen istuutuneen juttelemaan kanssani ongelmistani. Me oppilaat emme koskaan menneet hänen luokseen saadaksemme yksityisesti neuvoja, koska tiesimme, mitä hän vastaisi. "Pitäkää vain mielenne tässä", hän sanoi osoittaen Kristus-keskusta kulmakarvojen välissä, hengellisen tietoisuuden ja jumalallisen silmän sijaintipaikkaa.[1] "Keskittäkää huomionne tähän ja pitäkää Jumala tietoisuudessanne." Jotkut saattavat ajatella, että hän ei antanut meille kaipaamaamme. Voisihan olettaa, että guru pitäisi oppilailleen pitkiä luentoja hengellisyydestä, Jumalan ominaisuuksista, hyveellisyyden arvosta. Mutta yleensä hän sanoi vain nuo muutamat hiljaiset ja merkitykselliset sanat. Niille, jotka olivat vastaanottavaisia, se riitti. Näin hän opetti meille, että jos ryhdistäydymme omassa tietoisuudessamme, löydämme poikkeuksetta oikean ratkaisun ongelmiimme.

Mestari oli hämmästyttävän yksinkertainen ihminen, kuten kaikki suuret, jotka rakastavat Jumalaa. Hänellä oli vain yksi pyyntö ja yksi opetus, jonka hän halusi meidän sisäistävän: Jumalan tulisi olla elämässämme ensimmäisenä. Meidän tulisi pitää tietoisuudessamme Kristuksen sanat: "Etsikää ensin Jumalan valtakuntaa ja hänen vanhurskauttaan, niin myös kaikki tämä teille annetaan."[2] Hän ei tarkoittanut tätä

---

[1] Hengellinen silmä: hengellisen oivalluksen ja intuitiivisen viisauden keskus ihmisessä.
[2] Matt. 6:33.

neuvoa vain niille, jotka elävät luostareissa, vaan koko ihmiskunnalle. Jos pohdimme tätä totuutta – *etsikää ensin Jumalaa* – alamme vähitellen ymmärtää, mitä se tarkoittaa. Kun vatsaamme koskee, kun meillä on vaikeaa perheemme kanssa tai hankaluuksia töissä, ratkaisu on hyvin yksinkertainen: kohdistakaa mielenne Jumalaan. Ankkuroitukaa ensin Häneen ja yrittäkää sitten ratkaista ongelmanne siltä tietoisuuden tasolta käsin. Hämmästytte, miten nopeasti ja tehokkaasti se toimii. Tiedän sen, koska näin olen elänyt ja hoitanut lukuisat velvollisuuteni kaikkien näiden vuosien ajan.

Ponnistelkaa muuttuaksenne

Toisinaan palvojat innostuvat omasta hengellisestä kääntymyksestään siinä määrin, että haluavat kertoa siitä kaikille muillekin ja muuttaa myös heidän elämänsä! He tuntevat niin varmasti tekevänsä hyvää ja muuttuneensa parempaan päin, että haluaisivat käännyttää koko maailman. Tällainen into on pääosin ulkoista. Oman itsensä muuttamisen tulisi olla tärkein pyrkimys. On vaikeaa muuttaa itseään, koska olemme hautautuneet syvälle piintyneisiin tapoihimme, joita emme itse edes huomaa. Olemme vankeja, joita omat ajatuksemme, mielialamme ja tunnetilamme kahlitsevat.

Ei ole helppoa muuttaa tapoja, jotka ovat muodostuneet ehkä kolmen- tai neljänkymmenen elinvuoden aikana. Yrittäkääpä muuttaa vain yksi pieni tapa, niin huomaatte, miten vaikeaa se on! Käskekää itseänne olemaan puhumatta liikaa, lopettamaan juoruilu, välttämään liikaa kriittisyyttä, lopettamaan mustasukkaisuus. Kun olette yrittäneet, saatatte ajatella:

Jumalan palvojan ominaisuuksia

"Tuntuu, että minun on mahdotonta muuttua. Eikö minulla ole mitään toivoa?" Aivan varmasti toivoa on. Mutta toiveenne ei koskaan toteudu, jos pyritte vain muuttamaan ihmisiä ja tilanteita ympärillänne sen sijaan, että korjaisitte omia epäkohtianne. Tämän kehotan teitä oppimaan. Kauan sen jälkeen, kun meidän kaikkien läsnä olevien huulet ovat sinetöidyt, näissä neuvoissa piilevä ikuinen totuus pitää yhä paikkansa.

Itseään *pystyy* muuttamaan, ja se onnistuu etsimällä Jumalaa vilpittömästi, meditaation ja itsekurin avulla. Muuta keinoa ei ole. Vaaditaan kaikkien näiden keinojen yhteisvoimaa, jotta pääsemme yli pahoista tavoistamme ja murramme ne syvät, näkymättömät alitajunnan kahleet, jotka pitävät meitä vankeina näissä rajoittuneissa fyysisissä kehoissa ja mielissä.

Tästä syystä hengellisen tien kulkijoilla on oltava muutamia sääntöjä. Ankara kuri on tarpeen. Luuletteko, että on helppoa tuntea Hänet, joka on tämän maailmankaikkeuden hallitsija? Luuletteko, että on yksinkertaista olla yhteydessä Häneen, jos mieli on täynnä ilkeyttä, negatiivisuutta, juoruja, vihaa, uskonpuutetta – kaikkea vähäisempää kuin Jumala itse? Ei ikinä! Ei ole mahdollista tuntea Häntä ilman meditaatiota ja itsekuria näiden esteiden ylittämiseksi.

Jumalan voi tuntea ainoastaan antautumalla Hänelle täysin. Älkää tyytykö olemaan keskinkertaisia oppilaita. Älkää asettako vaatimustasoanne muun maailman mukaan. Muistan Gurujin sanoneen muutamille meistä: "En halua tälle tielle keskinkertaisia Jumalan palvojia. Siksi olen niin kova teitä kohtaan. Haluan nähdä, kenellä on sisua edetä loppuun asti Jumalan luo."

Vain rakkaus

Hän lausui viimeiset henkilökohtaiset sanansa minulle – kuinka vaalinkaan niitä! – kolme päivää ennen *mahasamadhiaan*. Olimme samassa hississä täällä päämajassa. "Lapsi raukka", hän sanoi, "olen ollut todella kova sinulle tässä elämässä.[3] Pidin sinulle samaa ankaraa kuria kuin oma Guruni minulle. Näin, että pystyt ottamaan sen vastaan. Mutta muista, että hän moitti minua, koska hän rakasti minua." Sitten hän sanoi jotain hyvin liikuttavaa: "Mutta en ole täällä enää kauaa pitämässä sinulle kuria."

Vastasin: "Mestari, koko ikuisuuden ajan, aina kun tunnet tämän oppilaan tarvitsevan kurinpitoasi, anna sitä minulle. Tiedän, että pystyt ohjaamaan minua silloinkin, kun kehosi ei ole enää täällä. Ole kiltti ja tee niin jatkossakin!"

En halua huomioida tätä fyysistä tai henkistä itseä. Etsin vapautta ja sitä haluan myös jokaiselle teistä.

Kun asenne on oikea, se muuttuu Kristuksen kaltaiseksi

"Kun tämä 'minä' kuolee, saan tietää kuka olen."
Kun palvojan asenne on oikea, se muuttuu Kristuksen kaltaiseksi. Kukaan ei voinut loukata Jeesusta, kukaan ei pystynyt tuhoamaan hänen rakastavaa henkeään tai nostattamaan hänen vihaansa, koska hänen tietoisuutensa ei ollut ankkuroitunut pieneen itseen vaan Suurempaan Itseen, Jumalaan. Siksi kukaan tai

---

[3] Viittaus aiempiin inkarnaatioihin, jolloin guru ja *chela* olivat olleet yhdessä. Paramahansaji tiesi, että Daya Matalla oli huomattava osa tässä inkarnaatiossa, ja hän hengellisti ja karaisi häntä tätä velvollisuutta varten. Alaviite s. 54 selittää reinkarnaation lain. *(Julkaisijan huomautus)*

Jumalan palvojan ominaisuuksia

mikään ei koskaan loukannut häntä.

Oletetaan, että koko maailma syyttää meitä epäoikeudenmukaisesti. Kun mielemme lepää vakaasti Jumalassa, ei ole merkitystä, mitä maailma meistä ajattelee. Tämä ei tarkoita, että teidän tulisi halveksua maailmaa, vaan että teidän tulisi olla niin uppoutuneita Ainoaan Tietoisuuteen (josta te kaikki olette ehkä nähneet häivähdyksen), että tunnette myötätuntoa ihmisiä kohtaan ja yritätte ymmärtää heitä. Ennen kaikkea tiedätte vain yhden asian: "Vaikka koko maailma ylistäisi minua, mutta jos en tuntisi Jumalani siunausta, olisin vailla lohtua. Mutta jos koko maailma herjaisi minua, ja silti tuntisin Jumalani voiman takanani, löytäisin kaiken täyttymykseni Hänessä."

Tästä oivalluksesta on kyse hengellisessä elämässä. Niin kauan kuin elän, aion yrittää vetää tietoisuuteni ja kaikkien teidän tietoisuutenne kohti Ainoaa Päämäärää. Haluan nähdä, miten Gurudeva Paramahansa Yoganandan viesti tuo lohtua kaikille. Järjestötyön kennojen tulisi olla täynnä Jumalaa rakastavien sielujen hunajaa.

Jokainen ihminen haluaa olla vapaa. Kun tulette tietoisiksi siitä, että oikeasti olette tässä elämässä vankeja, alatte kaivata vapautta. Minä synnyin sen kaipuun kera enkä antaisi minkään tulla vapauden etsimiseni tielle. Jos en saavuttaisi sitä, tietäisin, että en voi syyttää ketään toista. Mikään ei siis voi häiritä suhdettani Jumalaan. Ihmiset yrittävät ehkä pidätellä minua tai luulevat voivansa houkutella minut jättämään tämän tien, mutta he eivät tule ikinä pystymään siihen. Miksi? Koska tiedän, mitä tahdon. Yritän olla koskaan petkuttamatta itseäni. En harhauta itseäni haikailemalla mitään tästä maailmasta. Jumala tulee ensin.

Kun palvojalla on tämä tietoisuus, hänen elämästään tulee paljon helpompaa. Siitä tulee ankkuroitunutta ja vakaata. Hän tietää ja tuntee todellisen suhteensa muihin ihmisiin, ja kaikki hänen elämässään tarkentuu oikeaan perspektiiviin.

Ensisijainen Jumalan etsiminen ei tarkoita maailmasta luopumista. Siunattuja ovat he, jotka voivat tehdä niin. Mutta missä tahansa kilvoittelija onkin, hän voi asettaa Jumalan ensimmäiseksi, ja silloin kaikki hänen muut velvollisuutensa ja ihmissuhteensa löytävät oman paikkansa. Onhan olemassa vain yksi rakkauden lähde, ei puolta tusinaa. On vain yksi Dynamo – ei kolmea tai neljää – josta viisaus, rakkaus ja ilo ovat peräisin. Niiden ainoa lähde on Jumala.

Kun palvoja löytää syvän yhteyden Jumalaan, hän ymmärtää, että hän on vain Jumalan väline, osa tätä suurta Alkulähdettä. Hän näkee kaiken ja kaikki muut ihmiset osana tätä ainoaa Alkulähdettä. Sen seurauksena hänen suhteensa muihin ihmisiin muuttuvat oikeanlaisiksi. Hän ei tunne enää tarvetta vaatia heiltä mitään. Hän ei halua enää tarrautua, takertua tai kitistä saadakseen rakkautta, hyvyyttä ja ymmärrystä osakseen. Sen sijaan hän haluaa antaa. Hän tietää jumalallisen lain, että mitä tässä maailmassa antaa, sen saa takaisin. Se on tiedettä eikä koskaan petä.

Kun kylvää hyvyyttä, saa myös niittää hyvyyttä. Mutta jos olette kohdelleet jotakuta hyvin jo vuosikausia eikä hän ole antanut takaisin muuta kuin loukkauksia, muistakaa että edellisissä inkarnaatioissa olette

Jumalan palvojan ominaisuuksia

kylväneet epäystävällisyyden siemenet, jotka kasvattavat nyt oikeutettuja hedelmiään. Olkaa kärsivällisiä. Odottakaa, että nyt kylvämänne siemenet tuottavat aikanaan hedelmiä. Ei voi kylvää siementä tänään ja nauttia hedelmäpuusta jo huomenna. Ajan kanssa siemenestä kasvaa puu. Kylväkää tänään hyviä tottumuksia, sirotelkaa tänään hyvyyttä tähän maailmaan; ajan kanssa ne tuottavat hyviä tuloksia. Jos tänään korjaamanne hedelmä on kitkerä, älkää harmitelko sitä tai tunteko itsesääliä. Olette itse kylväneet siemenet, jotka tuottavat kitkerän hedelmän. Hyväksykää tilanne kuin mies, niin sanoakseni. Ottakaa epämiellyttävyydet vastaan selkä suorana, rohkeasti ja kärsivällisesti. Kohdatkaa ne uskomalla Jumalaan.

Jokainen on hieman hullu

Ongelma on, kuten Paramahansaji sanoi, että olemme kaikki hieman hulluja mutta emme tiedä sitä, sillä samalla tavalla omituiset viihtyvät yhdessä. Kukaan ei ole todella tasapainoinen ennen kuin tuntee Jumalan. Ainoat "sopeutuneet" tässä maailmassa ovat ne, jotka ovat saavuttaneet Itse-oivalluksen – ja sitä me kaikki tavoittelemme.

Moni on henkisesti hiukan rikki, mutta paljon, paljon useammat ovat rikki tunne-elämältään – tunteissaan vammautuneita, tunteissaan epäkypsiä. Sitä ei voi kieltää. Vaikuttaa siltä, että tämä tunne-elämän sairaus on nykyisin ihmiskunnan suurin ongelma. Yksi sen näkyvistä oireista on ihmisten tapa jatkuvasti syyttää ulkoisia tekijöitä tai toisia ihmisiä erinäisistä ongelmistaan. "Jos hän ei olisi tehnyt niin tai hän ei olisi sanonut

Vain rakkaus

näin, minun ei tarvitsisi nyt kärsiä." Pötyä! Tällaisen ajattelun virheellisyys oli yksi niistä opetuksista, jotka Mestari ehdottomasti vaati meitä oppimaan.

Älkää syyttäkö muita siitä, millaisia olette. Tilanteenne on juuri sellainen kuin miksi olette sen itse luoneet. Toteamus "Olet oman kohtalosi herra" on täysin totta. Muokkaatte itse oman kohtalonne. Vaikeus piilee siinä, että tietämättömyydessämme emme ole osanneet hallita inhimillisiä heikkouksiamme. Siksi olemme turvautuneet sellaisiin käyttäytymistapoihin, joiden aiheuttamista ikävistä seurauksista kärsimme nyt. Tämän totuuden oivaltaminen on kypsän ajattelun merkki. Se tukee emotionaalista kasvuamme. Painotan tätä, koska oikea asenne ongelmiamme kohtaan on tarpeen jokaiselle.

Meidän kaikkien on kasvettava aikuisiksi. Aikuiseksi kasvaminen tarkoittaa, että pystymme tunnistamaan oman todellisen Itsemme ja käyttäytymään sen lailla: "En ole emotionaalinen, pelokas ja valittava; en ole epävarma rääpäle. Olen osa Jumalaa." Guruji kertoo meille, että harjoittamalla säännöllisesti meditaatiota ja seuraamalla hänen antamiaan hengellisiä ohjeita voimme oivaltaa, keitä todella olemme. Kun tulemme täysin tietoisiksi Jumalasta, kun tietoisuutemme yhtyy Hänen tietoisuuteensa, vasta sitten saamme tietää sen.

Tarttukaa totuuteen älyllä; omaksukaa se sisäisesti sieluunne

Jos haluaa muuttaa itseään, on ensin ymmärrettävä keskeisen tärkeitä asioita älyllisesti ja sitten alettava omaksua niitä syvälle sieluunsa. Oletetaan, että haluatte

Jumalan palvojan ominaisuuksia

kehittää antaumuksellista rakkautta. Kirjoittakaa paperille sana tai ajatus, joka herättää teissä antaumuksen tunteen. Kiinnittäkää lappu oveen tai muulle näkyvälle paikalle, jossa näette sen usein. Joka kerta kun katsotte tätä muistutusta, yrittäkää ymmärtää antaumuksellisen rakkauden käsite älyllisesti mutta myös tuntea, mitä se tarkoittaa. Pohdiskelkaa sitä, antakaa sen sytyttää teissä välitön palo. Mestari sanoi: "Teidän on kirnuttava eetteriä rakkaudellanne Jumalaan, kaipuullanne Häneen." Keskustelkaa Jumalan kanssa ja tuntekaa, että kirnuatte eetteriä rukouksellanne.

Esimerkki: olemme juuri laulaneet yhden Gurujin lauluista, "Sydämeni ovi". Kun lakkaan laulamasta ääneen, laulu ei lopu siihen. Ääneen laulamisesta tulisi edetä kuiskaukseen ja jatkaa laulamista sitten mielessään. Kun lopetan laulamisen, ei keskittymiseni pääty siihen. Menen yhä syvemmälle ja syvemmälle ja syvemmälle ajatukseen, jota olen laulanut: "Tuletko, Herra, tuletko: ilmestytkö minulle edes kerran?" Näin sydämeni huutaa. Mieleni kääntyy sisäänpäin, ja kuten Guruji neuvoi, "kirnuan eetteriä" ajatuksellani. Toisin sanoen laulu on toistettava kerta toisensa jälkeen alati kasvavalla tunteella, niin että lausumienne sanojen merkitys muuttuu osaksi tietoisuuttanne. Pystytte siihen vain, jos olette sataprosenttisesti keskittyneitä siihen, mitä teette. Jos huomionne on yhdeksänkymmentäyhdeksänprosenttisesti Jumalassa, mutta hiukankin ajattelette ympäröiviä ihmisiä tai mietitte satunnaista töihin liittyvää ajatusta, ette saavuta tuloksia yrittäessänne houkutella jumalallista vastausta.

Gurujilla oli tapana sanoa: "Jumala ei tule luoksenne,

Vain rakkaus

ellette suo Hänelle huomiotanne sataprosenttisesti." Jos luulette, että voitte edistyä vain istumalla ja harjoittamalla *kriyaa*[4], vaikka mielenne säntäilee sinne tänne, olette väärässä. Jotkut järkeilevät: "Tänään olen tehnyt sata *kriyaa*, joten etenen nopeasti – – Tällä viikolla olen tehnyt tuhat *kriyaa*, joten olen melkein täysin valmis hengellisesti." Ei pidä paikkaansa! Tällaisella palvojalla ei ole oikeaa asennetta. Hän on kuin Gurujin täti, joka neljänkymmenen vuoden ajan oli rukoillut helmiensä kera päivittäin, mutta hänen mielensä oli alati toisaalla. Ei siis ihme, kun hän alkoi lopulta valittaa, ettei saanut vastausta! Teidän on oltava tosissanne, jos haluatte löytää Jumalan tässä elämässä. *Pystytte* kyllä onnistumaan pyrkimyksessänne, mutta ette ilman riittävää vaivannäköä.

Jumala on ujon välttelevä

Herraa on hyvin vaikeaa tuntea. Hän pyörittää paitsi tätä maailmankaikkeutta myös miljoonia muita. Miten voisitte ajatella, että Hänellä on aikaa teille, jos ette lähesty Häntä tosissanne? Mestarilla oli tapana sanoa, että meidän tulee oppia "lypsämään" hiljaisuutta syvässä meditaatiossa, jotta voimme ammentaa piilevästä Tietoisuudesta, salatusta rakastavasta Älystä, joka asuu kaikkialla tässä luomakunnassa.

Se ei ole helppoa. Jumala on ujon välttelevä, aina

---

[4] Erityinen jooginen meditaatiotekniikka, jota Self-Realization Fellowshipin jäsenet harjoittavat. *Kriya*-jooga on pyhä hengellinen tiede, joka syntyi Intiassa vuosituhansia sitten. Se sisältää meditaatiotekniikoita, joiden antaumuksellinen harjoittaminen johtaa Jumalan oivaltamiseen. Meidän aikanamme *kriya*-joogan on herättänyt uudelleen henkiin Mahavatar Babaji (ks. sivu 214). Se on Self-Realization Fellowshipin gurujen välittämä *diksha* (hengellinen vihkimys).

Jumalan palvojan ominaisuuksia

piilossa, ja teitä houkuttavat monet sivuraiteet. Liian usein mielessänne vellovat päämäärättömät ajatukset: "Tämä on tärkeämpää, tuo ei ole tärkeää" tai "Pidän näistä kasvoista, mutta noista en pidä. Tämä ihminen on niin kiltti minulle, tuo taas on ilkeä. Huomaa mitä tämä henkilö tekee, ja katso, mitä tuo toinen juuri teki." Missä on yhteen asiaan suuntautunut mieli? Miten tämän henkisen pirstaloitumisen keskeltä voisi löytää Jumalan? Kun suljette silmänne ja vedätte viimeisen henkäyksen tässä elämässä, olette samanlaisia kuin nyt, ette ole edenneet lainkaan. Sitten sanotte: "Rakas Jumala, olen tuhlannut aikaani. En halunnut sitä. Olin niin lähellä äärettömän täyttymyksen ovia, mutta olen hukannut kullan arvoisen mahdollisuuteni."

On traagista, että asetamme muut asiat Jumalan edelle siksi, että meitä huolestuttaa jäädä paitsi jostakin tässä maailmassa. Tämä on suuri harha. Pelkäämme, että jos antaudumme Jumalalle, saatamme menettää jotain muuta. "No, katsotaanpa", mieli järkeilee, "saatan jäädä paitsi kaikesta, mitä elämällä on tarjota. On niin monia asioita, joita haluaisin. Haluan rakkautta, haluan valtaa, haluan olla tunnettu, haluan saavuttaa suuria asioita tässä maailmassa." Näitä me luulemme haluavamme. Emme voi kieltää sitä; koko ihmiskunta havittelee näitä päämääriä. Miten järjetöntä se onkaan! Me tavoittelemme niitä väärällä tavalla.

Perushalumme ovat sielulle synnynnäisiä

Miksi haluamme kuuluisuutta? Miksi haluamme valtaa? Miksi haluamme rakkautta? Miksi haluamme iloa? Janoamme näitä, koska ne ovat osa todellista

Vain rakkaus

luontoamme, sielun olemusta. Tämän täydellinen oivaltaminen liittyi kokemukseen, jonka koin Intiassa mietiskellessäni Babajin luolassa.[5] Sielu on kuolematon. Ja mitä muuta on kuuluisuus kuin täyttynyt synnynnäinen halumme elää ikuisesti muun maailman muistissa? Miksi sielu ei haluaisi jättää maan päälle yhden inkarnaationsa nimeä ja saavutuksia, joista toiset voivat lukea tuhannen vuoden kuluttua? Sielu on kaikkivoipa, yhtä Jumalan kaikkivoipaisuuden kanssa. Miksi se ei haluaisi ilmaista potentiaaliaan? Sielu on rakkautta ja iloa. Siksi on luonnollista etsiä näitä myös elämän perusasioina.

Huomaatte tästä, että tavoittelemme olemuksemme synnynnäisiä päämääriä. Harha piilee siinä, että odotamme täyttymystä maailmalta, joka ei ole muuta kuin ohikiitävä uni. Maailma on petosta; näen sen niin selvästi. Miksi suostua heiteltäväksi muistamisen ja unohduksen aalloilla, elämän ja kuoleman aalloilla? Miksi tuhlata itseään niin? Mitä varten? Kaikki mitä ihminen etsii löytyy Jumalasta. Ongelma on, että meiltä puuttuu uskoa siihen jumalalliseen lupaukseen, että jos etsimme Jumalaa ensin, kaikki muu suodaan meille. Olen luottanut tähän koko elämäni ja tiedän sen olevan totta. *Tiedän sen.* Aina kun epäilys nostaa päätään, pitäkää kiinni tästä ajatuksesta. Pyytäkää Jumalaa todistamaan se teille, niin huomaatte, että Hän tekee niin, jos teette oman osanne. Ja todistus onkin jotain suurenmoista!

Aina kun elämäänne astuu jonkinlainen harha, jokin houkutus tai vastoinkäyminen, muistakaa vain

---

[5] Ks. sivu 214

Jumalan palvojan ominaisuuksia

nämä sanat: "Etsin ensin Sinua, Jumalani, ja tiedän, että kaikki muu suodaan minulle." Uskokaa siihen. Teidän on aloitettava uskomalla ja jos jatkatte Hänen etsimistään, lopulta sanotte yhtäkkiä: "Hyvänen aika! Tunnen nyt saaneeni kaiken, mitä olen halunnut; en ole jäänyt mistään paitsi."

Useimmat ihmiset eivät halua etsiä Jumalaa, koska he pelkäävät joutuvansa luopumaan yhdestä tai toisesta asiasta. Mistä sitten luovutte? Ette itse asiassa mistään. Löydätte kaiken täyttymyksen sielustanne. Tunnette sydämessänne jumalallisen rakkauden. Oivallatte, että kaikki viisaus on sisällänne. Tunnette taivaallisen voiman. Ette etsi enää mitään, sillä teillä ei ole täyttymättömiä haluja.

Eivätkö kaikki suuret, jotka ovat olleet yhteydessä Jumalaan – Krishnasta Buddhaan ja Jeesukseen ja aina omiin mestareihimme[6] – ole omassa elämässään todistaneet Jumalan tuoman täydellisen täyttymyksen; jopa siinä määrin, että he ovat mieluummin kuolleet kuin luopuneet Hänestä? Useimmat ihmiset sen sijaan kuolisivat mieluummin kuin luopuisivat tästä maailmasta. Miten epätoivoisesti he takertuvatkaan tähän maailmaan ja kaikkeen sen sisältämään. Mutta kun olette lopulta löytäneet Jumalan, haluaisitte mieluummin kuolla kuin hylätä Hänet. Valinnat ovat erilaiset. Sillä ne, jotka tuntevat Hänet, tietävät että "myös kaikki tämä" suodaan heille. He tietävät sen ja tuntevat Jumalan kaikkiallisuuden. Maailma ei voi koskaan antaa heille sitä tyydytystä, jonka Jumala suo. Mikään inhimillinen rakkaus ei voi koskaan tuoda sitä

---

[6] Self-Realization Fellowshipin gurulinja.

Vain rakkaus

loputonta iloa, jonka Jumalan rakkaudesta löytää.

Elämässä tulee aina pettymyksiä ja sydänsuruja, sillä sielu on luonnoltaan täydellinen, kun taas kaikki maanpäällinen on karkeaa ja rajoittunutta. Täällä vallitsee kyvyttömyys ilmaista tunteita muille ihmisille oikealla tavalla, heidän kyvyttömyytensä ottaa vastaan, mitä muut haluavat antaa, kyvyttömyys ilmaista sanoilla (jotka ovat liian yksinkertaisia!), mitä sielu haluaa kertoa.

Kaikki mitä etsimme on Jumalassa. Pitäkää hetki kiinni siitä ajatuksesta – esimerkiksi seuraavan puolen vuoden ajan. Sanokaa itsellenne: "Mieti! Etsi ensiksi Jumalaa, ja kaikki muu suodaan minulle." Meditoikaa sitä. Aina kun tunnette kiusausta tai lannistumista tai ajatuksenne harhailevat, sanokaa Hänelle: "Jumala, annan elämäni Sinulle. Nyt pyydän Sinua täyttämään lupauksesi." Huomaatte, että Hän pitää sanansa. Tärkeintä on, että teillä on toimiva suhde Jumalaan; älkää tyytykö ennen kuin näin on. Voitte kehittää suhdetta seuraamalla ohjeita, jotka olen teille antanut Mestarin opetuksista.

Ihmisen sisällä on aina selittämätön kaipuu ja tyhjyys ennen kuin hän palaa Jumalan tykö. Hän saattaa matkustaa koko maailman ääriin, etsiä läpi koko universumin ja kerätä kaikki luomakunnan tarjoamat kokemukset, mutta hän pysyy silti "kadoksissa" niin kauan kunnes palaa Jumalan luo.

Vaikka kuinka yrittäisi täyttää sydämensä inhimillisellä rakkaudella, se ei koskaan tyydytä; jonkinlainen puute on aina olemassa. Se on loogista. Kristus

Jumalan palvojan ominaisuuksia

sanoi: "Minun kuninkuuteni ei ole tästä maailmasta."[7] Teidänkään kuninkuutenne ei ole tästä maailmasta. Niin kauan kuin petkutatte itseänne ajattelemalla, että voitte saavuttaa toiveenne ja onnen tässä maailmassa, ne karahtavat pettymyksen karikkoon. Tämä on totuus, jonka kerron teille. Tiedätte sen sielussanne.

Luodaksenne toimivan suhteen itsenne ja Äärettömän välille joudutte näkemään vaivaa – ilman pakon tunnetta – jotta mielenne sukeltaa yhä syvempään ja syvempään sisäänpäin. Tulee aika, jolloin kirnuatte eetteriä vain yhdellä ajatuksella: "Sinä, Sinä, Jumalani, Rakkaani, vain Sinä, vain Sinä, vain Sinä." Mielenne uppoutuu täysin tähän tietoisuuteen. Sielunne alkaa avautua, tunnette ilon ja omistautumisen tulvan ja suuren ymmärryksen aallon, että vain Jumala on todellinen. Tiedätte, että sillä hetkellä seisotte Totuuden edessä Jumalan läsnä ollessa. Vain Jumala on Todellisuus.

Se, mitä olen tänään sanonut, voidaan tiivistää näihin sanoihin *Bhagavadgitasta*:[8] "Hän, joka näkee Minut kaikkialla ja kaiken Minussa, ei koskaan kadota Minua näkyvistään enkä Minä kadota häntä koskaan näkyvistäni."

---

[7] Joh. 18:36.
[8] VI:30 (suomennettu Paramahansa Yoganandan englanninkielisestä käännöksestä *God Talks With Arjuna: The Bhagavad Gita*).

Toisten ihmisten ymmärtäminen

*Self-Realization Fellowshipin kansainvälinen
päämaja, Los Angeles, Kalifornia, 14. joulukuuta 1965*

Olemme Jumalan lapsia, ja siksi meidän tulisi aina käyttäytyä todellisen luontomme mukaisesti. Riippumatta siitä, miten muut satuttavat meitä, meidän tulee vastata anteeksiannolla ja myötätunnolla. Näin toimimalla voimme muuttaa toisten ihmisten suhtautumista meihin. Vilpittömin sydämin meidän tulisi ojentaa kaikille rakkauden ja ystävyyden käsi. Jos kättä läpsäistään, kuten usein tapahtuu, se tulisi ojentaa uudelleen. Jos kyseinen henkilö yhä torjuu teidät, vetäytykää hetkeksi, mutta lähettäkää hänelle edelleen rakastavat ajatuksenne kaikessa hiljaisuudessa. Olkaa aina valmiina ojentamaan ystävyyden käsi uudestaan, kun sopiva tilaisuus tulee kohdalle.

Ottakaa vastaan kehuja tai moitteita kiihtymättä kummastakaan. Vaikka toisinaan voikin olla vaikeaa tulla toimeen meitä kritisoivien ihmisten kanssa, meidän ei pitäisi jättää heidän sanomisiaan omaan arvoonsa, jos kritiikki on rakentavaa. Joskus voi olla paikallaan yrittää selittää näkökantaamme ja nähdä vaivaa yhteisymmärryksen saavuttamiseksi. Usein on kuitenkin ajan haaskausta ryhtyä pitkällisiin selittelyihin, jotka saattavat kuulostaa vain puolustelulta. Tällaisissa tapauksissa on viisaampaa vain tyytyä hiljaa tilanteeseen.

Toisten ihmisten ymmärtäminen

Paras asenne on jumalallinen nöyryys, johon Franciscus Assisilainen viittasi sanoessaan: "Hyväksy moitteet, kritiikki ja syytökset hiljaa ja ryhtymättä vastaiskuun, vaikka ne olisivatkin vääriä ja perusteettomia." Vaikka se, mitä meistä puhutaan, olisi valhetta, vaikka tuntisimme sen olevan perusteetonta, on hengellisesti ylevää hyväksyä asia riitelemättä ja ilman vastaiskua. Jättäkää tuomitseminen Jumalalle. Jos pyritte tuntemaan Jumalan, täytyy teidän ensin yrittää miellyttää Häntä, ei ihmisiä.

Selittämisen hetket ja vaikenemisen hetket riippuvat tilanteesta. Koskaan ei kuitenkaan ole oikea hetki iskeä takaisin missään tilanteessa. Antakaa Jumalan aina toimia tuomarina. Hänen lakinsa ovat oikeudenmukaiset, ja niinpä korkeimmassa mielessä meidän ei koskaan tarvitse puolustaa itseämme.

Jotkut kehuvat ja ymmärtävät meitä, toiset taas moittivat ja käsittävät väärin. Meidän tulisi suhtautua tyynesti molempiin arvioihin. Tehtävämme on aina pyrkiä parhaimman mukaan elämään totuudenmukaisesti. Kun tajuamme tehneemme virheen, meidän tulisi välittömästi pyytää Jumalaa antamaan meille anteeksi ja sen jälkeen korjata tapamme.

On turhaa yrittää piilotella virheitämme Jumalalta; hän tietää ne joka tapauksessa. Voimme luottavaisina tunnustaa Hänelle kaikki vikamme ja pyytää Hänen apuaan niiden korjaamisessa. Herran ikuinen läsnäolo tekee Hänestä pysyvän jumalallisen kumppanin, jonka kanssa voimme vapaasti jakaa tunteemme. Hän näkee meidät sellaisina kuin olemme. Miten voimme suhtautua itseemme omahyväisesti, kun tiedämme, että ilman Häntä emme ole mitään? Kun ymmärrämme tämän, meissä herää väsymätön kamppailu saavuttaa täydellisyys Hänen silmissään. Itseensä tyytyväinen ihminen lakkaa kasvamasta hengellisesti. Itsekeskeinen omahyväisyys on vakava synti korkeampaa Itseä kohtaan. Jokainen, joka ei enää pyri kehittymään, kutistuu hengellisesti.

Aina kun tiedämme olevamme väärässä, meidän tulee myöntää se. Älkäämme aina ajatelko, että meidän on oltava oikeassa. Silloin emme ole rehellisiä itsellemme. Vaikka uskoisimme tietyllä tavalla, ei se välttämättä ole oikein. Jos joku osoittaa meille olevamme väärässä, meidän tulisi olla valmiita ja halukkaita muuttumaan. Tällä tavalla kasvamme ja saavutamme lisää ymmärrystä. Pitkiä selityksiä siitä, miksi erehdyimme, ei tarvita. Tarvitsee vain sanoa: "Olen hyvin pahoillani. En ymmärtänyt sitä noin."

Ilman kommunikaatiota väärinkäsitykset kasvavat

Kun joku käsittää meidät väärin ja on vihainen, mikään mitä sanomme ei voi millään lailla kohentaa hänen näkemystään jos hän on yhä tunteiden vallassa. On parasta odottaa, kunnes vastapuolemme on rauhoittunut, ja pyrkiä sitten vuoropuheluun. Kun kommunikaatio ihmisten välillä lakkaa, väärinkäsitykset kasvavat. Niin kauan kuin on vuoropuhelua – ei riitaa vaan avarakatseista keskustelua – on toivoa saada aikaan ymmärrystä ja harmoniaa.

On tärkeää, ettei ole koskaan ahdasmielinen. Gurudevamme Paramahansa Yogananda ei sietänyt sitä niissä, jotka hakivat häneltä oppia. Jokaisen hänen

Toisten ihmisten ymmärtäminen

ympärillään tuli olla mieleltään avoin, järkevä ihminen. Pyrkiessämme kommunikoimaan muiden kanssa meidän tulisi aina tarkkailla motiivejamme. Jos esitämme hakevamme ymmärrystä, mutta varsinainen päämäärämme onkin tunkea omia ajatuksiamme toisten kurkusta alas, motiivimme on virheellinen ja siksi väärin. Meidän tulisi aina vilpittömästi pyrkiä ymmärtämään muita, asettaa hetkeksi sivuun oma näkemyksemme ja samaistua vastapuolen ajatteluun. Meidän on tehtävä näin, jos haluamme onnistua kommunikoimaan toisten kanssa. Jos etsimme totuutta – emmekä pelkästään oikeutusta omille näkemyksillemme – meidän on pystyttävä päästämään hetkeksi irti siitä, mitä pidämme oikeana, ja katsottava asiaa toisen osapuolen silmin. Antakaamme hänen ilmaista ajatuksensa. Kun olemme kuulleet hänen versionsa ja puolueettomasti tutkiskelleet sitä hänen näkökulmastaan, voimme esittää oman käsityksemme. Toisin sanoen näkemyksiä täytyy vaihtaa tasavertaisesti. Kumpikin osapuoli voi sitten havaita erehtyneensä ajattelussaan ja todeta, että totuus on jossakin vastakkaisten näkemysten välimaastossa.

Useimmilla meistä on tämä ongelma: haluamme niin kiihkeästi esittää oman näkökantamme ja vakuuttaa toisen siitä, että emme suo hänelle mahdollisuutta tuoda omaa kantaansa julki. Aina kun joudutte vaikeaan tilanteeseen jonkun kanssa, suhtautukaa häneen riittävällä kunnioituksella ja antakaa hänen "purkaa sydäntään". Vaikka hän olisi kuinka häijy ja tunteen vallassa, älkää keskeyttäkö. Antakaa hänen sanoa sanottavansa. Sitten vastatkaa hiljaa ja

Vain rakkaus

ystävällisesti. Vaikka hän sanoisi teistä mitä ilkeimpiä asioita, kuunnelkaa kunnioittavasti samalla kun sanotte sisäisesti Jumalalle: "Onko asia näin? Minua kiinnostaa totuus. Jos olen tällainen, Sinun täytyy auttaa minua, Herra, pääsemään yli vioistani ja muuttamaan itseäni." Mutta jos toinen on siinä määrin herjaava, että hän unohtaa jo itsensä ja loukkaa hengellisiä periaatteita eikä pelkästään henkilökohtaista ylpeyttämme ja egoamme, meillä on velvollisuus vastustaa häntä ja muuttua teräksen kaltaiseksi. Hengellisten periaatteiden loukkaaminen on Jumalan loukkaamista, ja sellaiseen meidän ei tule ikinä osallistua. Jeesus ei koskaan puolustautunut mutta pysyi vahvana sanoissa ja teoissa, kun oikeamielisyyttä loukattiin.

Velvollisuutemme Jumalan lapsina tässä maailmassa on siis pyrkiä ymmärrykseen: itsemme ymmärtämiseen, toisten ymmärtämiseen, elämän ymmärtämiseen ja ennen kaikkea Jumalan ymmärtämiseen. Maailma voi olla parempi paikka vasta silloin, kun ihmisten sydämissä ja mielissä vallitsee ymmärrys. Yksilöiden on opittava tulemaan toimeen keskenään, ennen kuin kansakunnat voivat ikinä toivoa samaa.

Kuinka muuttaa toisia ihmisiä

Self-Realization Fellowshipin ashram-keskus, Hollywood, Kalifornia, 19. toukokuuta 1965

Meidän ei pitäisi antaa muiden ihmisten käyttäytymisen viedä mielenrauhaamme. Jokaiselle on vaikeaa pysyä henkisesti tyynenä ja pitää kielensä kurissa, kun muut käyvät hänen hermoilleen, mutta kukaan ei voi menestyä elämässään käskemällä jokaista ärsyttävää henkilöä käyttäytymään kunnolla. Pyytämättä tarjotut neuvot saavat aikaan valtavaa kaunaa. Meidän ei tulisi yrittää tyrkyttää toiveitamme tai ajatuksiamme muille, elleivät he kysy meiltä neuvoja.

Eräs virhe, jonka monet noviisit tekevät hengellisellä tiellä, on halu muuttaa koko maailma sillä hetkellä, kun he itse innostuvat Jumalan etsimisestä. He aloittavat kotonaan hengellisen vallankumouksen ja yrittävät kaikin voimin käännyttää miehensä tai vaimonsa sekä lapsensa. Tällainen into on suurenmoista, mutta melkein aina se herättää vastustusta. Paramahansaji sanoi tällaisille innokkaille: "Muuttakaa ensin itsenne; ryhdistäytykää itse, niin ryhdistätte tuhansia muita." Jos ei erikseen pyydä neuvoa, ei halua kuulla ohjeita. Kukaan ei pidä siitä, että hänelle annetaan neuvoja väenvängällä. Kun joku on valmis kuulemaan neuvoja, hän pyytää niitä itse. Hän haluaa kuulla niitä asuinkumppaniltaan tai rakastamaltaan tai ihailemaltaan henkilöltä, jos hän huomaa, että tämän elämässä

Vain rakkaus

on tapahtunut muutos hyvään suuntaan. Mutta jos muutos näkyy vain latteuksina tai tyhjinä lupauksina, epäilijä vastustelee.

Olkaa itse esimerkkejä siitä, millaisia haluatte toisten olevan. Jos olette taipuvaisia menettämään hermonne ja hyökkäätte takaisin ja puhutte terävästi, tai jos moititte lapsianne kohtuuttomasti, tai jos olette hermostuneita ja menette helposti tolaltanne huutaen ja puhuen rumasti – muuttakaa itseänne! Se on paras tapa muuttaa toisia ympärillänne. Se on vaikeaa mutta onnistuu kyllä. Meidän tulisi ponnistella muuttuaksemme ihmiseksi, jota kunnioitetaan ja arvostetaan ja jonka sanoja kuunnellaan. Tällaisen ihmisen tulisi puhua todellisen viisauden ja ymmärryksen pohjalta, ei koskaan suuttuneena, hermostuneena, kateellisena tai kostonhimoisena tultuaan loukatuksi.

Intiassa eräs hyvin menestynyt tehtaanomistaja tuli puheilleni ja sanoi: "Olen lannistunut ja harmissani; minulla on vaikeuksia vaimoni ja työntekijöideni kanssa. Puhun heille aina tylysti. Mitä voin tehdä?"

"Haluatko kuulla totuuden vai haluatko, että sanon sen, mitä toivot kuulevasi?"

"Haluan kuulla totuuden."

"Hyvä on", vastasin, "sinun on aloitettava itsestäsi. Sinulla on tyrannin maine kotonasi ja työntekijöidesi keskuudessa. Ihmiset tottelevat sinua, koska pidät piiskaa heidän yllään, ei siksi että he rakastavat tai kunnioittavat sinua. Tämän takia et saa heiltä sitä rakkautta tai yhteistyötä, jonka voisit saada. Sinun pitää opetella päästämään irti; älä ole niin kireä. Varaa joka päivä pieni hetki rentoutumiseen; varaa hetki

Kuinka muuttaa toisia ihmisiä

Jumalan ajattelemiseen. Kuvittele, että seuraavassa silmänräpäyksessä koko elämäsi sammuu, tai kuvittele että olet jo kuollut." (Tämä on mitä mielenkiintoisin koe. Äkkiä huomaatte, että velvollisuutenne eivät enää olekaan teidän. Tajuatte, miten tärkeää on olla enemmän kuin hiukan huolissaan tulevaisuudestanne suhteessa Jumalaan.)

Sitten sanoin hänelle: "Jos haluat, tule aina iltapäivisin *satsangaan*[1] ja meditoi kanssamme niin kauan kuin olen täällä." Hän tuli joka päivä, ja meditoimme ja puhuimme Jumalasta.

Kaksi vuotta myöhemmin olin jälleen Intiassa. Eräs tehtaanomistajan työntekijöistä kertoi minulle: "Hän on muuttunut mies, paljon rauhallisempi ja kärsivällisempi meitä kohtaan. Sen takia keskuudessamme vallitsee suurempi rauha ja harmonia. Saamme enemmän aikaan, koska emme ole kaiken aikaa kireitä ja hermostuneita." Tämä on hieno esimerkki siitä, mitä Gurumme opettaa Self-Realization Fellowshipin tiellä.

Niin kauan kuin joku näyttää hermostuneelta tai jännittyneeltä miehensä tai vaimonsa tai lastensa edessä, he reagoivat ja käyttäytyvät samalla lailla. Muu ei ole mahdollista. Jos siis haluaa kotonaan vallitsevan toisenlaisen ilmapiirin, on itse tehtävä aloite. Älkää odottako perheenne muuttuvan yhdessä yössä. Niin tapahtuu harvoin; muutos on hidas, luonnollinen prosessi. Vaikka se ei koskaan tapahtuisikaan, älkää lannistuko tai huolestuko ylettömästi. Gurujilla

---

[1] Sananmukaisesti "totuuden seura". *Satsanga* on yleensä epävirallinen totuuden etsijöiden kokoontuminen, jossa sen vetäjä puhuu spontaanisti Jumalasta ja muista hengellisistä aiheista.

Vain rakkaus

oli tapana sanoa meille: "Jumala on antanut jokaiselle ihmiselle siunatun lahjan: hänen omat yksityiset ajatuksensa. Niissä hän voi elää ja luoda kaikessa hiljaisuudessa Jumalan kanssa kumppanuuden ja yhteisymmärryksen, joka alkaa vähitellen heijastua hänen koko elämäänsä – myös hänen perhesuhteisiinsa, lähiympäristöönsä ja koko maailmaan." Vaikka muut ympärillänne eivät muuttuisikaan silminnähden, itsessänne tapahtuva muutos tekee teidät vähemmän herkiksi muiden huonolle käytökselle.

Kuka on vastuussa teini-ikäisten käytöksestä?

Minua lähestyvät usein vanhemmat, jotka ovat hämmentyneitä aina vain kasvavasta "sukupolvien kuilusta" heidän ja heidän lastensa välillä. Nykypäivän nuorten ongelmiin on monia syitä, jotka muodostavat laajan ja monimutkaisen aihepiirin. Metafyysisesti katsoen näissä jälleensyntyneissä nuorissa on näkyvissä karman vaikutus, aiempien elämien[2] kokemukset, jotka saattavat juontaa juurensa viimeisten kolmenkymmenen vuoden sotien, mellakoiden ja

---

[2] Hindujen pyhissä kirjoituksissa selitetyn reinkarnaation opin mukaan ihmiset, jotka ovat joutuneet pettymään katteettomiin lupauksiin onnellisuudesta ja täydellisyydestä tässä maailmassa, sotkeutuvat loputtomaan maallisten halujen verkkoon. Tyydyttääkseen nämä halut ihminen toivoo syntyvänsä yhä uudelleen tähän maailmaan, kunnes hän sisäistää suurimman opetuksen elämässä: vain Jumala voi täyttää hänen onnellisuuden kaipuunsa.

Jälleensyntyminen on välttämätöntä myös siksi, että syyn ja seurauksen jumalallinen laki, jota sanotaan karmaksi, voi täyttyä. Ihmisen hyvien ja pahojen tekojen siemenet kantavat väistämättä hedelmänsä joko tässä elämässä tai seuraavassa, kuten Paavali sanoi (Gal. 6:7): "Älkää eksykö, Jumala ei salli itseänsä pilkata; sillä mitä ihminen kylvää, sitä hän myös niittää."

rotuerottelun kaltaisiin tragedioihin. Myös medialla on vaikutuksensa. Jokainen yhteiskunnallinen ryhmä näkee kaikki muut ryhmät televisioruudussa omassa olohuoneessaan. Kuten *paramgurumme*[3] Swami Sri Yukteswar sanoi: "Seura on tahdonvoimaa vahvempi."

On myös syytä huomioida yhteiskuntamme yleinen suvaitsevaisuus sekä uskonnollisten ja moraalisten normien höllentyminen, mikä näkyy julkaisuissa ja viihteessä. Se mikä ruokkii ihmisen alhaisia vaistoja, tuo väistämättä esiin hänen karkean eläimelliset piirteensä. Jätän kuitenkin sivuun nämä laajemmat pohdinnat, ja paneudun tarkemmin vanhempien ja lasten välisen suhteen joihinkin perustotuuksiin.

Emme saisi syyttää pelkästään teini-ikäisiä itseään niistä hankaluuksista, joihin monet heistä nykyään joutuvat. Meidän olisi syytä tarkastella heidän vanhempiaan sekä näiden vanhempia. Ennen kaikkea on niin, että vanhemmat itse ovat usein kuria vailla eivätkä siksi onnistu antamaan hyvää esimerkkiä. En tarkoita tekopyhää vaan oikeanlaista esimerkkiä – ymmärrystä ja jämäkkyyttä kun sitä tarvitaan, mutta ei rankaisua, silloin kun vanhemman omat tunteet ovat hallitsemattomissa. Jos vanhempi yrittää ymmärtää lapsiaan, hän ei piiloudu "koska olen isäsi (tai äitisi), niin sinun on toteltava" -asenteen taakse. Se ei toimi lasten kanssa.

Vanhempien tulisi antaa lapsilleen rakkautta ja sen lisäksi opetella olemaan heidän tovereitaan. Tämän suhteen tulisi alkaa jo varhain. Jos vanhemmat eivät vaali yhteisymmärrystä lastensa kanssa näiden ollessa vielä aivan nuoria, heidän välillään ei tule olemaan

---

[3] Oman gurun guru.

Mataji puhuu Self-Realization Fellowshipin jäsenille konvokaatiossa. Los Angeles, 1975

"Gurudeva Paramahansa Yogananda on tuonut meidät kaikki yhteen jumalallisen rakkauden tietoisuudessa. Hän on sitonut meidät yhteen vahvalla mutta lempeällä rakkauden säikeellä ja muodostanut antautumisen ja rakkauden tuoksuvan seppeleen, jonka laskemme Ainoan Rakkauden, sielujemme Suurimman Rakastetun jalkojen juureen."

Daya Matalle järjestetty vastaanotto YSS:n päämajassa. Ranchi, Intia, 1967

"Kun takerrumme tietoisuuteen Jumalasta elämän tuomien kokemusten läpi vaeltaessamme, näemme jälleen itsemme ja kaikki ihmiset ympärillämme osana Ääretöntä Kokonaisuutta."

Vain rakkaus

toimivaa vanhempien ja lasten välistä kommunikaatiota nuorten kasvaessa.

Lapsia ei pitäisi ylettömästi hemmotella lahjoin ja yrittää niiden avulla tyydyttää kaikkia heidän toiveitaan. Lasten tulisi joutua tekemään töitä joidenkin haluamiensa asioiden eteen, jotta he oppivat tietämään niiden arvon ja arvostamaan niitä. Jos he eivät opi tätä kotona, elämä opettaa sen heille ennemmin tai myöhemmin, ehkäpä jossakin ikävässä tilanteessa. Lapsia tulisi opettaa tuntemaan vastuuta ansaitakseen saamansa lahjat ja ollakseen niiden arvoinen.

Joissakin kodeissa äiti laittaa aina ruoan, tiskaa ja tekee muut kotityöt, eikä lapsille anneta töitä tai velvollisuuksia. Se ei ole oikein. Lapsilta pitäisi edellyttää pienten kotitöiden tekemistä heidän kykyjensä ja ikänsä mukaisesti. Heitä tulisi opettaa tuntemaan vastuuta ja kunnioittamaan itseään täysipainoisina ja osallistuvina perheenjäseninä.

Vanhempien on tärkeää ymmärtää lapsen näkökanta ja yrittää aina nähdä asiat kuten lapsi ne näkee. Silloin he voivat paremmin auttaa lasta katsomaan asioita oikealla lailla ja oikeasta perspektiivistä. Vanhempi ei koskaan saisi moittia tai kurittaa lasta ollessaan itse vihainen tai tunteiden vallassa. Lapsi ei kunnioita tällaista kurinpitoa eikä opi siitä. Hän kunnioittaa vanhempaa, joka kohtelee häntä viisaudella, rakkaudella ja ymmärryksellä.

Vanhempien tulisi ajatella selkeästi ja harkita huolellisesti ennen kuin he ojentavat lapsiaan. Kun he sanovat "Ei", heidän on tarkoitettava sitä. Lapsen ei pitäisi antaa tuntea, että ennen pitkää hänen

Kuinka muuttaa toisia ihmisiä

vanhempansa unohtavat mitä sanoivat, ja sitten lapsi voi tehdä mitä hyvänsä. Lapset ovat fiksumpia kuin ehkä tajuattekaan. Heille ei tulisi suoda mahdollisuutta ajatella, että jos he odottelevat riittävän kauan, toinen vanhemmista luopuu tottelevaisuusvaatimuksistaan. Lapsi on tarpeeksi älykäs tietääkseen, mistä hän voi selvitä helpolla; se kuuluu ihmisluontoon.

Onnistunut vanhempi ajattelee aina ensin: "Onko se, mitä aion sanoa lapselleni, pelkästään oman mielipiteeni ja auktoriteettini pönkittämistä vai onko se oikein, koska se on järkevää ja oikeudenmukaista?" Sanottuaan asiansa hänen tulisi saada lapsi tottelemaan. Lapsi alkaa kunnioittaa tällaista kurinpitoa, jos hän samalla huomaa, että se on oikeudenmukaista ja ymmärtävää. Lapsen tuntema rakkaus ja kunnioitus saavat hänet haluamaan olla mieliksi vanhemmalle, joka on niiden arvoinen.

Nykyään lapsissa on paljon uhmaa. Heille ei ole koskaan opetettu, että elämään kuuluu myös oppia kunnioittamaan auktoriteetteja ja toisten ihmisten oikeuksia. Kuinka monet vanhemmat muutamia vuosia sitten uskoivatkaan ajatukseen, että lapsi on nuori aikuinen, jolle tulisi sallia täydellisen vapaa tahto ilmaista itseään. Hyvä ihme! Miksi luulette Jumalan asettaneen maan päälle vanhempia? Jos Hän ei olisi tarkoittanut, että lapset saavat ohjausta äidiltään ja isältään, Hän olisi luonut munia munivat vanhemmat. Lasten kuoriuduttua vanhemmat olisivat voineet häipyä tiehensä ja jättää lapset oman onnensa nojaan, kuten kilpikonnat tekevät. Jumala olettaa, että vanhemmat kantavat vastuun jälkikasvunsa muokkaamisesta. Pariskunnilla,

Vain rakkaus

jotka saattavat lapsen tähän maailmaan, ei ole oikeutta jättää häntä ilman huolenpitoa.

Mielestäni lasta tulisi rohkaista osallistumaan pyhäkouluun, mutta häntä ei koskaan tulisi painostaa siihen. On virhe yrittää pakottaa lasta johonkin tiettyyn uskonnolliseen muottiin. Ensin hänellä on oltava halu ja kiinnostus hengellisiä asioita kohtaan. Tämä taipumus syntyy, jos hyvin pienestä pitäen häntä rohkaistaan asennoitumaan hengellisesti: tuntemaan rakkautta Jumalaa kohtaan, uskomaan Jumalaan, tuntemaan toveruutta Jumalan kanssa. Paramahansaji opetti pitämään säännöllisesti hetkiä, jolloin vanhemmat ja lapset kokoontuvat yhdessä rukoilemaan ja meditoimaan. Näin lapsi alkaa suhtautua Jumalaan vanhempiensa esimerkin tavoin. Perheen rukoushetken ei kuitenkaan tulisi olla liian pitkä, koska lapset ovat rauhattomia eikä heidän mielensä pysy hallinnassa. Heille on vaikeaa istua pitkään hiljaa paikallaan. Erinomainen käytäntö on lukea lapsille tai kertoa heille satuja, jotka kehittävät heidän moraaliaan, uskoaan, hyvää käytöstä ja rakkautta Jumalaa kohtaan. Tämä ideaali vallitsee Intiassa. Siellä varhaisimmat opit, jotka päätyvät lasten herkkiin ja vastaanottavaisiin korviin, ovat pyhistä kirjoituksista poimittuja yleviä ja inspiroivia tarinoita.

Lapsille ei tulisi koskaan antaa käsitystä, että jos he tekevät väärin, Jumala rankaisee heitä. Heidän tulee oppia rakastamaan Jumalaa, ei pelkäämään Häntä. Heidän tulee oppia tekemään oikein, koska he rakastavat Häntä. Heille tulisi opettaa hiukan karman laista: "Mitä kylvätte tässä maailmassa, rakkaani, sitä myöskin niitätte. Jos valehtelette, toisetkin kertovat teille valheita eivätkä luota teihin. Jos varastatte tai otatte väkisin toisten omaisuutta, silloin toisetkin ottavat teiltä. Mutta jos olette epäitsekkäitä, teitä kohtaan ollaan jalomielisiä. Jos olette rakastavia, teitäkin rakastetaan."

Vanhempien velvollisuus on avata lastensa mielet ja sydämet ja ohjata heitä omaksumaan oikea asenne elämään, emotionaalisiin ongelmiinsa ja myös seksiin, kun he ovat riittävän vanhoja. Lasten tulisi aina voida tuntea, että mitä tahansa he tekevätkin, heidän vanhempansa ovat avosydämisiä ja mieleltään ymmärtäväisiä. Lapsen ei pitäisi joutua kokemaan, että hänen on haettava joltakulta toiselta sitä ymmärrystä, jota hän ei saanut vanhemmiltaan.

Viisas vanhempi ei koskaan näkyvästi ällisty, suutu, järkyty tai mene tolaltaan mistään, mitä hänen lapsensa sanoo hänelle. Lapsi pitäisi aina saada tuntemaan: "Voin mennä äitini ja isäni puheille kaikesta, mikä minua vaivaa, koska tiedän, että saan aina osakseni ymmärrystä."

Kerran eräs nuorukainen tuli luokseni ja sanoi: "En pysty puhumaan isälleni tai äidilleni. Heti kun yritän puhua ongelmistani – jotka ovat itselleni isoja – tuntuu kuin vanhempani eivät haluaisi kuunnella, tai he moittivat minua tai esittävät uhkavaatimuksia. He eivät suo minulle mahdollisuutta ilmaista itseäni, joten siksi olen oppinut pysymään hiljaa. En puhu heidän kanssaan. He eivät tiedä niistä ajatuksista ja ongelmista, joita minulla on mielessäni. He ovat liian kiireisiä, eivät halua kuulla niitä tai suhtautuvat minuun liian kärsimättömästi."

Vain rakkaus

Tämä on yksi vanhempien tekemistä suurista virheistä. He eivät vaivaudu samaistumaan lastensa ongelmiin ja kiinnostuksen kohteisiin. Sen sijaan he järkeilevät: "Eikö riitä, että tarjoan sinulle kodin ja kunnolliset vaatteet, että lainaan sinulle autoa lauantaisin ja sallin sinun mennä ulos tämän ja tuon kanssa ja että annan sinulle niin monia haluamiasi asioita, muun muassa lomamatkan joka vuosi?" Ei, se ei riitä. Nämä asiat eivät koskaan voi korvata ymmärtämystä ja toveruutta.

Jokainen vanhempi haluaa lapsensa jonain päivänä sanovan: "Olen kiitollinen vanhemmilleni; he olivat jämäköitä, mutta tiesin aina heidän rakastavan minua. Tiesin, että saatoin mennä heidän puheilleen mistä tahansa asiasta varmana, että saan osakseni ymmärrystä, ohjausta ja kärsivällisyyttä." Ollakseen tällainen äiti tai isä vanhemman on oltava halukas pitämään kuria myös itselleen. Hänen on näytettävä oikeaa esimerkkiä fyysisesti, moraalisesti, älyllisesti ja hengellisesti. Hänen on opittava viisautta, kärsivällisyyttä ja ymmärrystä, ja hänen on harjoitettava täydellistä itsehillintää aina puhuessaan lapselleen. Näin hän pystyy täyttämään sen jumalallisen velvollisuuden, jonka hän ottaa kantaakseen saattaessaan lapsen tähän maailmaan.

Ihmissuhteiden jumalallinen merkitys

Jumala antoi meille ihmissuhteita eri muodoissa yhdestä syystä: meidän on tarkoitus oppia toisiltamme. Jokainen on tietyssä mielessä "gurumme", opettajamme. Lapset opettavat meitä: he opettavat meille

Kuinka muuttaa toisia ihmisiä

itsekuria. Meidän on opeteltava loputonta kärsivällisyyttä ja kurottumaan oman itsemme ulkopuolelle, pois omasta itsekkyydestämme ja omien etujemme ajattelusta, jotta pystymme muokkaamaan lastemme elämää oikealla tavalla. Me olemme puolestamme heidän "gurujaan", sillä on meidän velvollisuutemme ohjata ja opettaa heitä ja auttaa heidät parhaaseen mahdolliseen alkuun elämässä.

Kaikista näistä suhteista rakkautemme kasvaa ja muuttuu puhtaammaksi. Uskon, että äärimmäisessä mielessä vain rakkaus voi muuttaa toisia ihmisiä. Jos lähestytte lasta tai aviomiestä tai ketä tahansa rakkaudella ja loputtomalla ymmärryksellä, vaikka he sanovat tai tekevät mitä, vaikka he kuinka loukkaavat teitä, ette loppujen lopuksi voi kuin voittaa. Mutta teillä on myös oltava kärsivällisyyttä jaksaa yrittää.

Olkaa omassa elämässänne esimerkkejä niistä luonteenpiirteistä, jotka haluatte tuoda esiin toisissa ihmisissä. "Miten elää" – se onkin suurenmoinen tieteenala. Paramahansaji sanoi meille: "Kun menin guruni Swami Sri Yukteswarin luo, hän neuvoi: 'Opi käyttäytymään.'" Ja niin teidänkin pitää opetella käyttäytymään tässä maailmassa; se on uskonnon tiedettä. Kun opettelette käyttäytymään, opitte tietämään mikä Jumala on, koska silloin toimitte siten, että tiedätte joka hetki olevanne sielu, ei kuolevainen keho tai mieli. Sielu juo alati Jumalan läsnäolon taivaallista nektaria. Ette ole kuolevaisia olentoja vaan jumalallisia olentoja; opetelkaa siis käyttäytymään heidän laillaan.

Se onnistuu vain, jos tekee uskonnosta arkipäivän käytännön, kuten Self-Realization Fellowship opettaa

Vain rakkaus

meille. Uskonto ei ole jotain, mitä kunniakkaasti noudatetaan sunnuntaisin ja unohdetaan sitten loppuviikoksi. Gurumme sanoi meille: "En ole kiinnostunut tavallisista uskonnon harjoittajista. Jos olisin, olisin saanut tuhansia ja tuhansia seuraajia ympäri maailman. Tulin valitsemaan etsijöiden väkijoukoista ne sielut, jotka haluavat syvästi ja vakavissaan tuntea Jumalan." Hän ei tarkoittanut haluavansa tehdä kaikista luostariasukkaita. Hänellä oli tapana sanoa: "Tee sielustasi luostarin kammio, johon voit hiljaa vetäytyä palvomaan Jumalaa." Sydämenne kammiossa asettakaa Jumala ensimmäiseksi. Miten suurenmoista onkaan, kun Hänestä tulee sielunne Rakastettu, sielunne Ystävä, sielunne Isä, Äiti, Kumppani ja Guru. Elämästänne tulee palkitsevaa, ihmissuhteistanne riemukkaita kokemuksia. Rakastatte lapsianne, miestänne, vaimoanne Jumalan suuremmalla rakkaudella ja ymmärtämyksellä ja myötätunnolla. Hän lujittaa siteitä ihmisten ja ihmissydänten välillä ja vapauttaa heidän maalliset suhteensa itsekkään riippuvuuden kahleista, joilla on taipumus rajoittaa ja tukahduttaa rakkaus. Mikään ei tukahduta rakkautta niin helposti kuin omistamisen halu. "Koska olet minun, sinun on tehtävä näin; minulla on oikeus kohdella sinua näin." Tämä on usein ihmissuhteiden kuolinisku.

Mielestäni lain tulisi edellyttää, että kahden ihmisen pitäisi ennen naimisiinmenoaan ja lasten hankintaa mennä kurssille, jossa he oppisivat oikean käyttäytymisen taitoa. Kun ihminen on hengellisesti ja psykologisesti koulutettu tietämään jotain ihmisluonteesta ja taidosta tulla toimeen muiden kanssa, on

Kuinka muuttaa toisia ihmisiä

olemassa mahdollisuudet onnelliselle, harmoniselle, hengellisesti hyvälle perhe-elämälle. Sielu kukoistaa tällaisessa valaistuneessa ihmissuhteessa.

Ihmiset epäonnistuvat henkilökohtaisissa suhteissaan, kun he lakkaavat kunnioittamasta toisiaan: mies vaimoa, vaimo miestä, lapset vanhempia ja vanhemmat lapsia. Ihmissuhteet kuihtuvat, kun niistä puuttuu ystävyys. Ilman ystävyyttä rakkaus miehen ja vaimon välillä, lasten ja vanhempien välillä, tuhoutuu nopeasti. Ystävyys antaa toiselle vapauden ilmaista itseään ja omaa ainutlaatuista identiteettiään.

Kun kahden sielun välillä vallitsee täydellinen ymmärrys ja kommunikaatio, vallitsee myös todellinen ystävyys ja todellinen rakkaus. Kun oppii pitämään yllä ystävyyttä, kunnioitusta ja arvonantoa avioliitossa, vanhemmuussuhteissa ja muissa ihmissuhteissa, ei koskaan kohtele toisia huonosti tai kärsi itse huonosta kohtelusta.

Saatatte sanoa: "Kyllä, tämä olisi ihanteellista, jos vain mieheni (tai vaimoni tai lapseni) tekisivät niin!" Miksi ette *itse* aloittaisi sitä? Tehkää oma osanne; jättäkää loput Jumalan käsiin.

Loppujen lopuksi palaamme aina samaan: on aloitettava itsestään.

Mitä voimme oppia muilta ihmisiltä

Self-Realization Fellowshipin kansainvälinen päämaja, Los Angeles, Kalifornia, 4. joulukuuta 1964

Voimme auttaa muita hengellisesti kaikkein eniten muuttumalla itse aidosti ymmärtäväisiksi, hyväntahtoisiksi ja rakastaviksi. Paras tapa muuttaa toisia on muuttua ensin itse. Kun tulemme rauhallisemmiksi, tyynemmiksi ja rakastavammiksi, vaikutamme pakostakin samalla lailla muihin ympärillämme.

On monia tapoja saada itsessään aikaan hengellinen muutos. Tärkein näistä on meditaatio. On pyrittävä luomaan henkilökohtainen suhde Jumalaan, niin että Herra ei ole meille enää vain pelkkä nimi tai etäinen Olento, vaan rakastava, käsinkosketeltava todellisuus. Tällaisessa suhteessa palvoja saa nauttia niin suuresta turvallisuuden tunteesta, rauhasta, ilosta ja rakkaudesta, että hänen suhtautumisensa kaikkeen heijastelee sisäistä täyttymyksen tilaa.

Reagoimme muihin positiivisesti tai negatiivisesti riippuen heidän värähtelyistään. Meidän ei kuitenkaan tulisi tyytyä tähän inhimilliseen reaktioon. Olemme maan päällä ymmärtääksemme, että kaikki ovat sieluja, jotka on luotu Jumalan kuvaksi.

On hyvin helppoa ilmaista parhaita puolia itsessämme, kun kohtaamme jonkun, joka vetää meitä spontaanisti puoleensa. Mutta totuus on, että liika

Mitä voimme oppia muilta ihmisiltä

tuttavallisuus saa aikaan ylenkatsetta. Kun olemme rakastamiemme ihmisten seurassa, jotka myös rakastavat meitä, meidän ei tulisi koskaan käyttää heitä hyväksemme. Jos haluamme rakkauden olevan täydellistä ja kestävää, siihen tulee aina liittyä toisten kunnioittaminen. Ilman kunnioitusta todellinen rakkaus vähitellen tukahtuu ja tuhoutuu. Kunnioitus tarkoittaa sitä, että muistamme aina toisen ihmisen olevan sielu, joka on luotu Jumalan kuvaksi.

Kun joudumme sellaisten seuraan, joihin emme pysty suhtautumaan positiivisesti, mitä meidän tulisi tehdä? Oletetaan, että joku on vihainen tai katkera meitä kohtaan. Jos meillä on itsekuria, tasapainoisuutta ja oivallusta, emme lisää bensaa liekkeihin. Emme menetä itsehillintäämme ja mielenrauhaamme vain siksi, että joku muu on menettänyt omansa. Muistan esimerkkinä erään varhaisen kokemukseni täällä Mount Washingtonissa, kun olin guruni Paramahansa Yoganandan ohjauksessa.

Alkuaikoina huoneidemme kalustus oli hädin tuskin riittävää. Säilytimme vaatteet oransseissa laatikoissa, ja sänky oli kova ja puinen, kuten vielä nykyäänkin; suoraselkäinen tuoli oli, mutta mattoa ei ollut lattialla – siinä kaikki. Eräs nainen, joka viipyi lyhyen ajan Mount Washingtonissa, ryhtyi kalustamaan oppilaiden huoneita uudelleen, mutta ei minun huonettani. Tämä ei häirinnyt minua, koska en ollut tullut materiaalisten seikkojen takia; nehän minulla oli ollut maailmassa. Mutta Guruji havaitsi, että olin jäänyt paitsi; hän huomasi aina nopeasti kaikki epäoikeudenmukaisuudet. Gurudeva ei koskaan puhunut

Vain rakkaus

ilkeästi kenestäkään, mutta hän sanoi minulle oman ymmärrykseni vuoksi: "Tämä nainen kadehtii sinua."

Aloin jokaisen tilaisuuden tullen toimia siten kuin Paramahansaji oli opettanut meitä käyttäytymään niitä kohtaan, jotka eivät pidä meistä: "Vaikka he kohtelisivat teitä miten, antakaa heille aina rakkautta." Asennoiduin niin, että en kaivannut mitään keneltäkään muulta kuin Jumalalta ja gurultani. Siksi tämä nainen ei voinut loukata minua. Koska en kaivannut häneltä mitään, mikään haluni ei voinut joutua ristiriitaan häneltä saamani kohtelun kanssa. Sain kaiken kaipaamani rakastamaltani Jumalalta ja Gurultani. Aina kun meditoin, pidin mielessäni tätä oppilasta Jumalan rakkaudessa ja hengellisessä valossa.

Eräänä päivänä jonkin ajan kuluttua hän kohtasi surua ja yksinäisyyttä. Ne, joihin hän oli suhtautunut suopeasti, olivat vain vaivoin tulleet toimeen hänen kanssaan ja olivat vetäytyneet hänen seurastaan. Satuimme tapaamaan käytävällä. Nainen puhui minulle, ja sanoin hänelle jotain, jonka on täytynyt lohduttaa häntä. Myöhemmin hän pyysi saada tavata minut ja puhuimme uudestaan. Hän avautui minulle koko sydämestään. Lopulta hän sanoi: "Alussa kun tulit tänne, olin katkera sinua kohtaan, koska olit niin täynnä hengellistä intoa, joka minulta puuttui. Mutta huolimatta siitä, miten kohtelin sinua, olet suhtautunut minuun ymmärtäväisesti ja todellisella ystävyydellä." Silloin oivalsin, miten ihmiset muuttuvat, jos pysymme aina samalla tavoin rakastavana heitä kohtaan. Olen nähnyt tämän tapahtuvan elämässäni yhä uudelleen.

Mitä voimme oppia muilta ihmisiltä

Säilytä mielenrauhasi

Älkää hermoilko siitä, kuinka teitä kohdellaan; huolehtikaa vain siitä, miten itse käyttäydytte. Tätä ihannetta opettivat Jeesus, Paramahansa Yogananda ja kaikki suuret. Kaikissa elämäntilanteissa on olemassa oikea tapa reagoida niitä kohtaan, jotka rakastavat meitä, ja niitä jotka eivät rakasta. Tätä Herra Krishna tarkoitti, kun hän ylisti mielentyyneyttä välttämättömänä hyveenä. "Oi Arjuna! Vain hän, jota ei voida saada hämmentymään näistä (aistien ja aistien kohteiden yhteyksistä) ja joka on tyyni ja mieleltään tasainen sekä kärsimyksessä että nautinnossa, on sopiva saavuttamaan ikuisuuden."[1] Hän ei sanonut: "Pysy tyynenä, kun ihmiset suhtautuvat sinuun ystävällisesti ja rakkaudella." Se on helppoa. Hän opetti, että meidän tulee säilyttää mielenrauhamme kaikissa olosuhteissa. Kun toimitte niin, huomaatte sen tuovan positiivisia tuloksia.

Gurudeva oli kuin kristallinkirkas peili, virheetön. Jokainen, joka seisoi sen peilin edessä, näki itsensä täsmälleen sellaisena kuin oli, ilman minkäänlaista vääristymää tai rationalisointia. Hän näki oman pienen ego-itsensä järkyttävän yksityiskohtaisesti. Paramahansaji tunsi meidän kaikkien heikkoudet. Eikä hän vältellyt velvollisuuttaan ojentaa meitä! Ei niin, että hän olisi nauttinut tästä vastuusta – muistan hänen kerran sanoneen minulle: "Minusta ei ole mukava pitää kuria. Seuraavassa elämässäni en aio pitää kuria kenellekään. Mutta on gurun velvollisuus löytää virheet hänen hengellistä apuaan etsivien luonteissa ja

---

[1] *Bhagavadgita* II:15 (suomennettu Paramahansa Yoganandan englanninkielisestä käännöksestä *God Talks With Arjuna: The Bhagavad Gita*).

leikata intuitiivisen viisautensa veitsellä pois psykologiset paiseet, jotta ne voivat parantua."

Näin toimii myös itsekuri. Se opettaa meille arvostelukykyä, joka on yksinkertaisesti kyky tehdä, mitä meidän pitää tehdä, silloin kun se on tehtävä. Ennen kuin tunnemme omat heikkoutemme, emme pysty muuttamaan niitä. Ja kun tunnemme omat heikkoutemme, meiltä usein puuttuu tarpeeksi luja tahto päästäksemme niistä eroon. Mutta kun haluamme vilpittömästi kehittää itseämme, meidät johdatetaan jonkun jumalallisen ystävän kuten Gurumme luo, joka pystyy osoittamaan meille virheemme ja auttaa meitä korjaamaan ne. Päivittäinen kanssakäymisemme muiden kanssa voi niin ikään olla valaisevaa ja osoittaa meille heikkoutemme. Tunnistatte monia epätoivottuja luonteenpiirteitä itsessänne, jos analysoitte suhtautumistanne toisiin ja heidän käyttäytymiseensä.

Jokainen ihminen on vetänyt puoleensa ympäristönsä kaikkine piirteineen, myös häntä ympäröivät ihmiset. Siitä syntyvät kokemukset ovat olennaisia hänen henkiselle kasvulleen. Jumalan etsijä voi reagoida positiivisesti ja hyötyä ympäristöstään tai hän voi reagoida negatiivisesti ja tulla sen pilaamaksi. Meillä on aina mahdollisuus valita, koska meillä on vapaa tahto. Mutta perimmäisessä mielessä Jumala on kosmisten lakiensa kautta ja omista teoistamme riippuen asettanut meistä jokaisen sinne, missä olemme.

Ottakaa selvää, mitä Jumala odottaa teiltä

On hyödyllistä pyrkiä ymmärtämään, mitä Jumala odottaa meiltä kussakin tilanteessa. Jos ympäristömme

Mitä voimme oppia muilta ihmisiltä

on sellainen, että olemme jatkuvasti ärtyneitä ja haluamme ryhtyä vastahyökkäykseen, taistella ja vahingoittaa ja menetämme itsehillintämme, emme ole ottaneet opiksi tilanteestamme. Meidän on kehitettävä itsekurin avulla niin paljon itsehillintää, että pysymme aina mieleltämme tasaisena. Se ei ole vaikeaa, jos tukeudumme enemmän Jumalaan. Vasta kun tulemme hengellisesti vahvoiksi, niin etteivät ihmiset tai tapahtumat koskaan järkytä meitä, olemme oikeasti kykeneviä antamaan toisille rakkautta ja ymmärrystä – emme aiemmin.

Gurujilla oli tapana sanoa: "Jos sinulla on kiivas temperamentti, pure kieltäsi ja poistu sen henkilön seurasta tai siitä tilanteesta, joka saa sinut menettämään malttisi, kunnes olet taas rauhallinen." Mitään ei saavuta sillä, että menettää malttinsa. Olen aina havainnut, että järkevyydellä, ystävällisyydellä ja ymmärryksellä pystyn luomaan yhteyden keneen tahansa. Mutta aiemmin kavahdin muiden raivoa tai kiivaita sanoja. Guruji huomasi herkkyyteni ja alkoi tietoisesti lausua minulle viiltävän teräviä kommentteja. Koska tunsin häntä ja hänen sanojaan kohtaan niin suurta kunnioitusta, olin syvästi loukkaantunut. Muistan sanoneeni hänelle: "Mestari, miksi teette näin?" Hän selitti: "Koska olet liian herkkä muita ihmisiä kohtaan. En sano, että sinun pitäisi olla kova, mutta sinun täytyy olla vahva. Heti kun ihmiset tekevät terävän huomautuksen, kavahdat heitä ja vetäydyt kuoreesi, ja se on heikkous." Näin hän ojensi minua aivan kuten hänen gurunsa oli ojentanut häntä. Gurudeva oli aina oikeassa. Hän näki, etten kaivannut pehmeyttä; olin

Vain rakkaus

jo sellainen. Hän yritti antaa minulle hengellistä selkärankaa, lannistumatonta sisäistä voimaa.

Vuosia myöhemmin hän kerran moitti minua hyvin ankarasti muiden oppilaiden edessä. Se ei haitannut minua. Lähdin huoneesta hoitamaan erästä hänen asiaansa. Poissa ollessani hän kääntyi muiden oppilaiden puoleen ja sanoi: "Huomaatteko, miten hän käyttäytyy? Tämä on kestänyt jo vuosia. Sanoinpa hänelle mitä tahansa ja mihin äänensävyyn hyvänsä, hän pysyy mieleltään aina yhtä tasaisena. Te kaikki voitte ottaa oppia hänestä." Kun läsnä olleet oppilaat kertoivat minulle tästä vuosia myöhemmin, mikä ilo ja kiitollisuus täyttikään sieluni! Hän ei olisi voinut sanoa mitään, millä olisi ollut minulle suurempi merkitys. Tämä oli asia, jota kohti olin ponnistellut – että pysyisin mieleltäni tasaisena kaikissa tilanteissa. Miten suuri Gurumme onkaan! Koko olemukseni ylevöityy, kun ajattelen kaikkea mitä hän teki vuokseni. Miten kiitollinen olenkaan!

Olen huomannut, että hänen ankaran koulutuksensa takia on helpompaa pysyä sisäisesti rauhallisena. Te kaikki saatte päivittäin samanlaista koulutusta. Muut ihmiset ja arjen tapahtumat antavat sitä teille, vaikka ette sitä ymmärtäisikään. Jokainen kokemus on mahdollisuus kasvaa. Mutta miten usein sen sijaan reagoimmekaan väärällä tavalla.

Niiden, jotka haluavat onnistua hengellisellä tiellä, on otettava itseään niskasta kiinni ja noustava tavanomaisen käyttäytymisen yläpuolelle. Jos emme näe sitä vaivaa, emme kasva. Kun olemme vihaisia, kostonhimoisia, kriittisiä muita kohtaan, kun

Mitä voimme oppia muilta ihmisiltä

löydämme vikoja muista mutta annamme itsellemme anteeksi, jäämme hengellisesti seisomaan paikoillemme. Velvollisuutemme on korjata oma käytöksemme.

Ankkuroitukaa Häneen, joka on muuttumaton

Ei ole tärkeää, mitä toiset sanovat meistä tai tekevät meille, kunhan opimme kokemuksesta sen, mikä siitä kuuluu oppia. Olemme kaikki syntyneet tähän maailmaan oppiaksemme tuntemaan itsemme sieluina. Miten voisimme tuntea todellisen itsemme, jos emme kukista tätä pientä itseä: tätä lihaa ja tätä tunteellista, oikukasta, alituiseen muuttuvaa mieltä? Se on mahdollista itsekurin avulla ja harjoittamalla syvää meditaatiota, omistautumalla Jumalalle tehden Hänestä elämämme pohjantähden ja kiinnittämällä mielemme tähän ainoaan päämäärään. Ihmisen tietoisuus on aina keskittynyt johonkin. Se voi olla seksi, raha tai omaisuus. Meidän on kiinnityttävä johonkin, joko esineeseen, tunteeseen, tai sieluun. Valintatilanteemme on noin yksinkertainen. Mitä valitsemme? Jokaisen tulisi oppia ankkuroitumaan Jumalaan, joka on muuttumaton. Tämä on se viisaus, jonka Herra Krishna opettaa *Bhagavadgitassa*. Ankkuroitukaa Jumalaan ja huomaatte, että elämässä selviäminen on hyvin helppoa.

Jumalan rakastamisen tärkeys

*Yogoda Satsanga Society of Indian erikoisvuosikokous,
Kalkutta, 25. syyskuuta 1961*

Rakkaat kuulijat, haluaisin sanoa muutaman sanan siitä elämän olennaisesta osasta, jolla on ollut minulle niin perin suuri merkitys kaikkien näiden vuosien aikana: rakkaudesta – jumalallisesta rakkaudesta, rakkaudesta Jumalaan. Tässä maailmassa rakkaus on se ainoa asia, jota jokainen ihminen etsii ja jokainen sydän kaipaa. Kaikki rakkauden muodot – rakkaus perheenjäsenten, ystävien, miehen ja vaimon, rakastajan ja rakastetun välillä – ne kaikki tulevat yhdestä alkulähteestä, Jumalasta. Rakkaus, jota saamme osaksemme kaikkien ihmissuhteiden kautta, on pelkästään ilmentymä siitä Rakkaudesta, joka on Jumala.

Tämän takia meidän tulisi etsiä Jumalaa. Me kaikki haluamme rakkautta ja iloa, ja puhtaimmassa muodossaan kummankin voi löytää vain Hänestä. Mutta etsimme niitä ensin kaikkialta muualta. Vasta kun olemme käyneet läpi elämän koettelemukset, kestäneet paljon kärsimystä ja surua, nähneet unelmiemme hajoavan saippuakuplien lailla, alamme hiukan rakastaa Jumalaa. Silloin alamme etsiä Häntä.

Suhteessani Jumalaan ajattelen Häntä mieluiten Äidin[1] muodossa. Isän rakkautta määrittävät usein

---

[1] Hindujen pyhät kirjoitukset opettavat, että Jumala on sekä läsnä maa-

Jumalan rakastamisen tärkeys

järkisyyt ja lapsen ansiot. Mutta äidinrakkaus on pyyteetöntä; hän tuntee omaa lastaan kohtaan pelkkää rakkautta, myötätuntoa ja anteeksiantoa. Niinpä käsitämme Jumalan Isän ominaisuudessaan kaikkivoipaisena, Lakien säätäjänä ja Tuomarina. Mutta Äitiä voimme lähestyä kuten lapsi ja vaatia Hänen rakkauttaan itsellemme riippumatta ansioistamme.

Kuinka luoda yhteys Jumalaan ja miten löytää rauha? Nämä ovat tärkeimmät kysymykset, jotka niin monet esittävät minulle. Tavallinen ihminen on elämässään niin huolten ja velvollisuuksien vaivaama, että hän ei tunne sisäistä rauhaa. Hänen mielensä on aina niin täynnä työasioita ja aineellisten ilojen etsintää, ettei hänellä ole aikaa Jumalalle. Jumalaa tai rauhaa ei voi löytää, ennen kuin on oppinut kääntämään mielensä Jumalaan syvän meditaation avulla.

Tieteelliset meditaatiotekniikat, kuten Lahiri Mahasayan[2] *kriya*-jooga, keskittävät ja hiljentävät

---

ilmassa että maailman tuolla puolen, eli immanentti ja transsendentti, ja Hän on sekä persoonallinen että persoonaton. Häntä voidaan etsiä joko Absoluuttina tai yhtenä Hänen ominaisuuksiensa ilmentymänä, kuten rakkautena, viisautena, autuutena, valona, tai *ishtan* (jumaluuden) muodossa, tai ideaalisena olentona sellaisessa muodossa kuin Isä, Äiti tai Ystävä.

[2] Lahiri Mahasaya oli se, jolle Mahavatar Babaji paljasti *kriya*-joogan pyhän tiedon ja vihki hänet opettamaan tätä jumalallista tiedettä. Kun Paramahansa Yoganandaji oli vasta pikkulapsi, Lahiri Mahasaya nosti hänet syliinsä ja kastoi hänet hengellisesti sanoen hänen äidilleen: "Pieni äiti, pojastasi tulee joogi. Hän on hengellinen veturi, joka vie monet sielut Jumalan valtakuntaan." Tämä todistettiin myöhemmin oikeaksi, kun Mahavatar Babaji valitsi Paramahansa Yoganandan levittämään *kriya*-joogaa lännessä ja koko maailmassa ja neuvoi Swami Sri Yukteswaria, Lahiri Mahasayan Jumalan oivaltanutta oppilasta, kouluttamaan Yoganandajia hengellisesti tähän tehtävään. Nämä neljä suurta avataaraa muodostavat Self-Realization Fellowshipin / Yogoda Satsanga Society of Indian gurulinjan.

Vain rakkaus

mielen niin, että siitä tulee kuin tyyni ja kirkas järvi, jossa voidaan nähdä ehyt Jumalan heijastus. Tässä täydellisen rauhan tilassa palvoja unohtaa harhaisen samaistumisensa kehoon ja mieleen ja oivaltaa: "Minä olen kuolematon Itse, Jumalan kuvaksi luotu." Mitä syvemmin hän kokee tätä suurta rauhaa ja ekstaasia, sitä enemmän hän haluaa pitää siitä aina kiinni. Kun hän vaipuu yhä syvemmälle meditaatioon, hän löytää sisältään pohjattoman rauhan, jumalallisen rakkauden ja autuuden valtameren.

Pyhittäkää aikaa pelkästään Jumalalle

Jumala on antanut meille kaksikymmentäneljä tuntia joka päivä. Me tuhlaamme suuren osan tästä ajasta. Emmekö voisi pyhittää osaa siitä Jumalalle? Tekosyymme on, että meillä on niin paljon huolia ja velvollisuuksia eikä aikaa meditaatiolle. Entä jos Jumala sanoisi, ettei Hänellä ole aikaa meille? Hetkessä kaikki muka tärkeät tehtävämme peruuntuisivat.

On helppoa löytää Jumala, jos etsimme Häntä *bhaktin* eli antaumuksellisen rakkauden kautta. Mitä sitten teemmekin, mielemme ei saisi koskaan eksyä pois Jumalasta. Puhukaa sisäisesti Hänelle sydämenne kielellä taukoamatta. Muistakaa, että vain Hänen rakkautensa tulee meille erilaisissa inhimillisissä muodoissa. Aivan kuten rakastajan ajatuksissa pohjimmaisena on aina hänen rakastettunsa, mitä tahansa hän onkin tekemässä, samalla lailla meidän tulisi pitää Jumala mielessämme.

Pitäkää mielenne keskittyneenä Jumalallisen Pohjantähden ohjaavaan valoon. Kun kohtaatte

Jumalan rakastamisen tärkeys

vaikeuksia, juoskaa Jumalallisen Rakastetun jalkojen juureen. Rukoilkaa Herraa: "Anna minulle viisautta nähdä, että tämä maailma on vain kosminen näytelmä, jossa esitän hetken omaa osaani. Rakastettuni, kun näyttelen roolini, opeta minua ankkuroitumaan Sinun muuttumattomaan tajuntaasi kohdatessani kaikki elämän surut ja ilot."

Guruji kirjoitti: "Valveilla, syödessä, työssä, unelmoidessa, nukkuessa, palvellessa, meditoidessa, laulaessa, jumalallisesti rakastaessa, sieluni hyräilee alati kenenkään kuulematta: 'Jumala! Jumala! Jumala!'"[3] Näin toimii todellinen rakastaja. Olkaa aina uppoutuneita ajatukseen Jumalasta: "Rakastettuni! Rakastettuni!" Suorittakaa kaikki velvollisuutenne ja muut toimenne tässä tietoisuudessa.

---

[3] Koko runo nimeltään "Jumala! Jumala! Jumala!" on sivuilla 260-261.

Elämän hengellistäminen

*Self-Realization Fellowshipin kansainvälinen
päämaja, Los Angeles, Kalifornia, 2. toukokuuta 1963*

Vain neljää periaatetta noudattamalla palvoja voi onnistuneesti selviytyä kaikista kohtaamistaan vaikeuksista, tulivatpa ne sitten eteen hänen hengellisessä *sadhanassaan*[1] tai elämän arkitilanteissa.

Ensimmäinen näistä on usko Jumalaan. Pyrkikää uskomaan kaikissa vastoinkäymisissä. Kyky kehittyy, kun teette Jumalasta elämänne pohjantähden. Rukoilkaa meditaatiossa ja aina kun jokin ongelma nousee mieleenne: "Jumalani, Sinä *olet*. Tiedän, että Sinä autat minut tämän suuren vastoinkäymisen läpi." Jumala tuntee hätänne eikä mikään ole Hänelle mahdotonta. Usko yhdistää teidän hätänne ja Hänen kaikkivoipaisuutensa.

Toinen periaate on meditoida syvästi ja rukoilla Jumalan johdatusta ja apua samalla, kun yritätte vapautua teitä vaivaavasta asiasta. Hän haluaa auttaa, ja kun olette vastaanottavaisia, Hän johdattaa teitä.

Kolmas periaate on antautuminen. "Herra, tapahtukoon Sinun tahtosi." Jumalan tahdolle antautuminen on välttämätöntä hengellisellä tiellä. Oli tilanne mikä vain, liittyipä se kehoon, työhön tai johonkin kiinnostuksen kohteeseen, rukoilkaa että Jumalan tahto tapahtuisi, sillä

---

[1] Hengellisen opin tie.

Elämän hengellistäminen

Hänen tahtoaan johdattaa viisaus. Saatamme ajatella, että jonkin toiveen täyttyminen on äärettömän tärkeää onnellisuudellemme, mutta jos ainoastaan pyydämme Jumalaa toteuttamaan toiveemme, emme vielä näe viisauden silmin. Meidän tulisi antaa Hänen kohdella meitä tahtonsa mukaan. Se on aina omaksi parhaaksemme. Kun olemme rukoilleet Jumalaa johdattamaan meitä ja tehneet parhaamme pyrkiäksemme oikeaan lopputulokseen, meidän tulisi näyttää Jumalalle, että hyväksymme Hänen tahtonsa kaikissa asioissa.

Viimeinen periaate on rentoutua ja päästää irti ongelmasta. Luovuttakaa se Jumalan käsiin. Kun olette tehneet parhaanne, älkää enää huolehtiko siitä. Saatatte hermoilla siinä määrin työstä ja muista huolenaiheista, ettette pysty edes nukkumaan. Miten rennoksi ja tyyneksi mieli muuttuukaan, kun olemme laskeneet taakkamme Jumalan harteille.

Nämä neljä tapaa auttavat teitä säilyttämään sisäisen rauhan ja luomaan syvemmän suhteen Jumalaan. Ne auttavat myös heittämään pois mielestänne kaikki teitä vaivaavat asiat, jotka estävät syvän meditaation.

Sukeltakaa syvälle meditaatioon

Kun istuudutte meditoimaan, unohtakaa kaikki muu. Opetelkaa, että kun on meditaation aika, mikään ei vie huomiotanne toisaalle. Kyky keskittyä näin syvästi syntyy säännöllisen meditaation myötä. Uskonnollisissa yhteisöissämme kukaan ei voi olla poissa päivittäisistä meditaatiohetkistä; säännöllinen osallistuminen niihin on ehdoton vaatimus. Syy tähän on, että ellei oppilas pysty noudattamaan tätä

Vain rakkaus

yksinkertaista vaatimusta, hänellä ei ole tarvittavaa itsekuria saavuttaa jumalallista päämääräänsä.

Päivän askareita suorittaessanne olkaa tarkkana, ettette vajoa maallisuuden aiheuttamaan henkiseen rauhattomuuteen. Toistakaa mielessänne Jumalan nimeä. Pyrkikää pitämään mielenne toimeliaana miettimällä Jumalaa. Tätä tapaa Paramahansaji nimitti "hengellistäväksi" ajatteluksi. Sen voi saavuttaa johdattelemalla ajatuksiaan. Kun teillä esimerkiksi on hetki vapaata, on turhaa laiskistua tai vatvoa negatiivisia ajatuksia. Miksi ette ajattelisi Jumalaa tai puhuisi mielessänne Hänen kanssaan? Hänen läsnäolonsa on niin rauhoittavaa, niin suurenmoista! Kun teette tästä tavan, haluatte alati olla tässä tietoisuudessa.

Hengellistävällä ajattelulla ihminen vähitellen hengellistää myös toimintansa, niin että kaikki mitä hän tekee muuttuu eräänlaiseksi meditaatioksi. Koko elämän tulisi olla jatkuva hengellinen kokemus.

Oppikaa ammentamaan Korkeimmasta Voimasta

Materialistinen ihminen ajattelee asioita aina rahan, kotinsa, perheensä, velvollisuuksiensa ja askareidensa – sekä niihin liittyvien huolten! – kannalta. Hengellisellä kilvoittelijalla saattaa olla samat velvollisuudet, mutta hän kohtaa ne pitämällä mielensä korkeammalla ajatustasolla. Hengellistäessään ajattelunsa hän oppii ammentamaan Korkeimmasta Voimasta. Ajan myötä hän voi mennä mihin tahansa, kohdata kenet hyvänsä, täyttää velvollisuutensa ilman että hänen mielensä koskaan laskeutuu alas Jumala-tietoisuuden tasolta. Kristus liikkui usein "publikaanien ja syntisten" kanssa heitä

Elämän hengellistäminen

auttaakseen, mutta heidän ajattelunsa ja tekonsa eivät alentaneet hänen tietoisuuttaan. Jumalallisen joutsenen lailla hän lipui koskemattomana materiaalisten vesien yli. Tällaiseksi Gurudeva opetti meidät. Missä sitten olettekin, pysykää aina keskittyneenä sisäiseen, mieleltänne kiinnittyneenä pohjantähteenne: Jumalaan.

Jokapäiväiset ongelmat antavat meille mahdollisuuden harjoittaa mielen tasaisuutta. Meidän tulisi toivottaa ne tervetulleiksi sen sijaan, että tunnemme vastahakoisuutta, hermostumme ja ärsyynnymme ajatellen, ettemme edisty. Muistakaa tämä: hengellisellä tiellä oppilas usein etenee eniten, kun hän kohtaa suunnattomia esteitä, kun hänen on pakko harjoittaa äärimmilleen hengellisiä lihaksiaan – sisäistä vahvuutta, rohkeutta ja positiivista ajattelua – jotta hän voisi vastustaa kielteisyyden, pahuuden ja ilkeyden hyökkäyksiä. Aina emme kasva pelkästään silloin, kun asiat sujuvat mukavasti. Vaalimme luonnostamme päiviä, jolloin kaikki onnistuu, mutta monia kertoja olen rukoillut Taivaallista Äitiä[2] koettelemaan minua, koska haluan rakkauteni Häntä kohtaan olevan varauksetonta. En voi olla tyytyväinen, jos annan Hänelle yhtään vähemmän kuin täydellistä rakkautta. Jumalan palvoja ei halua paeta mitään. Hän saattaa olla monessa mielessä vajavainen. Hän ei väitä olevansa täydellinen kuin yhdessä asiassa: pyrkiessään täydelliseen Jumalan rakastamiseen.

Älkää huomioiko vaikeuksia hengellisellä polulla. Ne eivät merkitse mitään, kun olette löytäneet sisäisen rauhan, kun meditaation aikana unohdatte

---

[2] Jumalan persoonallinen aspekti, joka ilmentää äidin rakkautta ja myötätuntoisia piirteitä. (Ks. alaviitettä sivuilla 74-75.)

Vain rakkaus

tämän kehon ja tämän maailman. Mikä tyytyväisyys, mikä ilon ja täydellisen jumalallisen rakkauden tunne! Tämän Jumala haluaa teidän kaikkien kokevan. Jokainen voi oivaltaa Jumalan rakkauden taivaallisen täydellisyyden, jos tekee työtä sen eteen. Ne jotka kokevat tämän rakkauden, eivät ole poikkeuksia. He ovat joutuneet ponnistelemaan rakastaakseen Jumalaa ja tunteakseen Hänet – ja niin teidänkin täytyy.

Ponnistelu tarkoittaa sitä, että pyrkii pitämään mielensä keskittyneenä Jumalaan. Kun kohtaatte arjen ongelmia, rukoilkaa mielessänne: "Herra, vaikka toisinaan mereni on musta ja tähdet poissa, Sinun armosi ansiosta näen polkuni.[3] Tee minulla ja elämälläni aivan mitä haluat. Tiedän vain sen, että rakastan Sinua. Auta minua tekemään rakkaudestani Sinua kohtaan suloisempaa, kaikin tavoin täydellistä." Minkä vapauden, minkä ilon se suokaan! Tällaisen suhteen Jumalaan kaikki voivat saavuttaa.

Älkää tyytykö mihinkään muuhun kuin sielujenne Rakastetun rakkauteen. Hänen rakkautensa on kaikenkattavaa, kaiken tyydyttävää. Sielun vapaus syntyy, kun alatte tuntea itsenne sieluna, joka on vihitty ainoan Rakastetun kanssa, kosmisen Jumalallisen Rakastajan kanssa, Jumalan kanssa.

Tasapainoisen elämän arvo

Kun hengellistätte ajattelunne, mielenne on aina uppoutunut yleviin ajatuksiin. Se ei tarkoita, että

---

[3] Runosta "Elämäni Pohjantähti", Paramahansa Yoganandan teoksessa *Cosmic Chants*.

Elämän hengellistäminen

jalkanne eivät olisi maanpinnalla tai että laiminlöisitte velvollisuuksianne. Gurudevan opetus pitää siitä huolen! Olen hyvin kiitollinen hänen antamastaan *sadhanasta*, jota voimme harjoittaa maailmassa ja ashrameissamme ja retriiteissämme. Jos me kaikki olisimme paenneet vuorenhuipuille toivoen löytävämme sieltä Jumalan, mikä pettymys olisi saattanut olla kohtalomme! Useimmilla etsijöillä ei ole hengellistä vahvuutta sellaiseen elämään. Guru, joka on yhtä Jumalan kanssa, tietää mitä kunkin oppilaan opettaminen vaatii ja asettaa hänet sinne, missä hänen hengellinen kehityksensä voi parhaiten edetä.

Ajatelkaa sellaisten jumalallisten pyhimysten kuin Avilan Teresan suurta esimerkkiä. Teresa oli hyvin käytännönläheinen ja perusti monia luostareita mittavista esteistä huolimatta. Silti hän oli aina hurmiossa Jumalan rakkaudesta, uppoutunut Hänen rakkauteensa. Ajatelkaa niitä kamppailuja ja väärinkäsityksiä, jotka Pyhä Bernadette sai osakseen. Tarina hänen viimeisistä hetkistään huumaa minut. Kaikista fyysisistä ja henkisistä kärsimyksistään huolimatta hän kohottautui ylös vuoteeltaan kokiessaan Jumalallisen Läsnäolon ja kuiskasi: "Rakastan Sinua, rakastan Sinua, rakastan Sinua." Minulle tuo on täydellisyyttä. Tuollaista suhdetta Jumalaan toivon kaikille. Sen voi saavuttaa hengellistämällä ajatteluansa niillä menetelmillä, jotka olen selittänyt: uskomalla Jumalaan, päivittäisellä syvällä Jumalan rukoilemisella ja meditaatiolla, antautumalla Jumalan tahdolle ja luovuttamalla ongelmansa Hänelle. Eikö tämä olekin kaunis filosofia? Se on korkein tapa elää.

Vain rakkaus

Meditaation jälkeen yrittäkää pysyä rauhan ja tyyneyden tilassa, jonka tunsitte meditaation aikana. Sisäinen rauha on ensimmäinen todiste Jumalan läsnäolosta. Mielen pitäminen tässä tyyneyden tilassa on oleellista, jotta pystyy ajattelemaan Jumalaa askareidensa aikana. Meditaation jälkeen yrittäkää mahdollisimman kauan ylläpitää sisäistä tietoisuutta Jumalasta samalla kun teette töitä, harrastatte liikuntaa tai rentoudutte. Mitä enemmän teette niin, sitä enemmän siitä tulee teille luonnollinen tila. Todellisuudessa luonnollinen tajunnantila on elää, liikkua ja pitää olemuksenne Jumalassa. Mutta *oivaltaaksenne* tämän teidän tulee pyrkiä pitämään kiinni siitä riemullisesta, tyynestä tietoisuudesta, jonka koitte meditaation aikana.

Gurudevalla oli tapana sanoa meille: "Älkää päästäkö siitä irti; älkää kadottako sitä. Levätkää siinä tietoisuudessa, tehkää töitä siinä tietoisuudessa, auttakaa muita ihmisiä siinä tietoisuudessa, kokekaa kaikki elämänne kokemukset tässä tyynessä Jumala-tietoisuudessa. Silloin todella elätte." Muistakaa, että elämä on vain uni. Se ei ole todellista paitsi suhteuttaessamme kaikki kokemuksemme Jumalaan. Kun meditoimme syvästi, astumme valkokankaan taakse, kuten Guruji sanoi, ja tulemme tietoisiksi jumalallisesta Ohjaajasta, joka hallinnoi tätä luomakunnan elokuvaa johdattaen sitä ja johdattaen meitä.

Totuus on yksinkertainen

Kun me toimme ongelmamme Paramahansajin eteen, emme koskaan saaneet osaksemme pitkää keskustelua vaan pelkän yksinkertaisen vastauksen:

Elämän hengellistäminen

"Pitäkää mielenne Jumalassa." Kuinka kiitollinen olenkaan hänelle noista viisauden sanoista ja siitä yksinkertaisesta tavasta, jolla hän opetti meitä seuraamaan hengellistä tietä. Jumala on yksinkertainen. Elämä vaikuttaa monimutkaiselta, koska se ei ole todellista. Vain Totuus on yksinkertainen.

Jos rakentaa elämänsä valheen varaan, joutuu käyttämään kaiken aikansa sen peittelemiseen. Sitä punoo verkon ympärilleen eikä pääse siitä enää irti. Mutta jos on aina rehellinen, on myös suora: ajattelussa tai elämässä ei ole silloin mitään monimutkaista. Sama koskee Jumalaa. Kun ihminen vilpittömästi etsii Jumalaa, hän löytää vain yksinkertaisen, suoran tien. Vasta kun katsoo ulospäin maailmaan, näkee monimutkaisuutta. Kun katsoo sisäänpäin Jumalaan, näkee pelkkää yksinkertaisuutta, taivaallista ja riemukasta yksinkertaisuutta. Sellainen Jumala on. Ja tällaiseksi teidän tulee tehdä elämänne. Silloin opitte tuntemaan Hänet.

Viisaan näkemys elämän kokemuksista

Self-Realization Fellowshipin kansainvälinen päämaja, Los Angeles, Kalifornia, 25. maaliskuuta 1971

Haluan jakaa kanssanne viisautta tarkoin vaalimistani kirjeistä, jotka Gyanamata[1] kirjoitti minulle ensimmäisinä vuosinani ashramissa. Gyanamata eli niiden neljän periaatteen mukaan, jotka hän minulle hahmotteli. Hän neuvoi ja rohkaisi meitä tekemään samoin:

> Älä näe mitään muuta kuin päämääräsi, älä katso mitään muuta kuin päämäärääsi; anna sen alati loistaa edessäsi.
>
> Meille tapahtuvilla asioilla ei ole merkitystä; vain se on tärkeää, millaisiksi tulemme niiden johdosta.
>
> Hyväksy joka päivä, että kaikki tulee sinulle Jumalalta.
>
> Öisin luovuta kaikki takaisin Hänen käsiinsä.

Älä näe mitään muuta kuin päämääräsi, älä katso mitään muuta kuin päämäärääsi; anna sen alati

---

[1] Gyanamata (Viisauden Äiti) oli *sannyasini*, yksi ensimmäisistä Self-Realization Fellowshipin luostariasukkaista. Paramahansa Yogananda kiitti usein hänen pyhimysmäistä hengellistä olemustaan. Hän liittyi ashramiin vuonna 1932 yli 60-vuotiaana; Sri Daya Mata oli liittynyt vuotta aiemmin 17-vuotiaana. Sri Daya Mata oli yksi nuorista oppilaista, jotka Paramahansa Yogananda usein jätti Gyanamatan vastuulle ollessaan poissa Mount Washingtonista. Sri Daya Mata sai apua ja inspiraatiota Gyanamatan esimerkillisestä elämästä. *(Julkaisijan huomautus)*

Viisaan näkemys elämän kokemuksista

loistaa edessäsi. Tämä on hengellisen tien pääperiaate, koska Jumalan etsiminen on elämäntapa. Ei riitä, että astelee hurskaasti kirkkoon sunnuntaisin, jos palaa takaisin kotiin ja jatkaa elämää Jumalan unohtaen, maallisesti. Meidän on oivallettava, että mitä näemme, mitä ajattelemme ja mitä teemme ratkaisee sen, mitä olemme. Syvästi Jumalaa etsivän ei pitäisi omistaa aikaansa ja huomiotaan häiriötekijöille, ei millekään mikä vie mielen pois Jumalasta. Hänen ei tulisi katsoa elämän negatiivista puolta eikä ottaa siihen osaa. Gurudeva Paramahansa Yogananda opetti meitä välttämään sellaisia ajatuksia, askareita ja ajanvietteitä, jotka eivät sovi yhteen vilpittömän Jumalan kaipuun kanssa. Meidän olisi aina pidettävä tämä ihanne mielessämme.

Teidän maailmassa elävien ei tulisi hukata aikaa käymällä cocktailkutsuilla tai elokuvissa, jotka eivät ylevöitä ja inspiroi tai jotka herättävät suorastaan sopimattomia reaktioita. Älkää koskaan tehkö mitään, mikä vie tietoisuutenne pois tavoitteestanne – Jumalasta. Saatatte ajatella: "No, tänään voin tehdä kuten haluan; kun menen illalla kotiin, meditoin syvästi." Mutta olkaa varmoja, että näin järkeilevä ei tule elämänsä aikana löytämään Jumalaa.

Meidän tulisi joka päivä yrittää käyttäytyä siten, että aina muistamme ykseytemme Jumalan kanssa, sillä olemme Hänen jumalallisia lapsiaan. Guruji siteerasi usein tuttua sanontaa: "Älä näe pahaa, älä kuule pahaa, älä puhu pahaa." Kolmea apinaa esittävät pienoispatsaat, jotka symboloivat tätä viisautta, ovat tavallisia Intiassa ja täälläkin. Yksi apinoista peittää

Vaipuneena syvään meditaatioon ashramin asukkaiden harjoittaessa *Ram-dhunia*, 24 tuntia kestävää jatkuvaa Jumalan nimen laulua. Ranchi, Intia, helmikuu 1968

"*Vain oppimalla hiljentämään tietoisuutemme, kuten suuret ovat meille opettaneet, pystymme oivaltamaan sisimmässämme Jumalan läsnäolon. Hän on ollut kanssamme aikojen alusta, Hän on kanssamme nyt ja Hän tulee olemaan kanssamme koko iankaikkisuuden. Pitäkää kiinni Siitä, joka on muuttumaton.*"

Ateria naapuruston lapsille, joista monet ovat köyhistä perheistä. Yogoda Math (YSS:n päämaja), Dakshineswar, Intia, 1961

"Meditaatiosta seuraa itsen unohtaminen, kaiken ajatteleminen oman Jumala-suhteen kautta ja Jumalan palveleminen muissa ihmissuhteissa."

Satsanga Yogoda Mathissa, Ganges-joen varrella.
Dakshineswar, Intia, 1973

"*Palvoja tuntee itsensä niin täysin osaksi Jumalaa, että hän kokee kaiken Jumalan kautta. Onpa hän sitten tekemisissä maailman asioiden kanssa, kiireinen virassaan tai osoittaa rakkautta aviomiestään, vaimoaan tai lapsiaan kohtaan, hän ymmärtää sen kaiken olevan Jumala – Jumalalta ja Jumalalle.*"

Ananda Mata (ks. alaviite s. 168), Sri Daya Mata ja Sri Mrinalini Mata SRF:n silloinen varapresidentti; ks. alaviite s. xi), Malabar Hill, Bombay, 1973

"Yksi suurimmista iloista tässä maailmassa on se, ettei koskaan totu mihinkään liiaksi – että pystymme aina löytämään elämästämme jotain uutta, inspiroivaa ja kiehtovaa. - - Noudattakaa tätä ihannetta, ettette koskaan pidä mitään tai ketään itsestään selvänä."

Vain rakkaus

silmänsä käsillään, toinen apina peittää korvansa ja kolmas suunsa. Aistien sopimaton käyttö ei saisi tahrata Jumalaan pyrkivän tietoisuutta.

Meille tapahtuvilla asioilla ei ole merkitystä; vain se on tärkeää, millaisiksi tulemme niiden johdosta. Meidän ei koskaan pitäisi masentua tai lannistua virheistämme tai ikävyyksistä, joita meille tapahtuu toisten ihmisten sopimattoman käytöksen vuoksi. Toisinaan olemme kaikki tehneet asioita, joita olemme myöhemmin hävenneet, kun ymmärsimme käyttäytyneemme väärin. Mutta on yhtä lailla väärin antaa virheidemme muiston myrkyttää loppuelämämme. Emme saa antaa minkään katkeroittaa itseämme, tuhota uskoamme itseemme ja kanssaihmisiimme, tai täyttää meitä syyllisyydentunteella. Oikea hengellinen reaktio kaikkiin näihin kokemuksiin on päättää, että aiomme ottaa niistä opiksi ja muuttaa itseämme parempaan päin.

Hiljattain löysin kirjeen, jonka olin aivan nuorena oppilaana lähettänyt Mestarille. Hän oli selvästikin moittinut minua, ja kirjoitin: "Lupaan sinulle, Mestari, että yritän joka päivä parhaani mukaan olla positiivinen ja olla vastustamatta johdatustasi ajatuksin, sanoin tai teoin." Jos on vahvatahtoinen ja itsevarma, haluaa usein toimia oman päänsä mukaan. Tällainen ihminen uskoo tietävänsä parhaiten. Gurun jumalallinen velvollisuus on auttaa oppilasta kehittämään viisauden ohjaamaa tahtoa. Ankaruudellaan Mestari auttoi minua oppimaan omista virheistäni.

Hänellä oli tapana varoittaa oppilaita, jotka eivät halunneet luopua egoistisesta, harhaanjohtavasta

Viisaan näkemys elämän kokemuksista

tahdosta: "Jos jatkat tätä rataa, Taivaallinen Äiti karkottaa sinut pois." Nämä sanat pelottivat minua alussa, mutta pian ymmärsin, että hän yritti vain osoittaa meille jumalallisen lain. Nyt sanon samaa kaikille, jotka etsivät Jumalaa tällä tiellä. Älkää pitäkö kiinni oman egonne virheistä, vaan yrittäkää mukautua Gurun johdatukseen. Muuten karman laki saa teidät lankeamaan hengelliseltä tieltä.

Minulla oli tapana arvostella itseäni turhan ankarasti, minkä takia sain kärsiä suuresti. Kun minusta tuntui, etten pystynyt sataprosenttisesti vastaamaan Gurudevan odotuksiin, hän näytti jälleen minulle oikean näkökulman: "Mennyt on mennyttä. Korjaa tapasi ja unohda mennyt. Älä uhraa sille enää ajatustakaan." Gyanamata teroittaa samaa asiaa. Jos teette vahingossa väärin tai teille tapahtuu jotain epämiellyttävää, sillä ei ole merkitystä. Tärkeää on se, millainen teistä tulee näiden kokemusten seurauksena. Vain te itse pystytte päättämään reaktioistanne kaikkiin niihin tilanteisiin, joita elämä tuo tullessaan. Tuleeko teistä katkeria, lannistuneita, itseään sääliviä ihmisiä vai jumalallisen ymmärtäväisiä, myötätuntoisia, vahvatahtoisia yksilöitä, jotka ovat omistautuneet Jumalalle? Kukaan ei voi estää teitä onnistumasta etsiessänne Jumalaa paitsi te itse.

Joka päivä hyväksy, että kaikki tulee sinulle Jumalalta. Tämä on olennainen huomio. Älkää koskaan ajatelko, että muut tekevät teille hyvää tai pahaa. Nähkää kaikki ihmiset Jumalan välineinä. Olkaa jumalallisia sieluja, vilpittömästi Jumalaa etsiviä palvojia, jotka näkevät Jumalan käden kaiken takana, mitä tapahtuu itsellenne ja muille. Tietäkää tarkoin, että Jumala ja yksin Jumala valvoo elämäämme hiljaa ja rakastavana. Joka päivä hyväksykää, että kaikki tulee teille Jumalan kädestä. Silloin alatte ymmärtää Hänen jatkuvan läheisyytensä ja siunauksensa.

Öisin luovuta kaikki takaisin Hänen käsiinsä. Älkää koskaan käyttäkö tekosyynä sitä, että mielenne on niin täynnä työhön ja muihin velvollisuuksiin liittyviä ajatuksia, ettei sen ole mahdollista ajatella Jumalaa. Tämä on yksi niistä perusongelmista, jotka jokaisen hengellisellä tiellä kulkevan on voitettava, asuipa hän sitten luostarissa tai maailmassa. Meillä on tapana uppoutua siinä määrin velvollisuuksiimme, että meditaation hetkellä on vaikeaa heittää ne pois mielestään. Mutta meidän on ymmärrettävä, miten tärkeää niin on tehdä.

Illalla, ja aina kun on meditaation aika, luovuttakaa mielessänne kaikki takaisin Jumalan käsiin. Olette ehkä olleet kiireisiä kodin askareissa, toimistossa, tehtaassa tai koulussa tai rahahuolten parissa – mitä tahansa sitten kuuluukin henkilökohtaisiin velvollisuuksiinne. Nämä ovat askareitanne päivisin; mutta illalla, kun meditaation aika koittaa, laskekaa mielessänne nuo velvollisuudet takaisin Jumalan huomaan. Jos teette tämän henkisen toimenpiteen joka ilta, huomaatte, että vähitellen on paljon helpompaa heittää kaikki muu paitsi Jumala tietoisuudestanne, kun on meditaation aika. Sitten olette vapaita olemaan yhteydessä Häneen.

Kehotan teitä muistamaan nämä neljä periaatetta. Jos teette niin, huomaatte niistä olevan sangen

Viisaan näkemys elämän kokemuksista

paljon apua hengelliselle edistymisellenne. Tässä elämässä meillä kaikilla on mahdollisuus tuntea Jumala. Onnistumisemme riippuu siitä, miten reagoimme kaikkiin niihin kokemuksiin, joita tiellemme osuu.

Ajatuksia oikeasta asenteesta

Self-Realization Fellowshipin ashramkeskus, Encinitas, Kalifornia, 11. joulukuuta 1962

Herra Buddha sanoi: "Pyhän elämän hyöty, oi munkit, ei ole ansioissa ja suosiossa ja kunniassa, ei moraalisääntöjen noudattamisessa, ei keskittymisen saavuttamisessa eikä myöskään tiedossa ja selvänäköisyydessä, vaan tässä, oi munkit: varmassa, järkkymättömässä mielen vapautumisessa. Se on pyhän elämän päämäärä. Siinä on sen sydän. Siinä on sen tavoite."

Mitä tarkoittaa "järkkymätön mielen vapautuminen"? Se tarkoittaa, että mieli on aina vapaa tapojen, tunteiden ja kiintymysten pakosta. Sitä hallitsevat pelkästään viisaus, rakkaus ja epäitsekkyys. Se tarkoittaa, että ego ei enää hallitse meitä. Te sielut, jotka toimitte mielen kautta, olette oman kohtalonne herroja. Oikean asenteen ilmaiseminen kaikissa olosuhteissa ja tilanteissa on osoitus tästä itsensä hallinnasta.

Oikea asenne vie Jumalan luo. Ilman sitä ei voi oppia tuntemaan Häntä. Se on hengellisen elämän tärkein perusta. On jatkuvasti pyrittävä kohti oikeaa asennetta. Muuten ei hyödytä, vaikka kuinka paljon puhuisi Jumalasta, vaikka lukisi pyhiä kirjoituksia, vaikka viettäisi vuosia gurun jalkojen juuressa.

Oikeaan asenteeseen liittyy ehdottomasti nöyryys. Ei voi tuntea Jumalaa, jos ei ensin hyväksy itseään kaikkein vähäisimpänä Hänen silmissään. Tämä ei tarkoita,

Ajatuksia oikeasta asenteesta

että teidän tulisi kulkea ympäriinsä julistamassa ja valittamassa omaa vähäpätöisyyttänne. Ei. Nöyryys tarkoittaa, että riippumatta siitä, mitä joku teille sanoo tai tekee, pysytte aina samanlaisina. Kun murskaatte ruusun kädessänne, se tuoksuu edelleen. Kun ihmiset murskaavat teidät kritiikkinsä käsissä, terävien ja ilkeiden sanojensa käsissä, oikea asenne on antaa takaisin herttaisuutta, hyväntahtoisia sanoja, hyväntahtoisia tekoja ja – ennen kaikkea – hyväntahtoisia ajatuksia. Ilman hyväntahtoisia ajatuksia ei voi vilpittömästi ilmaista hyväntahtoisuutta sanoin tai teoin.

Useimpien ihmisten ongelma on, että suuttuessaan tai hermostuessaan he eivät suostu kuuntelemaan järkipuhetta, eivät suostu ymmärtämään. Kun ihminen on sokeasti vakuuttunut siitä, että on itse oikeassa, mikään määrä selityksiä tai järkeä ei voi kääntää hänen päätään. Hän tietää vain sen, että hänen oma tahtonsa on tehty tyhjäksi, ja vain sillä on hänelle merkitystä. Hän niin sanotusti "näkee punaista". Tällaisella hetkellä olisi syytä omaksua oikea asenne.

Tapahtukoon Sinun tahtosi

Jos jokin tässä maailmassa saa meidät suuttumaan tai menettämään malttimme, se tarkoittaa vain, ettei meillä ole oikeaa asennetta. Asiaan paneutuessa huomaa, että että suuttumus on seuraus tyydyttämättä jääneestä halusta. Halu saattaa olla yleväkin, mutta se ei muuta tilannetta: suuttumus seuraa, kun on menossa tiettyyn suuntaan ja huomaa, että tiellä on este – halu päästä eteenpäin on tukittu. Reaktiomme tähän riippuu asenteesta. Jos asenteemme on oikea, pystymme tällaisina hetkinä sanomaan: "Herra, tapahtukoon Sinun tahtosi, ei minun." Tämä saa aikaan täydellisen vapautumisen suuttumuksen tunteesta – jos tarkoitamme, mitä sanomme. Oikea asenne syntyy, kun vakaasti harjoitamme sitä, ja se tuo aina mukanaan mielenrauhan. Jumala työskentelee ihmisen kautta toteuttaakseen oman tahtonsa tässä maailmassa. Meidän tulisi aina pyrkiä olemaan Hänelle vastaanottavaisia. Tässä oikea asenne ratkaisee. Olemme hyviä tai huonoja Jumalan välineitä riippuen vastaanottavaisuuden asteestamme ja oikean asenteemme määrästä. Erot tässä "määrässä" ovat perimmäinen syy ihmisten eroavaisuuksille.

Olkaa Jumalan välineitä

Sri Yukteswarji sanoi gurullemme Paramahansa Yoganandalle: "Opettele käyttäytymään." Ja Gurudeva kehotti meitä: "Pyrkikää aina kohti oikeaa asennetta". Nämä neuvot ovat yksi ja sama asia. Oikeaa asennetta harjoittamalla kehitämme vastaanottavaisuuttamme, ja vastaanottavaisuus puolestaan pystyy tekemään meidät Jumalan tahdon kanaviksi. Kunnolla asennetut sähköjohdot johtavat sähköä, mutta mitä hyötyä niistä on, jos sähkö ei kulje niiden läpi? Samalla lailla meidän suurin arvomme on siinä, että pystymme toimimaan johtoina, joiden kautta Jumala voi toteuttaa tahtoaan maan päällä. Meidän jokaisen velvollisuus on aina pyrkiä kohti oikeaa asennetta, niin että meillä on sekä tarvittava vastaanottavaisuus että nöyryys ollaksemme täydellisiä Jumalan välineitä.

Joulun ajan lähestyessä tunnette ehkä minun

Ajatuksia oikeasta asenteesta

laillani kasvavaa hengellistä intoa ja iloa sekä voimakkaampaa kaipuuta Jumalaan. En halua tuhlata aikaani tässä elämässä. Kuinka monet asiat koko ajan vetävätkään meitä alaspäin ja yrittävät hidastaa etenemistämme hengellisellä tiellä! Meidän on jatkuvasti vastusteltava niitä, mutta ei kireästi ja hermostuneesti. Meidän tulisi tyynesti käyttää arvostelukykyämme ja puhdistaa tie kaikista arkipäiväisistä häiriötekijöistä, jotka vievät meitä pois Jumalan luota ja pois siitä oikeasta asenteesta, joka antaa meille Jumalan. Hengellisen tien salaisuus piilee oikeassa asenteessa. Kun opitte sen, Jumalan etsimisestä tulee yksinkertaisin ja luonnollisin asia maailmassa.

Kun meditoitte, pyytäkää Jumalaa antamaan teille oikea asenne. Itse rukoilen aina Jumalaa ja Gurua: "En välitä siitä, miten ojennat minua tai mitä teet minulla, mutta anna minun oppia oikeaa asennetta jokaisesta kokemuksesta. Älä anna minun koskaan väheksyä tai vastustaa opetustasi. Vaikka mitä tapahtuisi, älä anna minun koskaan sortua itsesääliin tai suuttumukseen tai lannistua." Nämä ominaisuudet kuuluvat tavallisen egoistisen ihmisen luontoon. Me *emme* ole tavallisia ihmisiä. Olemme sieluja. Olemme kaikki Jumalan lapsia. Ja niin meidän tulisi käyttäytyä. Omaksukaa oikea asenne suhteessanne Jumalaan, ja teillä on oleva oikea asenne myös suhteessanne maailmaan.

Uuden vuoden suomat hengelliset mahdollisuudet

Self-Realization Fellowshipin ashrameissa asuvat oppilaat meditoivat yhdessä uudenvuodenaaton iltana kello puoli kahdestatoista puoli yhteen seuraten gurunsa Paramahansa Yoganandan luomaa traditiota. Vuonna 1961 Sri Daya Mata johti tätä meditaatiota kansainvälisessä päämajassa Los Angelesissa. Seuraavassa on hänen inspiroituneet sanansa ashramin asukkaille tuossa tilaisuudessa – rakastava kehotus kaikille Jumalaa etsiville.

Guruji opetti, että uuden vuoden syntyhetki on otollinen aika muuttaa elämämme kulkua. Siksi uudenvuodenaattona on hyvä katsoa sisäänpäin, tutkiskella itseämme ja tehdä hengellinen inventaario. Meidän tulisi pohtia, missä olemme edistyneet hengellisellä tiellä ja missä olemme jääneet jälkeen. Sitten voimme mietiskellä niitä ominaisuuksia, jotka haluamme omaksua tulevaisuudessa.

Onko meillä taipumus suuttua, ahnehtia tai kadehtia? Häiritsevätkö meitä mielihalut, jotka vetävät huomiomme pois Jumalasta – ainoasta Todellisuudesta? Meidän ei pitäisi antaa vikojemme lannistaa itseämme, vaikka niitä olisi useita. Jumala rakastaa meitä niistä huolimatta. Hän auttaa ja rohkaisee meitä epäonnistumisistamme riippumatta, kunhan vain yritämme kehittyä. Kun palvoja ojentaa toisen kätensä kohti Jumalaa Hänen apuaan etsien, Jumalallinen Rakastettu

Uuden vuoden suomat hengelliset mahdollisuudet

ojentaa kummankin kätensä kohottaakseen palvojan ylös. Pitäkäämme siis aina vähintään toinen kätemme ojennettuna kohti Jumalaa Hänen johdatustaan rukoillen. Luvatkaamme tämän alkavan vuoden aikana työntää entistä ponnekkaammin syrjään kaikki, mikä vie meidät pois Jumalasta.

Mikä on pahaa ja mikä hyvää? Ne ovat suhteellisia käsitteitä. Mikä on hyväksi yhdelle ihmiselle saattaa olla pahaksi toiselle, ja mikä on yhden mannaa voi olla toisen myrkkyä. Eräs Intian suurista pyhimyksistä sanoi, että jokainen ajatus, sana tai teko, joka vie palvojan mielen pois Jumalasta ja vetää hänen tietoisuuttaan alaspäin kohti rauhattomuutta, epätoivoa, suuttumusta ja kateutta, on väärin ja pahaksi tälle palvojalle. Meidän tulisi elää siten, että ajattelemme, sanomme ja teemme vain niitä asioita, jotka ylevöittävät tietoisuuttamme.

On helppoa tiuskaista kipakasti takaisin niille, jotka puhuvat meille vihaisesti, tuntea mustasukkaisuutta silloin, kun meitä lyödään laimin tai ei oteta huomioon, tai murjottaa, kun meistä tuntuu ettemme ole saaneet muilta sitä, minkä katsomme meille kuuluvan. Mutta oma kokemukseni on, että kun opimme hyväksymään kaiken olevan peräisin Jumalan kädestä – kun tunnemme syvän meditaation ja alituisen Hänen läsnäolonsa harjoittamisen kautta, että kaikissa elämän kokemuksissa olemme tekemisissä yksinomaan Jumalan kanssa – meidän on mahdollista välttää sudenkuopat tiellä kohti Itse-oivallusta.

Jokainen sielu on luotu Jumalan kuvaksi. Hänen ominaisuutensa, nöyryys, viisaus, rakkaus, ilo ja autuus, ovat jo valmiiksi meissä. Mutta "minä" eli ego saa meidät unohtamaan todellisen luontomme. Me oivallamme sen jälleen pohtimalla tietoisesti synnynnäisiä jumalallisia ominaisuuksiamme.

Jumalan valo tuhoaa pimeyden

Kaikki mielialat ja tottumukset, jotka vievät mielemme pois Jumalasta, on mahdollista kukistaa korvaamalla ne myönteisillä ajatuksilla, kuten reippaudella, alttiudella, ilolla, epäitsekkyydellä, rakkaudella, hyväntahtoisuudella ja myötätunnolla. Kun herätätte sisällänne nämä ominaisuudet, ahneuden, itsekkyyden, suuttumuksen, vihan, kateuden, haluttomuuden ja intohimon kaltaiset tottumukset kuolevat vähitellen pois. Pimeyttä ei voi poistaa huoneesta valittamalla, ettei näe mitään, tai huitomalla sitä kepillä. On vain yksi keino poistaa pimeys: päästää sisään valoa. Samalla lailla tietämättömyyttä ei voi poistaa vellomalla itsesäälissä tai syyttämällä jotakuta ulkopuolista omasta sisäisestä pimeydestään, vaan tuomalla sisään Jumalan valon. Sytyttäkää sisällänne viisauden valo, niin vuosisatojen pimeys katoaa.

Jumalan tietoisuudessa elävät palvojat huomaavat, että he ovat aina keskittyneet Häneen, että heidän mielensä pyörii alati jonkin Jumalan olomuodon ympärillä: Jumalani, Isäni, Äitini, Lapseni, Ystäväni, Rakastettuni, Rakkaani, Ainoani. Mitä enemmän pyrimme pitämään kiinni tästä tietoisuudesta, sitä nopeammin oivallamme sisimmässämme Jumalan kuvan, joka elää meissä jokaisessa.

Uuden vuoden suomat hengelliset mahdollisuudet

Vahvistakaa hyviä päätöksiänne

Vaalikaa sydämessänne hengellisyyden toivetta ja rukoilkaa Jumalaa täyttämään se. Rukoilkaa lakkaamatta, ei vain muutaman tunnin tai päivän ajan vaan joka päivä. Askareiden keskelläkin antakaa rukouksen kiertää taka-alalla mielessänne. Jos teillä on lujaa uskoa ja intoa viedä tämä ajatus kohti sen täyttymystä, huomaatte, että Jumala vastaa teille. Hän ei koskaan jätä uskovaa pulaan, mutta on oltava sitkeä. Jos ette aluksi saa Häneltä vastausta, älkää luovuttako vaan jatkakaa yrittämistä. Yhtäkkiä, kun vähiten sitä odotatte, Jumalallinen Rakastettu vastaa kyllä rukoukseenne.

Valitkaa jokin huono tapa, josta haluatte päästä irti, tai hyvä tapa, jota haluatte kehittää. Päättäkää, että koko tämän alkavan vuoden ajan teette päivittäin työtä saavuttaaksenne tämän päämäärän. Älkää tehkö monia lupauksia ja unohtako niitä sitten muutaman päivän tai muutaman kuukauden päästä. Valitkaa yksi hyvä ominaisuus ja huomioikaa se määrätietoisesti ja innolla siihen asti, kunnes olette omaksuneet sen.

Muistan, miten vuosia sitten päätin pyrkiä kohti nöyryyttä alkavan vuoden aikana. Joka päivä tein töitä sen eteen. Pohdiskelin, mitä nöyryys oikein on. Meditoidessani pyysin Jumalaa antamaan minulle enemmän nöyryyttä ja opettamaan minulle tätä ominaisuutta siten kuin Hän katsoi parhaaksi. Ponnistelin kaikin mahdollisin tavoin meditaatiossa ja askareissani, jotta kehittäisin tätä piirrettä itsessäni. Samalla lailla olen muissa tilanteissa pyrkinyt kohti antaumuksellista Jumalan rakastamista, kohti ymmärrystä

Vain rakkaus

ja muita hengellisiä ominaisuuksia. Nämä ovat koko elämän pituisia hankkeita, mutta tärkeintä on, että meidän on hyvin määrätietoisesti ponnisteltava, jotta pääsisimme edes alkuun niiden saavuttamisessa. Tämä, rakkaat kuulijani, on tapa saavuttaa mikä tahansa hyvä pyrkimys sydämessänne. Päättäkää. Käyttäkää tahdonvoimaanne. Elämä soljuu ohitse, ja haluatte korjata rikkaimman sadon viisautta, rakkautta, ymmärtämystä, iloa ja rauhaa sen elämän aikana, joka vielä on edessänne.

Monet etsijät sanovat minulle: "En tiedä, olenko menossa kohti Jumalaa. Oloni on kuiva ja tuntuu, etten edisty millään lailla." Näille uskoville voin vain sanoa, että heidän on ponnisteltava enemmän. Heillä on oltava enemmän halua ja päättäväisyyttä tuntea Jumalan läsnäolo.

Paramahansaji sanoi, että palvojan on kaivattava Jumalaa samalla kiihkeydellä kuin hukkuva haukkoo ilmaa vajotessaan veden alle kolmannen kerran; samalla ikävöinnillä, jota rakastaja tuntee ollessaan erossa rakastetustaan; samalla omistushalulla, jota saituri tuntee kultarahojaan kohtaan. Jos palvojalla on tällainen kiihko, kaipuu ja kiintymys Jumalaa kohtaan, hän tulee tuntemaan Jumalan tässä elämässä. Älkäämme olko tyytyväisiä, ennen kuin olemme sytyttäneet sisällämme tällaisen jumalallisen kaipuun liekin. Päättäkäämme tänä alkavana vuonna vetäytyä lähemmäksi Jumalaa. Päättäkäämme luoda sitoutuneempi, suloisempi ja rakastavampi suhde Jumalaan, joka on ainoa todellinen, ikuinen Rakkautemme. Kun sydämenne ja mielenne ovat lukitut tuohon jumalalliseen

Uuden vuoden suomat hengelliset mahdollisuudet

suhteeseen, myös suhteenne muihin muuttuvat puhtaammiksi ja suloisemmiksi.

Rakentakaa elämänne meditaation kalliolle

Luvatkaa itsellenne, että sairastumista lukuun ottamatta ette koskaan unohda päivittäistä meditaatiota. Siitä asti kun itse tein Gurujin ehdotuksesta tämän lupauksen, en ole koskaan rikkonut sitä ja huomaan sen suunnattoman sisäisen voiman, jonka se on antanut minulle. Lisäksi viettäkää kerran viikossa yksi kokonainen päivä tai useampi tunti hiljaisuudessa ja meditoikaa pitkään sen aikana. Kun Guruji kertoi tämän meille monia vuosia sitten Encinitasissa, päätin varata joka viikko yhden illan pitkää meditaatiota varten. Minulla oli monia velvollisuuksia, mutta joka torstai-ilta vetäydyin kello kuusi huoneeseeni ilman päivällistä ja meditoin keskiyöhön asti. Se voima, jonka sain tästä tavasta, ja se rakkaus ja omistautuneisuus, jota tunsin Jumalaa kohtaan meditoidessani, nopeuttivat hengellistä edistymistäni. Jos haluatte löytää Jumalan, teidän tulee tehdä tällaisia lupauksia eikä pelkästään näön vuoksi vaan toteuttaen ne uskollisesti.

Viikoittaisen pitkän meditaationne aikana unohtakaa maailma ja heittäkää mielestänne kaikki huolet. Luovuttakaa ongelmanne Jumalalle; antakaa Hänen huolehtia niistä tuon lyhyen kuuden tunnin ajan. Puhukaa Hänelle sydämenne kielellä. Silloin tiedätte, että etenette hengellisesti. Tämä on ainoa keino, jolla voitte sen tietää – yrittämällä kovemmin.

Vain rakkaus

Harjoittakaa Jumalan läsnäoloa

Toinen tapa edetä hengellisesti on jatkuvasti harjoittaa Jumalan läsnäoloa. Paramahansaji opetti, että jos haluaa tuntea Jumalan, on opeteltava suuntaamaan ensimmäiset ajatuksensa aamulla kohti Jumalaa. Kun suorittaa päivän mittaan askareitaan, on ajateltava, että Hän on Tekijä ja itse on pelkkä nöyrä väline. Käyttäkää älyänne, halukkuuttanne, iloanne ja hyväntuulisuuttanne palvellessanne Häntä. Kun päivä kääntyy iltaan, antakaa mielenne pohdiskella yhä syvemmin Jumalaa. Näillä tavoin edetkää tietoisena yksin Jumalasta. Kantakaa se tietoisuus läpi kaikkien elämänkokemusten mitä suurimmalla ilolla sydämessänne, mitä suurimmalla rohkeudella ja uskolla ja halukkuudella, ja ennen kaikkea jumalallisella rakkaudella, jonka laskette Ainoan Rakastetun jalkojen juureen.

Lopuksi haluan kertoa teille, mitä kirjoitin erään uudenvuoden meditaation aikana, joka meillä oli onni jakaa rakkaan Gurumme kanssa. Nämä sanat ovat auttaneet minua kaikkien näiden vuosien aikana: "Muista aina tämä: emme voi käydä Jumalan tahtoa vastaan. Kaikilla meillä on tässä maailmassa velvollisuutemme, joita emme voi paeta ja joita kukaan ei voi ottaa puolestamme kantaakseen. Täyttäessämme velvollisuutemme meillä tulee olla tämä asenne: 'Oi Herra, Sinä olet Tekijä. Tee minusta halukas välineesi.' Elämä sammuu hetkessä. Miten voisimme mitenkään ajatella, että olisimme tekijöitä tässä maailmassa? *Gitassa* sanotaan: Hyläten kaikki muut *dharmat* (velvollisuudet) muista yksin Minut. Minä vapautan sinut

Uuden vuoden suomat hengelliset mahdollisuudet

kaikista synneistä (jotka syntyvät noiden alemman asteisten velvollisuuksien laiminlyömisestä).'"[1]

Muistakaa vain tehdä parhaanne joka päivä

"Teidän tulee muistaa tässä elämässä ainoastaan tehdä parhaanne joka hetki ja joka päivä. Jumala haluaa teiltä jatkuvaa ponnistelua. Hän ei halua teidän lannistuvan, antavan periksi ja juoksevan tiehenne. Muistakaa, että kaikkien askareidenne keskellä ja kaikkien vastoinkäymistenne ja koettelemustenne aikana Jumala on alati kanssanne. Jeesus sanoi Pyhälle Antoniukselle, joka vietti yli kuusikymmentä vuotta aavikolla rukoillen Kristusta: 'Antonius, vaikka sinä kärsit, olin koko ajan sinun kanssasi.'" Muistakaamme tämä vakuutus aina, kun kohtaamme lannistavia tilanteita.

Kaksijakoisuus on tämän maailman luonto. Älkää koskaan vatvoko sen negatiivista puolta. Meidän on opittava kohtaamaan sekä hyvät että pahat asiat uskoen vakaasti Jumalaan. Meidän on ymmärrettävä, kuten Guruji opetti, että elämässä kohtaamamme vastoinkäymiset ovat pelkästään varjo Jumalan kädestä, joka on ojentunut siunaukseen. Opetelkaa katsomaan kaikkea elämässä tällä tavalla: "Herra, sinä olet Tekijä. Sinun kädestäsi otan vastaan hellän hyväilyn ja myös läimäyksen, sillä Sinä tiedät, mikä minulle on parhaaksi. Sinä rakastat minua niiden kautta, jotka ovat ystäviäni, ja sinä rankaiset minua niiden kautta,

---

[1] *Bhagavadgita* XVIII:66 (suomennettu Paramahansa Yoganandan englanninkielisestä käännöksestä *God Talks With Arjuna: The Bhagavad Gita*).

jotka pitävät itseään vihamiehinäni."

Kohdatkaamme uusi vuosi tässä tietoisuudessa rohkeina, luottavaisina, tarmokkaina ja innokkaina tekemään mitä tahansa eteemme asetetaan, sekä ennen kaikkea alati kaivaten Jumalan rakkauden tuntemista. Hän ei ole vetäytynyt pois luotamme; me olemme vetäneet tietoisuutemme pois Hänen luotaan juoksemalla tämän maailman asioiden perässä, tyydyttämällä aistejamme ja mielihalujamme. Vain oppimalla hiljentämään tietoisuutemme, kuten suuret ovat meille opettaneet, pystymme oivaltamaan sisimmässämme Jumalan läsnäolon[2]. Hän on ollut kanssamme aikojen alusta, Hän on kanssamme nyt ja Hän tulee olemaan kanssamme koko iankaikkisuuden. Pitäkää kiinni Siitä, joka on muuttumaton.

Rukoukseni teille

Rukoukseni teitä jokaista varten tänä uutena vuonna on, että pystytte saavuttamaan korkeimmat ja jaloimmat päämääränne hengellisellä tiellä. Te, jotka etsitte jumalallista rakkautta, löytäkää se. Te, jotka etsitte ymmärrystä, älkää etsikö sitä ihmisten välisistä suhteista vaan Hänestä, joka on Ymmärryksen Alkulähde. Te, jotka haette voimaa, rohkeutta tai nöyryyttä, hakeutukaa sen ainoan suuren Opettajan tykö, joka pystyy auttamaan teitä saavuttamaan nämä ominaisuudet ja joka pystyy herättämään sisimmässänne uinuvan jumalallisuuden, niin että voitte nähdä

---

[2] "Hiljentykää ja tietäkää, että minä olen Jumala" (Ps. 46:11, suomennos seuraa alkutekstissä käytettyä King James -raamatunkäännöstä).

Uuden vuoden suomat hengelliset mahdollisuudet

itsenne todellisina Jumalan lapsina. Muistoissani kuulen siunatun Gurujimme kehotuksen uudelle vuodelle: "Herätkää, älkää enää nukkuko! Herätkää, älkää enää nukkuko! Herätkää, älkää enää nukkuko!" Rauha, ilo, onnellisuus ja jumalallinen rakkaus on mahdollista saavuttaa pitämällä tietoisuus keskittyneenä Jumalaan, lepäämässä Hänen huomassaan. Keskittykää vain yhteen ajatukseen: yksin Jumalaan. "Sinä olet minun pohjantähteni. Sinussa minä elän, liikun, hengitän ja olen. En tahdo muuta kuin rakastaa Sinua ja palvella Sinua." Tehkää tästä alituinen rukouksenne alkavana vuonna.

Keskittykää öin ja päivin Jumalaan ja päihtykää Hänen rakkaudestaan. Yksin Hän on todellinen. Hänen rakkaudessaan piilee viisaus, nöyryys, ilo, myötätunto, ymmärrys ja täyttymys. Etsiköön jokainen meistä tätä rakkautta yhä vilpittömämmin.

Meditoikaa syvemmin ja pyrkikää palvelemaan Jumalaa suuremmalla halulla, entistä tunnollisemmin ja keskittyneemmin. Pelkkä palveleminen ei riitä; kokekaa se myös suurena etuoikeutena ja palvelkaa innolla ja ilolla ja sydämen rakkaudella. Jumalalle antaumuksellisia lauluja laulaen säilyttäkäämme riemullinen tietoisuus kaikkina uuden vuoden päivinä, niin että voimme lopettaa vuoden kuten aloitimme – ajatellen vain Ainoaa.

Anteeksiannon salaisuus

*Self-Realization Fellowshipin kansainvälinen päämaja,
Los Angeles, Kalifornia, 24. maaliskuuta 1969*

Pääsiäisen siunattu aika on jälleen luonamme. Vuoden pyhillä ajoilla on selvästi ylevöittävä vaikutus tietoisuuteeni ja rukoilen, että ne inspiroivat myös teitä yhtä lailla. Kun koittaa tämä aika, jolloin muistelemme Jeesuksen Kristuksen suurinta uhrausta ihmiskunnan hyväksi, mietin Gurudeva Paramahansa Yoganandan usein toistamaa julistusta, että Kristus teki suurimman ihmetekonsa ristillä. Hänellä oli kaikki oikeus kirota ja tuomita petturinsa ja muut, jotka olivat väärin perustein hänet tuominneet. Mutta vaikka hänellä oli kaikki valta tuhota vihollisensa, hän ei käyttänyt sitä valtaa eikä tuntenut lainkaan vihaa. Sen sijaan hän näytti maailmalle jumalallisen tavan kukistaa pahuus – tavan, joka yksin voi nostaa ihmissielun tietämättömyyden pimeydestä ikuisen viisauden valoon, ikuiseen yhteyteen Jumalan kanssa. Sen ikuistivat Kristuksen yksinkertaiset rakkauden sanat: "Isä, anna heille anteeksi, sillä he eivät tiedä, mitä he tekevät."[1]

Tämä on äärettömän tärkeä viesti ihmiskunnalle vielä tänäänkin. Se on viesti, jota jokaisen meistä tulisi toteuttaa elämässään, jos haluamme pitää jumalallisen

---

[1] Luuk. 23:34.

Anteeksiannon salaisuus

rakkauden valon sydämessämme ja tässä maailmassa. On välttämätöntä päästä sydämessään ja mielessään eroon kaikesta katkeruudesta ja kaunasta. Nämä tunteet eivät kuulu sinne.

Kun joku on toiminut epäystävällisesti meitä kohtaan, miksi tunnemme, että meidän pitäisi tehdä asialle jotakin? Miksi emme voi vain jättää sitä Jumalan käsiin? Minä uskon tähän. Emmekö mekin voisi vain sanoa: "Isä, anna heille anteeksi, sillä he eivät tiedä, mitä he tekevät" – tietäen täysin, että jumalallinen laki, jumalallinen rakkaus, ratkaisee ongelman puolestamme. Tämä laki on lukemattomin tavoin auttanut minua läpi koko elämäni. Se auttaa myös teitä ja koko ihmiskuntaa.

Ongelma olemme *me*. Emme pysty päästämään irti ilkeistä ja vihan täyttämistä ajatuksistamme ja kostonhimoisista, suuttuneista, kateellisista tunteistamme. Koska emme pysty päästämään irti Saatanan kädestä – harhasta, sillä sitä nämä väärät ajatukset ja tunteet ovat – emme pysty tarttumaan Jumalan käteen.

Yrittäkäämme herättää tietoisuutemme vihan, kiukun ja ilkeyden pimeästä haudasta. Tiedätte, mitä ilkeys on: halu vahingoittaa toista ihmistä. Kaikki meistä ovat varmaankin tietämättään loukanneet toisia joskus. Meidän tulisi vilpittömästi pyytää anteeksiantoa kaikilta, joita ehkä olemme näin loukanneet. Meidän ei koskaan pitäisi tietoisesti kohottaa kättämme, edes ajatuksissamme, kanssaihmistämme vastaan. Jos tekisimme niin, kärsisimme siitä ensimmäiseksi itse, koska sillä hetkellä menettäisimme sisäisen tietoisuuden Jumalasta.

Vain rakkaus

Etsikää sielun oivallusta, rakkauden tyyssijaa

Sielussani on vain yksi toive teitä kaikkia varten. Sielustani löytyvän ilon, rauhan ja turvallisuudentunteen sekä suuren rakkauden takia halajan nähdä jokaisen teistä kylpevän tässä jumalallisessa tietoisuudessa. On totta, että on hyvin vaikeaa saavuttaa tämä tietoisuudentila ja hyvin vaikeaa ylläpitää sitä. Velvollisuuteni teitä kohtaan, jotka pyritte muuttamaan elämänne jumalalliseksi, on siis muistuttaa teitä, jos harhaudutte pois Päämäärästä, ja kehottaa teitä seuraamaan Gurumme jalanjälkiä vielä syvemmin, vielä vilpittömämmin, vielä antaumuksellisemmin.

Gurudeva oli hyväntahtoisuuden, rakkauden, anteeksiannon ja myötätunnon todellinen ruumiillistuma. Hänessä ei ollut yhtäkään ilkeää tai itsekästä piirrettä, mutta silti jotkut ymmärsivät hänet väärin, aivan kuten oli niitäkin, jotka ymmärsivät Kristuksen väärin. Jos ihminen on totuttautunut pimeyteen, hänen silmänsä eivät kestä valoa; se sokaisee. Samoin jos joku kääntyy pois ymmärryksen ja oikean käytöksen valosta ja uppoutuu itsesäälin, oman edun tavoittelun ja itsekeskeisyyden pimeyteen, hän paheksuu jokaista ihmistä ja kaikkea, mikä heijastaa tätä valoa. Jos hän olisi sille vastaanottavainen, hän huomaisi, että se valaisee hänen tietoisuutensa ja elämänsä kaikki nurkat ja antaa hänelle juuri ne asiat, joita hän haluaa mutta ei ole saavuttanut, koska ei soveltanut oikeita periaatteita.

Niinpä tänä keväisenä ylösnousemuksen aikana huutakaamme sieluissamme uudella innolla Jumalaa puoleemme. Näin teen – kaipaan Häntä valtavasti elämäni jokaisena hetkenä. Joskus havahdun keskellä yötä;

en tunne halua nukkua, vaan tahdon viettää jokaisen mahdollisen hetken Jumalalle puhuen. Se on minulle todellisuutta, ja koska saan nautintoni, rauhani, iloni yhteydestäni Häneen, haluan samaa teille jokaiselle.

Kärsimykseni johtuu siitä, että näen heitä, jotka sokeasti takertuvat vikoihinsa ja heikkouksiinsa eivätkä päästä irti ja anna Jumalan ottaa vastuuta elämästään. Se teidän tulee tehdä, jos haluatte saavuttaa Itse-oivalluksen. Luottakaa enemmän Jumalaan, uskokaa enemmän Jumalaan, hyväksykää Jumala. Uskokaa Häneen, joka voi korjata jokaisen teille tehdyn vääryyden. Teidän ei tarvitse puolustautua; antakaa Jumalan olla puolustajanne.

Kun ihmiset käsittävät minut väärin, en toivo, että he olisivat täydellisessä sopusoinnussa Daya Man kanssa vaan Jumalan kanssa. Näinä hetkinä rukoilen kiihkeästi Taivaallista Äitiä: "Siunaa heitä, siunaa heitä! Herätä heidän tietoisuutensa oivaltamaan Sinut, anna heidän katsoa vain Sinua, anna heidän takertua Sinuun!" Saan tästä rukouksesta iloa ja mielenrauhaa suhteessani näihin sieluihin. Gurudevallamme oli tapana sanoa: "En voi olla tyytyväinen ennen kuin näen jokaisen teistä – jokaisen! – juoksevan Taivaallisen Äitini jalkojen juureen." Se on myös oma nöyrä ja vilpitön toiveeni. Hän sanoi myös: "Muistakaa aina, että mikään ei voi satuttaa teitä, jos sisäisesti rakastatte Jumalaa." Siksi jokaisen meistä tulisi sisäisesti rakastaa Jumalaa. Silloin Hänen rakkautensa – niin huumaava ja kaikkiallinen – pyyhkii täysin pois maallisuuden jäljet. Tekivätpä muut ihmiset meille mitä hyvänsä, olemme sisäisesti järkähtämättömiä ja meillä on alati

Vain rakkaus

sama jumalallisen rakkauden tunne kaikkia kohtaan. Mielellä on suunnattomia voimia tehdä hyvää tai pahaa. Näinä suurien levottomuuksien päivinä yhtykäämme kaikki syvään rukoukseen ihmiskunnan puolesta. On välttämätöntä, että samalla kun yksilöinä pyrimme saavuttamaan jonkinasteisen oivalluksen, jonkinasteisen turvan Jumala-ajatuksesta, niin rukoilemme myös tämän kärsivän maailman puolesta. Rukoilkaamme, että ihminen oppii ratkaisemaan kaikki ongelmansa oppaanaan Jumala, ei Saatana – ei takertuen pahuuden voimiin, vaan Jumalaan ja yksin Jumalaan.

Rukouksen aika, antautumisen aika

Self-Realization Fellowshipin kansainvälinen päämaja, Los Angeles, Kalifornia, 19. toukokuuta 1966

Sri Daya Matan puhe vastasi kysymykseen: Kun tarvitsemme fyysistä parantumista, kumpi metodi on suositeltavampi: antautuminen vai rukous ja vahvistavien lauseiden toistaminen?

Gurudevani Paramahansa Yoganandan kanssa viettämieni vuosien aikana huomasin, ettei hän koskaan rukoillut omasta puolestaan. Itse asiassa hän kerran sanoi: "En pysty rukoilemaan itseni puolesta. Olen antanut elämäni täysin Jumalalle, joka tekee sillä mitä haluaa." Gurun elämä oli esimerkki antautumisesta.

Korkeimmassa mielessä, jos uskomme Jumalaan ja luotamme Häneen, meillä ei ole syytä pyytää Häneltä mitään. Hän tuntee tarpeemme paremmin kuin me itse rajoittuneella inhimillisellä ymmärryksellämme. Siten omasta puolestamme rukoileminen on ristiriidassa sen kanssa, että uskomme Jumalaan.

Paramahansa otti osakseen toisten ihmisten huonoa karmaa[1] vapauttaakseen heidät suuresta kärsimyksestä, ja siksi hänen oma kehonsa kärsi toisinaan

---

[1] Aiempien hyvien tai huonojen tekojen hyvät tai pahat seuraukset. (Ks. alaviite s. 54.)

Vain rakkaus

heidän sijastaan. Me pyytelimme häneltä: "Mestari, miksi ette rukoile parantumista?"

"Miten voisin rukoilla omasta puolestani?" hän vastasi. "En ole koskaan rukoillut kehoni takia. Olen antanut sen Jumalalle. Mitä hän haluaa tehdä sillä, sen Hän tekee. Se on minulle aivan sama." Gurudeva oli täysin tyytyväinen Jumala-tietoisuudessaan. Kun palvoja saavuttaa tietoisuudentilan, jossa hän on täydellisesti ankkuroitunut Jumalaan, kuten Paramahansaji oli, kehon terveydellä ei ole merkitystä. Se, joka rukoilee kehonsa puolesta, on yhä kiinnittynyt siihen.

Mutta on hyväksi ja oikein rukoilla toisten puolesta. Silloin pyydätte ennen kaikkea, että he ovat vastaanottavaisia Jumalalle ja saavat siten fyysistä, henkistä tai hengellistä apua suoraan Jumalalliselta Lääkäriltä. Tämä on kaiken rukouksen perusta. Jumalan siunaus on aina läsnä, mutta vastaanottavaisuus jää usein puuttumaan. Rukous parantaa vastaanottavaisuutta. Jos ihmisen usko ei ole täydellinen, rukous itsensä tai muiden puolesta on välttämätöntä. Se auttaa lujittamaan uskoa ja avaamaan oven Jumalan ikuisesti läsnä olevalle avulle.[2]

[2] Self-Realization Fellowshipin rukousneuvosto, joka koostuu SRF:n luostariasukkaista, rukoilee päivittäin ihmisten fyysisten sairauksien, henkisen epätasapainon ja hengellisen tietämättömyyden parantamiseksi. Rukouksia omasta tai lähimmäisensä puolesta voi pyytää kirjoittamalla tai soittamalla Self-Realization Fellowshipiin Los Angelesiin. Tätä rukoustyötä tukee Self-Realization Fellowshipin maailmanlaajuinen rukouspiiri, joka koostuu SRF:n jäsenistä ja ystävistä ympäri maailman ja joka rukoilee säännöllisesti maailmanrauhan ja koko ihmiskunnan hyvinvoinnin puolesta. Kirjanen maailmanlaajuisen rukouspiirin työstä on saatavana pyydettäessä.

Arkinen keskustelu Jumalan kanssa on luonnollisin rukouksen muoto

En mielelläni edes käytä sanaa *rukous*, joka viittaa muodolliseen ja yksipuoliseen Jumalalle osoitettuun pyyntöön. Minulle vuoropuhelu Jumalan kanssa – kun puhun Hänelle kuin läheiselle ja rakkaalle ystävälle – on luonnollisempi, henkilökohtaisempi ja tehokkaampi rukouksen muoto. Kuullessani sotien tragedioista ja muista ihmiskunnan kärsimyksistä tai kun joku kirjoittaa minulle pyytääkseen apua, puhun siitä saman tien Jumalalle ja keskustelen Hänen kanssaan sieluni hiljaisessa pyhäkössä.

Jos olisimme joka hetki yhteydessä Jumalaan ja kävisimme vuoropuhelua hänen kanssaan, mihin tarvitsisimme rukousta tai pyyntöjä? Tuntisimme itsemme niin täysin hyvinvoiviksi ja meillä olisi niin täydellinen luottamus omaan riippuvuuteemme Hänestä, että meillä olisi jatkuva sisäinen varmuus: "Hän tietää, mitä tekee minulla. En voi aina ymmärtää Hänen teitään, mutta olen tyytyväinen siihen oivallukseen, että Hän tietää mikä on parasta." Tätä on antautuminen.

Täydellinen rakkaus Jumalaan edellyttää täydellistä luottamusta Jumalan tahtoon kaikissa asioissa. Siksi omasta puolestamme rukoileminen tarkoittaisi puutteellista omistautumista Jumalalle. Kun rakastamme jotakuta syvästi ja vailla ehtoja, vilpittömästi luottaen hänen rakkauteensa meitä kohtaan, emme välitä siitä, mitä hän meillä tekee. Sama koskee myös rakkauttamme Jumalaan. Meidän tulisi antaa elämämme, sydämemme ja mielemme hänelle niin kokonaan, että meille on aivan sama, mitä tiellemme

Vain rakkaus

osuu. Tietoisuutemme pysyy häiriöttömänä ja tyynenä. Se jolla on tämä tietoisuus, on mieleltään niin kiinni Jumalassa ja olemukseltaan niin uppoutunut autuaaseen tietoisuuteen Hänestä, että kriisin sattuessa hänelle ei ole merkitystä, mitä hänen maalliselle keholleen tapahtuu. Uskon tähän asenteeseen, joka tarkoittaa täydellistä riippuvuutta Jumalasta.

Antautuminen ei säästä ihmistä kärsimykseltä. Muistan, kun Paramahansaji eräänä iltana sanoi: "Olen tuntenut kehossani kipua vuosien ajan. Miten outoa se onkaan: toisaalta Taivaallinen Äiti aiheuttaa kärsimystä ja toisaalta Hän pitää huolta tästä kehosta teidän kaikkien kautta." Hän samaistui täysin Jumalaan. Oivaltaessaan itsensä sieluna hän pystyi katsomaan asiaa ulkopuolelta. Hän näki, että Jumala yksin antoi hänen kehonsa kärsiä ja että Jumala samaan aikaan piti hengissä hänen muotoaan ja antoi sille sen tarvitsemaa hoitoa.

Tällainen antautuminen ei ole masentava suruun alistumisen tila, jossa ylistäisimme kärsimystä hyveen lailla ja rukoilisimme sitä osaksemme. Hurskas palvoja, joka pyytää Jumalaa kasaamaan päälleen kaikki maailman kärsimykset ja velloo kärsimyksessä Jumalaa miellyttääkseen, omaksuu negatiivisen lähestymistavan antautumiseen. Itse uskon positiiviseen tapaan: "Olen sielu, luontoni on autuas, voimakas ja täydellinen. Pidän huolta tästä kehosta, mutta en takerru siihen enkä valita mistään viasta, joka siihen tulee." Jos päätä särkee, ei ole väärin myöntää asia ja käyttää mitä tahansa järkevää parannuskeinoa, joka sattuu olemaan saatavilla. Mutta samalla meidän

Rukouksen aika, antautumisen aika

tulisi oivaltaa se totuus, että todellinen luontomme on erillinen ruumiista eikä sitä kosketa kipu ruumiillisessa muodossamme, johon olemme verhoutuneet.

Keho on vain sielua peittävä verho

Kehomme ei tosiaankaan ole muuta kuin sielua peittävä vaippa. Jos ihmisen päällystakki käy kuluneeksi ja rikkinäiseksi, hän ei yleensä murehdi sitä. Hän korjauttaa sen tai korvaa sen uudella. Älkää koskaan salliko tietoisuutenne samaistua kehon päällystakkiin, joka verhoaa sielua hetkellisesti.

Ne jotka eivät ymmärrä Jumalan toimia, luulevat usein, että hengellinen täydellisyys tarkoittaa myös ruumiillista täydellisyyttä. He uskovat, että Jumala-yhteydessä olevan ihmisen keho ei kärsi fyysisistä sairauksista. Se on pötyä! Tällaista ajatusta vaaliva on itse takertunut fyysiseen muotoonsa; keho on hänelle liian tärkeä. En väitä, etteikö kehosta tulisi pitää kohtuullista huolta. Sri Yukteswarji sanoi: "Mikset heittäisi koiralle luuta?"[3] Antakaa keholle mitä se tarvitsee ja unohtakaa se sitten. Ja Kristus sanoi: "Älkää murehtiko hengestänne, mitä söisitte tai mitä joisitte, älkääkä ruumiistanne, mitä päällenne pukisitte – –. Teidän taivaallinen Isänne kyllä tietää teidän kaikkea tätä tarvitsevan."[4]

Asian ydin on, että yksikään kuolevainen ei saa elää fyysisessä muodossaan ikuisesti, vaikka hän pitäisi kehostaan kuinka hyvää huolta. Miksi siis antaa niin

---

[3] *Joogin omaelämäkerta*, luku 12.
[4] Matt. 6:25, 32.

paljon huomiota jollekin katoavaiselle? On hengellinen virhe huolehtia pelkästään kehostaan tai omistaa sille enemmän huomiota kuin sielun vaalimiselle. Jumala sallii sairauksien ja vikojen tulla kehoomme herättääkseen meidät oivaltamaan – jopa kärsimyksen kautta, jos sellaista tarvitaan – että Hänen lapsinaan emme ole yhtä kuin kuolevaiset ruumiimme ja että tämä maailma ei ole meidän kotimme. Jokainen meistä on kuolematon sielu, ja kotimme on Jumalassa.

Painottaessamme antautumisen hyvettä emme saisi unohtaa rukouksen ja affirmaatioiden eli vahvistavien lauseiden sijaa ja tärkeyttä. Ihanteellinen antautuminen, jollaista Paramahansa Yogananda osoitti, olisi tavalliselle ihmiselle hyvin korkea pyrkimys, koska se perustuu täydelliseen hengelliseen ymmärrykseen Jumalan tahdosta ja siihen sopeutumiseen. Tällainen palvoja tietää, milloin ja miten unohtaa ongelmansa ja milloin alistua kärsimään ne.

"Jumala auttaa niitä, jotka auttavat itseään"

Jeesuksella oli valta pelastautua niiltä, jotka aikoivat ristiinnaulita hänet: "Vai luuletko, etten voisi rukoilla Isääni, niin että hän lähettäisi heti minulle enemmän kuin kaksitoista legioonaa enkeleitä."[5] Mutta hän rukoili: "Isä, jos sinä tahdot, niin ota pois minulta tämä malja; älköön kuitenkaan tapahtuko minun tahtoni, vaan sinun."[6] Sellaiselle, joka ei sopeudu näin kaikissa tilanteissa, turvautuminen rukoukseen

---
[5] Matt. 26:53.
[6] Luuk. 22:42.

Rukouksen aika, antautumisen aika

ja affirmaatioiden toistamiseen on hyväksi ja jopa erittäin suositeltavaa. Ne auttavat tekemään mielen ja tietoisuuden vastaanottavaisiksi Jumalan siunaukselle ja johdatukselle. Ne lujittavat uskoa ja lisäävät tahtoa, mikä puolestaan herättää parantavan elämänvoiman. Rukous ja vahvistavien lauseiden toistaminen saavat siten toimimaan toisen kosmisen lain: "Jumala auttaa niitä, jotka auttavat itseään."

Vahvistavien lauseiden toistaminen luo magneettista voimaa

Jokaisen olisi syytä harjoittaa affirmaatioiden toistamista. Itseäni auttavat eniten kaksi lausetta: "Herra, tapahtukoon kauttani pelkästään Sinun tahtosi, ei minun" ja "Herra, Sinä olet Tekijä, en minä".

Maailma on luotu periaatteen mukaan, että yksi hiukkanen pyörii toisen ympäri – elektroni protonin ympäri – mikä saa aikaan luovan voiman. Affirmaatioiden toistaminen noudattaa samaa periaatetta. Keskittynyt tahdonvoima, joka pyörii ajatuksen ympärillä, luo voimakkaan magneettisen voiman. Kun sellaisia lauseita kuin "Herra, Sinä olet minun, minä olen Sinun" tai "Herra, Sinä olet hänen kehossaan; hän voi hyvin" toistetaan uudestaan ja uudestaan yhä suuremmalla ajatuksen voimalla, se herättää eloon juuri sen asian, jota toistetaan.

Tämä periaate voi toiminnallaan tuottaa myös negatiivisen tuloksen, jos keskittynyt tahto pyörii jatkuvasti kielteisen ajatuksen ympärillä. Negatiivisella ajattelulla voi vakavasti vahingoittaa itseään tai muita ihmisiä. Mitä tässä maailmassa kylvää, sitä myös niittää; mitä ajatuksia eetteriin lähettää, sitä saa itselleen takaisin. Siksi Paramahansaji sanoi: "Varokaa ajatuksianne. Olkaa varmoja, että kylvämänne siemenet joudutte jonakin päivänä itse niittämään." Tässä piilee positiivisen ajattelun tärkeys, oikean ajattelun tärkeys – oman itsemme ja toisten hyväksi.

Ajatus on väkevin voima maailmassa

Ajatus on väkevin voima maailmassa. Jumalan ajatuksesta on syntynyt koko luomakunta. Mitään ei olisi olemassa ilman Häntä. Koska meidät on luotu Hänen kuvikseen, Hänen suurenmoinen voimansa asuu meissä jokaisessa. Ajattelumme ja tietoisuutemme ovat osa jumalallista älyä ja Jumalan tietoisuutta, jotka siis ovat jo meissä. Mutta meidän täytyy oppia hyödyntämään tuo sisäinen voimanlähteemme ennen kuin voimme ilmentää sitä.

Kun toistatte vahvistavia parannuslauseita itsenne tai muiden hyväksi, visualisoikaa Jumalan parantavan voiman suunnaton vahvuus valkoisena valona, joka ympäröi itseänne tai ihmistä, jonka puolesta rukoilette. Tunnette, miten se sulattaa pois kaiken sairauden ja viallisuuden. Jokainen ylevä ajatus, jonka ajattelemme, jokainen lausumamme rukous, jokainen tekemämme hyvä teko on täynnä Jumalan voimaa. Voimme ilmaista tätä voimaa yhä paremmin, kun uskomme vahvistuu ja rakkautemme Jumalaa kohtaan syvenee.

Olkaa varmoja, että jos päämääränne toteutuminen on viime kädessä korkeimmaksi hyväksi, kosmiseen lakiin ja jopa Jumalan tahtoon on mahdollista vaikuttaa rukouksen ja affirmaatioiden voimalla, mikäli ajatus

Rukouksen aika, antautumisen aika

on vahva ja usko täydellinen. Kun ihminen on syvästi uskoen ja hartaasti kaikin voimin rukoillut ja toistanut parannuslauseita mutta lopputulos on silti vastakkainen, silloin on aika sisäisessä rauhassa antautua Jumalan korkeampaan viisauteen. Mutta ennen kuin Jumala antaa lopullisen julistuksensa asiasta, Hän odottaa ihmisen käyttävän Häneltä saamaansa voimaa, tahtoa ja vahvuutta vastustaakseen kaikkea epätäydellistä tässä muuttuvassa, rajoittuneessa maailmassa.

Ihminen tarvitsee Jumalaa

*Self-Realization Fellowshipin kansainvälinen päämaja,
Los Angeles, Kalifornia, 24. maaliskuuta 1969*

Maailmassa, kuten myös ashramissa, ihminen voi saavuttaa kaikkein tyydyttävimmän elämän seuraamalla sisäistä hengellistä tietä. Kun hänellä on Jumala, hänen sydämensä ei kaipaa mitään muuta. Hän löytää kaiken, mitä on koskaan etsinyt tai halunnut, siitä täydellisestä tyytyväisyydestä ja täyttymyksestä, josta hän saa nauttia Jumalassa. Tällaisella palvojalla on vain yksi rukous: ettei tämä maailma enää harhauttaisi häntä. Löydettyään yhteyden Jumalaan, sen portin, jonka kautta hän pääsee pakenemaan keho- ja egotietoisuuden pienestä vankilasellistä sielun vapauteen, hän ei enää koskaan halua olla kahleissa.

Tämä ymmärrys egon kahlitsevasta luonnosta kehittyy sitä mukaa kuin pystymme luovuttamaan egon sen kaikkine rajoituksineen ja itsekkyyksineen Jumalan haltuun. Jumalan on mahdotonta päästä sisälle sellaisen ihmisen tietoisuuteen, joka jatkuvasti ajattelee "minä, minä, minä". Sellaisella, joka on täysin uppoutunut ajatukseen "minä", ei ole tilaa "Sinulle". Ensimmäinen päämäärä, jota kohti ponnistella, on luopua "minusta". Se ei ole yksinkertaista mutta muuttuu helpommaksi, kun alamme tuntea syvää kaipuuta Jumalaa kohtaan.

Hyvin usein tuo kaipuu herää kärsimyksen kautta.

Ihminen tarvitsee Jumalaa

En kuitenkaan pidä kärsimystä välttämättömänä hengellisellä tiellä. Monet tulkinnat Jeesuksen elämästä ja opetuksista käsittelevät surua ja kärsimystä hyveinä. Tämä ajatus on masentava. Jo nuorena tyttönä hylkäsin sen, kun se minulle esitettiin; en voinut kuvitella, että joku vapaaehtoisesti ja ilolla etsisi surua tai kärsimystä. Se ei ole realistinen tai käytännöllinen lähestymistapa Jumalaan, koska negatiiviset tilat eivät ole sielulle luontaisia. En olisi koskaan ryhtynyt harjoittamaan joogaa, jos olisin pitänyt sitä murheen polkuna! Uskoin, että Jumalan etsimisen tulisi lopettaa kaikki tuska ja suru. Vietettyäni nyt yli kolmekymmentä vuotta hengellisellä tiellä olen täysin varma, että Jumalan löytäminen ja yhteys hänen kanssaan todellakin lopettaa inhimillisen kärsimyksen.

Tämä ei tarkoita, etteikö hengellinen kilvoittelija kävisi läpi vaikeita vaiheita. On epärealistista ajatella, että etsiessämme Jumalaa Hänen tulisi poistaa tieltämme kaikki esteet. Hän tietysti voisi tehdä niin, mutta jos Hän tekisi, mistä saisimme voimamme? Lihas vahvistuu käytöstä. Toimeton käsi, joka roikkuu velttona sivulla, muuttuu vähitellen heikoksi ja kuihtuneeksi. Sama koskee ihmistä. Jos hän ei *sadhanansa* eli hengellisen etsintänsä aikana käytä ja harjoita uskon, omistautumisen, myötätunnon, kärsivällisyyden, antaumuksellisen rakkauden, uskollisuuden ja päättäväisyyden lihaksiaan – kaikkia niitä kehkeytymättömiä ominaisuuksia, jotka hänellä on sielussaan – hän ei koskaan muutu eikä vapaudu inhimillisistä heikkouksista ja rajoittuneisuudesta.

Vain rakkaus

Jumala ja ihminen etsivät pyyteetöntä rakkautta

Jumala on hyvin kärsivällinen lapsiaan kohtaan: Hän rakastaa meitä vailla ehtoja. Eikö se olekin juuri sitä rakkautta, jota kaipaamme Häneltä? Emme halua Jumalalta niin vähäistä rakkautta, että jos teemme jotain väärin tai emme aina pysty elämään korkeimpien ihanteidemme mukaisesti, Hän hylkää meidät. Myöskään rakkautemme Jumalaan ei tulisi olla niin haurasta, että jos erehdyksessä luulemme Hänen hylänneen meidät, niin itse hylkäämme Hänet. Sellainen rakkaus ei merkitse mitään. Haluamme rakkautta vailla ehtoja ja vailla loppua. Ja jos haluamme sitä itsellemme, meidän tulisi olla halukkaita antamaan itse sellaista rakkautta Jumalalle ja yrittää antaa sitä myös muille ihmisille tässä maailmassa.

Tiedän erittäin hyvin, epäilemättä monien aiempien elämien ja kokemusten ansiosta, että yksikään ihminen ei voi antaa minulle etsimääni. Kaikki se ihailu, ylistys, kehu ja rakkaus, jota joku ihminen voisi minulle suoda, ei voi olla tarpeeksi. Yksin Jumala pystyy tyydyttämään sieluni. Vain Hän pystyy täysin tyydyttämään syvän kaipuun meissä kaikissa.

Pitäkää kiinni Jumalasta; Hän pystyy auttamaan teitä

Meidän tulisi uskoa siihen, että mitä tahansa kokemuksia osaksemme tuleekin, niiden taustalla on Jumalan tahto ja siunaus. Niiden tarkoitus ei ole rangaista vaan vahvistaa meitä ja todistaa rakkautemme Häneen. Ainoa, joka alati johtaa elämäämme, on Jumala. Jos pidätte kiinni Jumalan kädestä, Hän pystyy

Ihminen tarvitsee Jumalaa

auttamaan teitä. Jos vedätte kätenne pois kaunan takia tai koska uskonne on heikentynyt, kun ette koe saavanne mitä maailma kutsuu reiluksi osuudeksi, voitte olla varmoja, että vetäydytte pois juuri kaiken etsimänne Alkulähteestä. Tämä suuri totuus on fakta, joka jatkuvasti osoittautuu todeksi.

Muistakaa, että saamme tässä maailmassa täsmälleen sen, mitä olemme itse antaneet. Jumala ei ole se, joka meitä rankaisee. Annamme itse syyn tuskallisille kokemuksille omilla väärillä teoillamme tässä ja menneissä elämissä. Syy on yhtä kuin seuraus, ja seuraus on yhtä kuin syy. Älkää koskaan epäilkö tätä hetkeäkään. Pyrkikää aina luomaan sellainen syy, josta aiheutuu haluamanne seuraus. Hienoin syy, jonka voimme panna liikkeelle, on aktiivinen, tietoinen, alati kasvava rakkaus Jumalaan. Yksin Hän voi antaa jokaiselle palvojalle tämän kaikkien toiveiden lopullisen täyttymyksen. Meidän ei tulisi koskaan kadottaa tätä totuutta näkyvistämme.

Jumalan miellyttämisen tulisi olla elämämme motiivi

Sanoilla, jotka kertovat omistautumisestamme Jumalalle, on pohjimmiltaan vain vähän merkitystä. Vain tekojemme kautta voimme todella ilmaista tunteemme Jumalaa kohtaan. Ehkä tämä selittää, miksi Raamatussa sanotaan, että ihminen tunnetaan töistään.[1] Ei ole merkitystä, vaikka kukaan ei osoittaisi

---

[1] "Niin te siis tunnette heidät heidän hedelmistään. Ei jokainen, joka sanoo minulle: 'Herra, Herra!', pääse taivasten valtakuntaan, vaan se, joka tekee minun taivaallisen Isäni tahdon." (Matt. 7:20–21.)

Vain rakkaus

arvostavansa sitä mitä teemme. Meidän ei tulisi koskaan tuntea tyytymättömyyttä, vaikka olisimme nähneet paljon vaivaa ollaksemme hyviä ja tehdäksemme hyvää, mutta kukaan ei huomaisi tai arvostaisi sitä. Olemme maan päällä tekemässä Jumalan työtä, ei ihmisen. Meidän tulisi tehdä jokainen tekomme antaumuksellisen rakkauden lahjana, jonka kunnioittavasti laskemme Hänen jalkojensa juureen. Olemme tekemisissä Jumalan kanssa elämämme jokaisena hetkenä kaikessa, mitä teemme. Hän on se Elävä Voima, joka johdattaa meitä ja ylläpitää meitä. Vain Hän on aina kanssamme ja tietoinen jokaisesta ajatuksestamme. Siksi on tärkeää, että ajatuksemme ovat aina mahdollisimman jaloja ja yleviä. Hänen miellyttämisensä tulisi olla motivaatiomme. Miellyttäessämme Jumalaa voimme toivoa, että elämämme ja palvelemisemme miellyttää myös Hänen lapsiaan.

Väärinkäsitykset ja niistä syntyvä tuska eivät herää niissä, joiden sydämet ovat puhtaita. Sydän voi hyvin vain silloin, kun emme hukkaa näkyvistä Päämääräämme – Jumalaa. Palvoja ei eksy tieltä, jos hän muistaa noudattaa askelia, jotka johtavat Päämäärään. Näitä askelia ovat alituinen Jumalan kaipuu, joka syntyy harjoittaen Hänen läsnäoloaan ja puhumalla Hänelle, päivittäinen meditaatio silloinkin, kun emme tunne halua siihen, sekä elämämme ja paveluksemme omistaminen Jumalalle koko sydämestämme.

Jumala ei tarvitse meitä, mutta me tarvitsemme Häntä epätoivoisesti. Me tarvitsemme Totuutta. Meidän on saatava kiinni Todellisuudesta tässä

Ihminen tarvitsee Jumalaa

suunnattomassa epätodellisuuden valtameressä ja tarrauduttava Todellisuuden lauttaan, kunnes saavumme turvallisesti äärettömän, ikuisen Jumala-tietoisuuden rannoille.

Miten päästä Jumalan suosioon

Satsanga niiden SRF-keskusten johtajien kanssa, jotka osallistuivat Self-Realization Fellowshipin maailmanlaajuiseen 50-vuotisjuhlakonvokaatioon. SRF:n kansainvälinen päämaja, Los Angeles, Kalifornia, 13. heinäkuuta 1970

Opetuksissaan Paramahansa Yogananda painotti, miten tärkeää on sukeltaa meditaation syvyyksiin, niin että löytää Jumalan viisauden, rauhan, rakkauden ja ilon helmet. Pitääkseen kiinni tästä aarteesta – näin Guruji selitti meille – kilvoittelijan tulee säilyttää sisäinen hiljaisuutensa muussakin elämässään. Seuraamme tätä neuvoa ashramissa. Tästä ei tule päätellä, että vietämme kaiken aikamme istuen hiljaa meditaatiossa; meillä on täällä paljon tekemistä. Mutta opimme elämään enemmän sisäisesti; opimme olemaan tuhlaamatta aikaa ja energiaa hyödyttömään ja joutilaaseen jutusteluun. Guruji sanoi toisinaan: "Kun ravistaa kannua, joka on vain puolillaan vettä, veden hölskyminen saa aikaan kovan, ontom äänen. Mutta jos kannu on ääriään myöten täynnä, se ei liikutettuna tuota mitään ääntä. Näin ihmisenkin tulee olla – ääriään myöten täynnä Jumala-tietoisuuden vettä." Kun mielen kannu on täynnä jumalallisia ajatuksia, ihmisellä ei ole halua puhua. Hän on mieluummin hiljainen tarkkailija, joka imee sisäänsä kaikkea hyvää ja kaunista ja pysyy erossa häiritsevistä, harhauttavista joutavuuksista.

Tämä tila ei ole hajamielisyyttä. Kukaan ei saanut olla Gurujin lähettyvillä tarkkaamaton. Hän opetti

Miten päästä Jumalan suosioon

meidät pysymään aina valppaina. Mutta aina kun aloimme tulla rauhattomiksi tai suuntautua liiaksi ulospäin, Paramahansaji muistutti meitä korkeasta päämäärästämme sanoen: "Pitäkää mielenne keskittyneenä Jumalaan." Miten monta kertaa, kun olin puhunut Gurun kanssa jostakin ongelmasta, kirjoitinkaan päiväkirjaani: "Mestari sanoi: 'Jätä se Jumalan haltuun; kaikki riippuu Hänestä.'" Paramahansaji ei tarkoittanut, että saavuttaaksemme kaikki tavoitteemme tässä maailmassa meidän tulee vain istua ja rukoilla, niin meille annetaan kaikki. Mitä jos sanoisimme tiedemiehelle, liikemiehelle tai kotiäidille: "Istu vain ja rukoile, Jumala tekee kyllä työsi"?

Guruji oli aina käytännöllinen. Opimme, että Jumala auttaa sitä, joka auttaa itseään. Luoja on suonut jokaiselle ihmiselle oman jumalallisen älykkyytensä kipinän, ja meidän odotetaan kehittävän omaa potentiaaliamme tätä älyä käyttämällä. Kun teemme askareitamme, meidän tulisi jatkuvasti rukoilla mielessämme: "Herra, minä ajattelen, minä tahdon ja minä toimin; mutta ohjaa Sinä minun ajatteluani, tahtoani ja toimintaani siihen oikeaan, mitä minun tulee tehdä." Se *toimii!* Tiedän tämän rukouksen tehon, koska sen mukaan Self-Realization Fellowshipin työ on jatkunut kaikkien näiden vuosien ajan.

Jumala on mitä helpoin tuntea

Jotkut etsijät valittavat, että Jumalaa on vaikea tuntea. Kuitenkin hänet on mitä helpoin tuntea, koska Hän ei ole erossa meistä, Hän ei ole koskaan ollut poissa luotamme. Jos Hän olisi, me emme olisi täällä;

meitä ei edes *olisi*. Jumala ei ole erottanut itseään meistä, vaan ihminen on erottanut itsensä Jumalasta. Kun ajatuksemme ovat kääntyneet ulospäin ja syventyneet rajoittuneen maailman moninaisuuksiin, irrottaudumme Hänestä. Tämä on yksinkertainen totuus. Miten saisimme tietoisuutemme takaisin Jumalan yhteyteen? Kun heräätte aamulla, älkää ajatelko ensimmäiseksi töitä. Ottakaa tavaksi herätä muutamia minuutteja aiemmin kuin mihin olette tottuneet, niin että voitte viettää vartin tai puoli tuntia meditaatiossa ja Jumalan kanssa, ennen kuin aloitatte päivän toimet. Unohtakaa tuona aikana kello ja maalliset velvollisuutenne. Jos teillä on kiire lopettaa meditaatio, ette ole riittävän vastaanottavaisessa tilassa tunteaksenne Jumalan läsnäolon. Luopukaa kaikista ulkoisista ajatuksista meditaation aikana; ajatelkaa vain Jumalaa. Puhukaa Hänelle sydämenne kielellä. Meditaation jälkeen tuokaa parhaan kykynne mukaan kaikkiin askareihinne se meditatiivinen rauha, jonka olette keränneet sydämeenne.

Jos tavoittelee ihmeitä, Jumala pysyy poissa

Lopulta, usein kun sitä vähiten odotatte, näette merkin Jumalan suloisesta vastauksesta. Tällä tavoin kasvamme Jumala-tietoisuudessamme. Se vaatii päivittäistä yrittämistä. Tietoisuus ei synny yhtäkkiä, niin että Jumala ilmestyisi pilvien keskeltä ja kirjoittaisi teille kultakirjaimin. Älkää odottako moisia ihmeitä, sillä niin kauan kuin tuollaista odotatte, Jumala pysyy poissa. Se on Hänen tapansa toimia.

Jos toivotte ihmeitä, ette kaipaa Jumalaa; haluatte Hänen vain todistavan teille olemassaolonsa. Sitä

Eräs Yogoda Satsanga -kouluista. Ranchi, Intia, 1972

"Lapset opettavat meitä: he opettavat meille itsekuria. Meidän on opeteltava loputonta kärsivällisyyttä ja kurottumaan oman itsemme ulkopuolelle, pois omasta itsekkyydestämme ja omien etujemme ajattelusta, jotta pystymme muokkaamaan lastemme elämää oikealla tavalla."

Banaras, 1961

"Voimme tehdä elämästä alati kiinnostavaa ja kertakaikkisen kiehtovaa, niin että lumoudumme kaikesta Jumalan luomasta. Miten? Välttäen katsomasta vain ulkokuorta, nähden Jumalan käden kaiken takana."

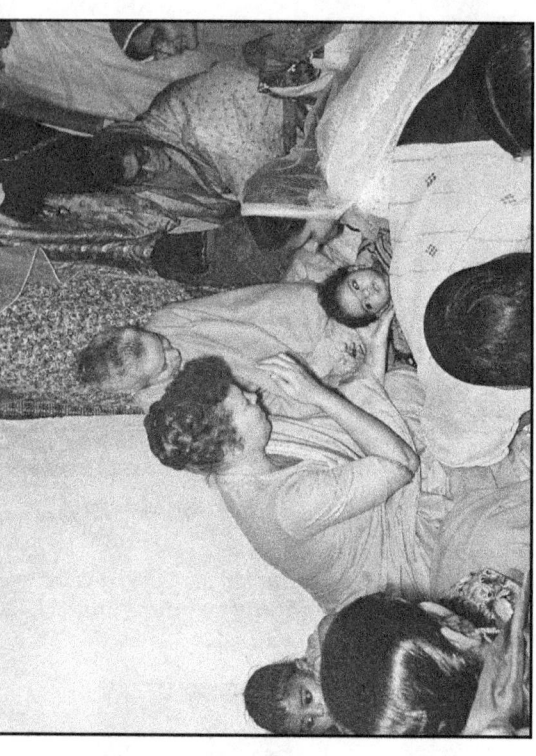

Johtamassa *samnyas*-seremoniaa
SRF:n/YSS:n munkeille. Ranchi,
Intia, 1968

Äiti tuo lapsensa Matajin siunattavaksi. Intia, 1961

"*Aina lukiessani ihanteellisesta rakkaudesta kahden ystävän tai vanhempien ja lasten tai miesten ja vaimojen välillä ajattelin: "Rakas Jumala, jos nämä ihmissuhteet voivat olla näin suloisia, miten paljon suloisempi täytyykään olla suhteen Sinuun, josta nämä rakkauden eri muodot virtaavat!"*"

Miten päästä Jumalan suosioon

Hän ei tee. Antakaa Hänelle sydämenne vilpittömästi, luottakaa Häneen koko sydämestänne, vailla ehtoja. Silloin Hän antaa itsensä teille. Hän ei koskaan saavu niin kauan kuin odotatte Häneltä vain ihmetekoja.

Ilmiömäiset kokemukset eivät välttämättä kerro hengellisestä edistymisestä. Syvästi vilpitön palvoja pikemminkin rukoilee, ettei Jumala lähettäisi hänelle tällaisia kokemuksia, koska hän tietää, että ne voivat johdattaa kovasti harhaan hänen todellisesta päämäärästään – Jumalasta. Hengelliset erikoisilmiöt eivät lisää palvojan rakkautta Jumalaa kohtaan vaan ennemminkin halua siihen, että Hän jatkuvasti todistaisi olemassaolonsa. Monet jalot sielut ovat langenneet ylevästä tilastaan, koska etsiessään ihmeitä he kadottivat Herran näkyvistään. Jos Paramahansaji näki palvojan eksyvän näin, hän varoitti tätä: "Tuo tie vie harhaan. Kaipaa Jumalaa ja rakasta Häntä yksin Hänen takiaan. Silloin Hän vastaa sinulle." Näin on tapahtunut omassa elämässäni. Olen rukoillut Jumalaa: "En halua Sinulta mitään, Herra; en tarvitse todisteita. Mutta pyydän Sinulta yhtä ihmettä: lupaa minulle, että tapahtuipa elämässäni mitä hyvänsä – vaikka saisin osakseni millaisia velvollisuuksia tai koettelemuksia – en koskaan menetä kaipuutani Sinuun. Jos se kaipuu katoaa minusta, en pysty elämään." Haluan kaivata Jumalaa alituiseen, koska kaipuun takia Hän on jatkuvasti sydämessäni. Näin palvoja tuntee.

Oivallus, joka kohottaa luonnon verhoa

Voimme tehdä elämästä alati kiinnostavaa ja kertakaikkisen kiehtovaa, niin että lumoudumme kaikesta

Vain rakkaus

Jumalan luomasta. Miten? Välttäen katsomasta vain ulkokuorta, ja nähden Jumalan käden kaiken takana. Katsokaa kukkia: miten lumoavaa niiden kauneus onkaan, miten suurenmoista on, että pienistä samankaltaisilta näyttävistä siemenistä kasvaa niin moninaisen kauniita muotoja. Sen ihmeellisyys on huumaavaa.

Useimmat ihmiset elävät pinnallisella tasolla. He eivät ajattele mitään syvällisesti ja etsivät jatkuvasti vain uusia aistielämyksiä. Seurauksena on, että elämästä tulee kyllästyttävää ja tyhjää. Tämä hengellinen pahaolo on nykymaailmassa yleistä.

Paramahansa Yogananda opetti meidät antamaan arvoa hiekanjyvällekin – ei ole kahta samanlaista – ja huomaamaan kukkaset ja puut sekä arvostamaan niiden kauneutta. Häneltä opimme pitämään mitä suurimmassa arvossa kaikkea Jumalan luomaa ja näkemään aineellisten muotojen takana niiden Luojan. Kun ihminen oppii elämään tässä hengessä, hän huomaa tähän asti näkymättömän kauneuden luonnossa. Hän näkee Jumalan käsialan sinisen taivaan laajuudessa. Tämä oivallus, joka kohottaa luonnon verhoa ja paljastaa Jumalan, syntyy jatkuvasta Jumalan läsnäolon harjoittamisesta. Kaikki elämässä, kaikki elämän paljous ja moninaisuudet, voidaan loppujen lopuksi tiivistää Yhteen Ainoaan. Jumala on koko luomakunnan ja koko ihmiskunnan Yhteinen Nimittäjä. Pitäkää Hänet aina ajatuksissanne riippumatta siitä, mitä teette. Tätä tarkoittaa *karma*-jooga kuten myös *bhakti*-jooga.[1]

---

[1] *Bhakti*-jooga on sellainen hengellinen lähestymistapa Jumalaan, joka painottaa täydellisesti antautuvaa rakkautta keinona olla yhteydessä Jumalaan ja yhtyä Häneen.

Karma-joogin asenne

Karma tarkoittaa "toimintaa". *Karma*-jooga on tie, jonka avulla pieni itse yhdistyy Jumalaan epäitsekkään toiminnan kautta. Jos haluaa tuntea Jumalan tässä maailmassa, on pyrittävä aina tekemään sitä, mikä on oikein, hyvää ja rakentavaa. Kuten Paramahansaji sanoi: "Ajatelkaa aina, että kaiken mitä teette, teette Jumalalle."

Jokaisella on omat velvollisuutensa toimitettavana; ne olemme saaneet Jumalalta ja karman lain kautta aiempien tekojemme seurauksina. Ihmisen on täytettävä nämä velvollisuudet välttelemättä niitä ja tehtävä parhaansa uskoen samalla täysin Jumalan viisauteen ja ohjaukseen. Kun ihminen toimii itselleen, hän samaistuu oman pienen egonsa kanssa. Mutta kun hän luovuttaa kaiken Jumalalle, hän oivaltaa synnynnäisen ykseytensä Hengen kanssa. Täydellisyyteen voi päästä *karma*-joogan avulla vain, jos omistaa kaikki tekojensa hedelmät Jumalalle. Tämä on hyvin tärkeä asia muistaa.

Olemme täysin riippuvaisia Jumalasta

Miksi ihminen hetkellisenä ja kuolevaisena olentona ajattelisi, että hänellä on automaattinen oikeus tämän maailman asioihin? Hän ei edes tiedä, miksi on tullut maan päälle eikä milloin hän joutuu jättämään sen. Olemme kaikki täysin riippuvaisia Jumalasta, joka on tuonut meidät tänne. Olemme maan päällä suorittaaksemme Jumalan antamat velvollisuudet parhaan taitomme mukaan ja laskeaksemme niiden tulokset Hänen jalkojensa juureen. Jumala ylläpitää meitä olemassaolomme jokaisena hetkenä, ei vain nyt vaan läpi koko ikuisuuden. Miten surullista on, kun ihminen hylkää Hänet, joka antaa hänelle elämän!

"Antakaa Jumalalle kaikki", Guruji sanoi, "jopa vastuu teoistanne. Hän haluaa teidän antavan vastuun Hänelle, sillä Hän on kaiken todellinen Tekijä teidän kauttanne. Olette yrittäneet ryövätä Häneltä sekä omien tekojenne hedelmät että vastuun niiden tekemisestä." Aamuin, päivin ja illoin tavallinen ihminen on uppoutunut ajatukseen "minä, minulle, minun". Tähän verrattuna – miten vaikuttavaa, miten inspiroivaa Gurumme suloinen nöyryys! Kun joku kehui häntä, sanomattoman kaino hymy häivähti hänen kasvoillaan, ja hän sanoi: " Tekijä on Hän, en minä."

Paramahansaji opetti: "Kun tämä 'minä' kuolee, saan tietää, kuka olen." Kun ego-tietoisuus katoaa, ihminen pystyy todella elämään uuden oivalluksen mukaan: "Herra, jos teen jotain hyvää tässä maailmassa, se johtuu Sinusta. Anna minulle anteeksi tekemäni virheet ja auta minua toimimaan paremmin ensi kerralla."

Älkää koskaan pelätkö Jumalaa

Jumala ei kostonhimoisesti rankaise meitä inhimillisistä virheistämme. Hän on hyvin anteeksiantava, rakastava ja hyväntahtoinen Herra. Älkää koskaan pelätkö Jumalaa. Jo lapsena vastustin filosofista näkemystä kostonhimoisesta Jumalasta. En pystynyt hyväksymään Jumalaa, joka rankaisi ankarasti lapsiaan heidän virheistään, heidän synneistään. Voiko sellaista

Miten päästä Jumalan suosioon

isää rakastaa? Lapsi pelkää ja välttelee vanhempaa, joka vihoissaan lyö tai piiskaa häntä kun hän tekee väärin. Olemme kuin lapsia Jumalan edessä. Hän tuntee inhimilliset heikkoudet ja ihmisen alttiuden *mayaan*, Hänen kosmiseen harhaansa. Jo ennen kuin teemme väärin, Hän tietää sen. Kun erehdymme, meidän tulisi tunnustaa virheemme ja mennä Hänen luokseen kuin lapsi pyytämään anteeksiantoa ja Hänen siunaustaan, että huomenna pystymme toimimaan paremmin. Kun otamme tavaksi kommunikoida Jumalan kanssa tällä tavalla, suhteemme Häneen syvenee. Siinä läheisyydessä, joka perustuu rakkauteen ja palvojan vilpittömään yritykseen toimia paremmin, Jumala ei rankaise lastaan.

Muistuttakaa Jumalaa Hänen vastuustaan vaikeuksissanne

Jumala loi tämän suuren harhan, jossa ihminen velloo. Muistuttakaa Häntä, että se on Hänen vikansa. Jos Hän ei olisi luonut *mayan* kosmista harhaa, emme saisi vaikutteita, jotka saavat meidät käyttäytymään väärin. Kun olemme huomauttaneet Hänen vastuustaan omissa vaikeuksissamme, meidän tulisi sitten pyytää Jumalaa antamaan meille voimaa repäistä syrjään harhan verho, jotta voisimme aina nähdä, mikä on Totuus. Meidän ei pitäisi välittää siitä, mitä muu maailma tekee, eikä edes siitä, hyväksyykö se meidät vai hylkääkö. Meidän tulisi aina haluta vain Totuuden oivaltamista ja sen mukaan elämistä.

Joku ei kenties ole maailman silmissä suosittu, mutta maallisen tunnustuksen saaminen ei olekaan

Vain rakkaus

syy, miksi hän on täällä. Hänen on tarkoitus pyrkiä pääsemään Jumalan suosioon, tulla Jumalan hyväksymäksi. Meidän tulisi elää Herran, ei ihmisen, normien mukaan. Katsokaa mitä Jumalan luomakunnalle on tapahtunut, kun elämme maallisia normeja noudattaen! Yhteiskunta on sellaisessa tilassa, että emme luota valtiomiehiin, emme poliitikkoihin, emme opettajiin, emme vanhempiimme, emme nuorisoon – kukaan ei luota kehenkään. Mikä traaginen tila! Miten aiomme korjata asian? Meidän tulee aloittaa luottamalla Jumalaan. Usko Luojaamme ja elämän varsinaisen Alkulähteen muistaminen jatkuvasti on se, mikä meiltä puuttuu.

Ihmisen on vallattava takaisin menettämänsä jumalallinen perintö. Kuin tuhlaajapoika Jeesuksen vertauskuvassa, ihminen on karannut lapsi, jonka olisi syytä yrittää palata takaisin Taivaallisen Isän hoteisiin. Meidän ei tarvitse pukeutua maailmasta luopuneen okranväriseen kaapuun. Todellinen yksinkertaisuus ja vapaus ovat sydämessä. Siellä Jumala hiljaa seuraa meitä, hiljaa johdattaa meitä. Siellä, tuntien rakkautta ja antaumusta, ihmisen on otettava tavaksi puhua Hänen kanssaan.

Kilvoittelijan tulisi myös omaksua neutraali asenne elämää kohtaan. Tämä ei tarkoita tunteetonta välinpitämättömyyttä. Paramahansaji sanoi: "Sen sijaan, että elättelette loputtomia mielihaluja, jotka eivät aina tuo onnea, ajatelkaa elämää näin: 'Herra, olet asettanut minut tähän kehoon. En pyytänyt saada syntyä. Sinä uneksit minun olemassaoloni.'" Toisin sanoen ymmärtäkää, että te itse olette – samoin kuin kaikki

Miten päästä Jumalan suosioon

muutkin elämänmuodot – pelkästään Jumalan tiivistyneitä tai materialisoituneita ajatuksia. Kaikki mitä me olemme, kaikki mitä meillä on, kuuluu Hänelle. Itsestämme emme ole mitään. Hänessä meillä on kaikki; Hänessä me olemme kaikkea. Tässä tietoisuudessa tehkäämme hyvää ja nauttikaamme tämän elämän hyvistä hedelmistä.

Hengellisen edistymisen salaisuudet

*Self-Realization Fellowshipin ashramkeskus,
Encinitas, Kalifornia, 25. toukokuuta 1967*

Hengellisiä tapoja omaksuessamme on tärkeää, että meillä on hengellisiä tienviittoja. Paramahansa Yogananda sanoi, että hän ei pidä säännöistä, mutta alussa ne ovat tarpeellisia Jumalaa etsivälle. Sitten kun on oppinut käyttäytymään, säännöt ovat tarpeettomia.

Swami Sri Yukteswarjin viisauden valossa tulkittuna "käyttäytymään oppiminen" tarkoittaa oikeaa asennetta ja toimintaa, jotka syntyvät rikkumattomasta yhteydestä Jumalaan. Kun olemme aina Jumalatietoisuudessa, emme tarvitse enää sääntöjä. Siihen asti niiden antama kuri on välttämätöntä. Meidän ei tulisi pitää hengellisiä sääntöjä rajoittavina. Ne ovat ystäviä, jotka johdattavat meitä ja kanavoivat energiamme, ajatuksemme ja tekomme rakentavalla tavalla, joka johtaa kohti Jumalaa.

Voimme parhaiten ymmärtää sääntöjä ja olla halukkaita seuraamaan niitä, jos muistamme, että oikeanlaisen käytöksen voi määritellä näin: *teemme, mitä meidän pitää tehdä, silloin kun se on tehtävä.* Ihminen, joka on oppinut tämän oikean käyttäytymisen taidon, ei tarvitse sääntöjä. Silti hän seuraa edelleen samoja periaatteita kuin aiemminkin ilman minkäänlaista rajoittuneisuuden tunnetta. Esimerkiksi meillä on ashrameissa sääntönä osallistuminen päivittäiseen ryhmämeditaatioon. Kun ihminen saavuttaa ymmärryksen ja kyvyn "tehdä, mitä hänen pitää tehdä, silloin kun se on tehtävä", tämä sääntö ei ole hänelle enää sääntö. Hän noudattaa sitä automaattisesti, koska oikeasta käyttäytymisestä on tullut tapa ja koska se on elämäntapa, jota hän haluaa seurata. Hän *haluaa* olla Jumalan kanssa.

Jos veden antaa valua maan pinnalla miten vain, se on tuhoava voima. Hyödyntääkseen veden voimaa ihmisen on ensin rakennettava pato säätelemään sen virtausta ja suuntaa. Silloin veden voima valjastetaan rakentavalla tavalla. Hengellisissä ponnisteluissa on sama tilanne. Jos ne kanavoidaan, ne ovat rakentavia. Viisaat säännöt eivät estä meitä, vaan pikemminkin vievät meidät haluamaamme suuntaan mutkattomasti ja säädellysti. Hengellisellä tiellä ne ovat olennainen osa elämää.

Self-Realization Fellowshipin oppilaiden tulisi ottaa Paramahansa Yoganandan periaatteet "säännöikseen" tai tienviitoikseen ja seurata sitä hengellistä rutiinia, jonka hän määritteli. He saavat huomata, miten tehokkaasti heidän ponnistuksensa suuntautuvat kohti Jumalaa. Listan kärjessä on sääntö päivittäisestä meditaatiosta, jota tasapainottaa oikea toiminta.

Palvelemisen ja meditaation välinen ristiriita

Tämä kysymys nousee usein mieleen, jos vakavissaan etsii Jumalaa: "Mikä on palvelemisen ja meditaation välinen suhde? Mikä on velvollisuuteni – rakentava toiminta vai meditaatio?" Pohjimmiltaan kaikkein korkein toiminnan muoto on meditaatio.

Vain rakkaus

Siksi sitä ei tulisi unohtaa, vaikka palvojan muut velvollisuudet hieman kärsisivätkin sen seurauksena. Jumala on sekä aktiivinen että ei-aktiivinen. Ilman Hänen toimintaansa ei olisi luomakuntaa. Samalla Hän on kuitenkin kaiken luomakunnan ulkopuolella oleva Absoluutti, Hän on ikuisesti hiljaa. Jos me olemme sieluja, jotka on luotu Hänen kuvakseen – ei hiukkaakaan vähempiä kuin Hän itse – silloin meidänkin luontomme on sekä aktiivinen että ei-aktiivinen. Jokaisen Jumalaa etsivän päämäärä on oppia yhdistämään nämä kaksi ominaisuutta elämässään.

Ihanteellista on, jos tällaisella ihmisellä on tarmoa, tahdonvoimaa, päättäväisyyttä ja antaumuksellista rakkautta istua hiljaa paikallaan kahdeksan, kymmenen tai kaksitoista tuntia päivässä syvässä meditaatiossa. En tarkoita pelkkää hajamielistä istumista, jolloin välillä nukahtaa ja sitten taas havahtuu, vaan syvää meditaatiota. Mutta ellei etsijä ole jo saavuttanut korkeaa hengellisen edistymisen tasoa, hän ei pysty pitäytymään meditatiivisessa tilassa näin pitkiä aikoja. Keskivertoihmiselle työ, joka suoritetaan palveluna Jumalalle, on siksi yhtä lailla välttämätöntä hengellisellä tiellä. Kilvoittelijan halun tulisi suuntautua ennen kaikkea meditaatioon, siitä ei ole epäilystäkään. Mutta tuohon haluun pitäisi yhdistää myös epäitsekkään toiminnan henki.

Bhagavadgitassa sanotaan, että meidän on opeteltava olemaan aktiivisia, ei itseämme vaan Jumalaa varten, ja että meidän tulee yhdistää toiminta meditaatioon. Tämä on sen filosofian pääsisältö, jota Herra Krishna opettaa Arjunalle *Gitassa*. Niin kuin ei juuri kukaan tässä kiireisessä maailmassa, en minkään ole koskaan voinut olla täysin vapaa askareista. Mutta heti alussa tein päätöksen, että täyttäisin jokaisen vapaahetken Jumalalla. Tämä on olennaista: olla aktiivinen Jumalaa varten, tehdä kaikki Hänelle ja käyttää vapaahetket vain Hänen ajattelemiseen. Tämä on oikea keino tasapainottaa ja yhdistää aktiivisuuden ja ei-aktiivisuuden periaatteet omassa elämässään.

Eräs tarkkanäköinen opiskelija kysyi minulta kerran: "Eikö ole kyse eräänlaisesta kiusauksesta, jos innostuu lopettamaan meditaation tai lyhentämään sitä tai jättämään sen kokonaan väliin suorittaakseen jonkin tehtävän?" Kyllä, näin on. Meillä on tiettyjä velvollisuuksia – emme voi olla huomioimatta niitä – mutta usein teemme askareita, jotka voisimme hyvin tehdä vasta myöhemmin, sitten kun olemme täyttäneet velvollisuutemme meditoida. Lisäksi, aina kun olemme suorittaneet askareemme ja heti kun ajattelemme meditaatiota, meidän tulisi työntää sivuun kaikki muu tekeminen ja meditoida. Illan ja yön tunnit tulisi käyttää tähän, jotta oppisimme tuntemaan Jumalan.

Meditaatio on tärkein velvollisuutemme

Muut velvollisuudet hoidettuamme meidän tulisi ottaa tavaksi vetäytyä yksinäisyyteen ja meditoida syvästi. Tällä tiellä meidät opetettiin vaalimaan tätä tapaa hyvin varhain. Minulle oli paljon apua seuraavasta: kerran viikossa lopetin askareeni ashramissa kello viisi, jätin illalliseni syömättä ja vetäydyin huoneeseeni meditoimaan. En noussut ylös paikaltani ennen kuin keskiyöllä. Sanat eivät voi kuvata sitä

Vain rakkaus

hengellistä lujuutta, sitä taivaallista siunausta, minkä sain tästä tavasta. Jokainen, joka hartaasti seuraa tätä periaatetta ja näkee oikeasti vaivaa antaakseen aikaa Jumalalle, huomaa edistyvänsä hyvin nopeasti.

Meditaatio on tärkein velvollisuutemme. Se luo suhteen Jumalaan, mikä puolestaan antaa merkityksen kaikelle muulle elämässämme. Siksi meidän tulisi ensin meditoida, sitten suorittaa muut tehtävämme. Usein kun laistamme meditoinnista yritämme tekosyin perustella, miksi emme meditoi. Liian usein yritämme järkeillä: "Miksi en luopuisi tehtävistäni ja vain meditoisi?" tai "Minulla on liikaa tekemistä eikä siksi aikaa meditoida." Näin me järkeilemme, kun kaipaamme tekosyitä sille, miksi emme tee töitä tai emme meditoi. Jos ihminen todella kaipaa Jumalaa, hän ei anna minkään asettua tielleen. Hänellä saattaa olla velvollisuuksia ja hänen tulee hoitaa ne. Mutta hän ei hyväksy ajatusta, että nämä tehtävät rajoittavat hänen Jumalan etsimistään. Tämä on oikea asenne.

Jumalan etsiminen ja löytäminen vaatii suunnatonta tahdonvoimaa ja itsekuria. Me emme saavuta Korkeinta Aarretta pelkästään muutamalla puolivillaisella rukouksella tai parilla hyvällä työllä. Saavutamme Aarteen itsekurilla sekä tahdonvoimalla, jonka suuntaamme meditaatioon ja oikeaan toimintaan, oikeaan tapaan hoitaa velvollisuutemme.

Ihminen ei voisi käyttää älyään, hän ei pystyisi nostamaan sormeaankaan, jos Jumala ei antaisi hänelle voimaa tehdä niin. Siksi Jumala itse on Tekijä. Me olemme pelkästään Hänen välineitään. Kun pitää kiinni tästä oivalluksesta suorittaessaan tehtäviään, toiminnasta tulee eräs meditaation muoto. Miten ajattelee, sellaiseksi tulee. Meditaatio, sisäinen yhteys Jumalaan, on tila, jota voi soveltaa kaikkeen toimintaan ja tehtäviin elämässämme.

Muutos ajattelussamme tuo Jumalan lähemmäksi

Koska Jumala on, mekin olemme. Hän on elämän ainoa periaate; Hänen ulkopuolellaan ei ole mitään. Tästä seuraa loogisesti, että meidän täytyy olla osa Hänestä. Erillisyyden tunne Jumalasta on harhaa. Voimme murtaa tämän harhan muuttamalla ajatteluamme. Riippumatta siitä, mitä teemme, mieli ajattelee aina jotain. Ajatelkaa siis mielessänne Jumalaa ja puhukaa hänelle sisäisesti.

Kun esimerkiksi pidätte ulkoisesti huolta kehostanne, ajatelkaa sisäisesti: "Tämä keho on Jumalan temppeli. Minulla ei ole sen kanssa mitään tekemistä, paitsi että pidän siitä huolta Häntä varten, jotta Hän voi käyttää sitä haluamallaan tavalla. Miten Hän sitä hyödyntää tai huolehtiiko Hän siitä, on Hänen asiansa, ei minun. Pidän huolta tämän kehon terveydestä – en siksi, että se kiinnostaa minua tai koska olen sen sitoma tai koska haluan pitää siitä kiinni, vaan koska haluan ylläpitää sitä Häntä varten."

Kun velvollisuuksiemme keskellä pyrimme pitämään mielemme Jumalassa, emme tietenkään saisi olla hajamielisiä. Mutta silloin tällöin meidän tulisi mielessämme sanoa: "Herra, jos tämän välineen läpi ei virtaisi Sinun voimasi ja älykkyytesi, en pystyisi tekemään mitään." Kun palvoja syvässä meditaatiossa luo sisäisen yhteyden Jumalaan, hänen mielensä voi

Vain rakkaus

olla uppoutunut Jumalaan ja hän pystyy puhumaan Hänen kanssaan sisäisesti riippumatta siitä, mitä on tekemässä. Tätä Paramahansa Yogananda ilmaisee kauniissa runossaan "Jumala! Jumala! Jumala!": "Valveilla, syödessä, työssä, unelmoidessa, nukkuessa, palvellessa, meditoidessa, laulaessa, jumalallisesti rakastaessa [kaikkia lähimmäisiäni], sieluni hyräilee alati kenenkään kuulematta: 'Jumala! Jumala! Jumala!'" Paramahansaji eli koko elämänsä tällä tavalla. Se on mahdollista. Kun muistaa Jumalan jatkuvasti, eräänä päivänä Hän yhtäkkiä vastaa meille. Mikä riemu tulviikaan silloin koko olemukseemme! Se riemu tukee palvojaa hengellisellä tiellä.

Suorittakaa tehtävänne innolla, valittamatta

Meidän ei tulisi koskaan valittaa suorittaessamme velvollisuuksiamme. Meidän tulisi hehkua innostuksesta joka hetki riippumatta siitä, millaisia tehtäviä osaksemme tulee. Jos marisemme ja olemme negatiivisia, suljemme pois Jumalan voiman ja yhteytemme Häneen. Kun teemme parhaamme, meidän tulisi pysyä aina positiivisina ja iloisina ja tuntea, että antaudumme Jumalalle. Se suo meille rauhan ja tyyneyden, jota mikään muu tässä maailmassa ei voi antaa. Meidän täytyy olla myös halukkaita. Meidän tulee tarkkailla motiivejamme, ettemme yritä pettää itseämme vältellessämme jotakin tehtävää. Vaikka pystymme antamaan mitä loogisimman syyn sille, että sanomme "Ei", tiedämme milloin sanomme sen oikeasti siksi, koska emme halua tehdä tätä asiaa. Kun sanomme "Ei", tiedämme milloin meillä on salaa negatiivinen asenne.

Hengellisen edistymisen salaisuudet

Meidän tulisi työskennellä innolla ja luovasti täyttääksemme velvollisuutemme ja palvellaksemme Jumalaa. Emme kuitenkaan saisi tuntea ylpeyttä saavutuksistamme. Tietysti olemme onnellisia, jos teemme jotakin hyvin. Kaikki haluavat saada tyydytystä tekemisistään. Siinä ei ole mitään pahaa. Mutta meidän on vältettävä egoistista ajatusta *"minä tein sen"*. Tässä ylpeys astuu mukaan kuvaan. Kun joku kehuu meitä, meidän tulisi välittömästi antaa sisäisesti Jumalalle tunnustusta: "Herra, tiedän että Sinä olet Tekijä. Vain omaan varaani jätettynä en tietäisi mitään, en osaisi mitään. Jos pystyn saavuttamaan jotain hyödyllistä tässä elämässä, se johtuu pelkästään siitä älykkyydestä ja uskosta, jotka Sinä olet minulle suonut." Näin annamme kiitoksen Jumalalle, jolle se kuuluu. Silloin emme voi tuntea itsekästä ylpeyttä.

Sieluina kaikki ovat samanarvoisia

On toinenkin tapa välttää ylpeyttä: oivaltaa, että olemme kaikki samanarvoisia Jumalan edessä. Hänen silmissään kukaan ei ole suurempi tai vähäisempi. Kuoleman hetkellä irtaudumme kaikista aineellisista saavutuksistamme. Missä sitten piilee niiden merkitys? Jumalaa ei kiinnosta, onko joku suuri tiedemies, suuri puhuja tai suuri kirjailija tai onko hän kerännyt arvostusta tämän maailman mittapuiden mukaan. Tällaiset saavutukset eivät anna meille mitään merkittävää hengellistä tietoa. Sielun oivaltaminen on ainoa saavutus, jolla on pysyvää arvoa ja joka ei katoa kuollessamme. Hengelliset periaatteet tasoittavat egoa kummasti!

Vain rakkaus

Yksi syvästi kunnioittamistani piirteistä gurussamme Paramahansa Yoganandassa oli se, että hän kohteli kaikkia sieluina. Hän ei asettanut joitakuita ylemmäksi tai alemmaksi heidän kykyjensä tai statuksensa mukaan. Kukaan ei voinut lahjoa häntä vallallaan tai asemallaan. Hänen ainoa mittansa oli: "Rakastatko Jumalaa ja haluatko löytää Hänet?" Vain tällä oli hänelle merkitystä. Jeesus tarjosi esikuvan samasta: Hänen opetuslapsillaan ei ollut suurta maallista oppia tai saavutuksia. Kaksitoista apostolia saivat tehtäväkseen levittää sanaa, joka on kestänyt jo kaksituhatta vuotta. He olivat peräisin mitä yksinkertaisimmista oloista; jotkut olivat vain kalastajia. Ei siis ole tärkeää, mitä ihminen on saavuttanut maailmassa, vaan mitä hän saavuttaa pyrkimyksessään tuntea Jumala, yrityksessään päästä yhteyteen Jumalan kanssa.

Viimeisenä vaan ei vähäisimpänä: jokaisen tulisi suorittaa kaikki toimintansa suurimmalla mahdollisella älyllä ja taidolla. Meidän ei kuitenkaan pidä takertua työmme tuloksiin. Näin *Gita* opettaa. Kun opimme tekemään kaikki tehtävämme innolla mutta silti olemaan kiintymättä tuloksiin, saavutamme suunnattoman henkisen vapauden.

Ainoa hyvä on Jumala

Jumalaa vakavissaan etsivä oivaltaa, että kaiken mitä hän on koskaan halunnut ihmissuhteista tai tästä maailmasta, hän saa Yhdeltä Ainoalta. Jumalalta hän saa kaiken kehun ja rohkaisun, jota hänen sielunsa kaihoaa. Jumalalta hän saa kaiken rakkauden, jota hänen sielunsa on kaivannut kaikissa inkarnaatioissaan.

Hengellisen edistymisen salaisuudet

Jumalalta hän saa kaiken viisauden, ymmärryksen ja onnen, jota hän on etsinyt muilta ihmisiltä ja tämän maailman asioista. Ainoalta Absoluutilta hän saa voimaa seistä yksin, horjumatta vastoinkäymisten edessä. Tällaista voimaa ja itsenäisyyttä jokainen meistä kaipaa, koska sielumme tietää, että Jumalan kuvaksi luotuna se on itsenäinen ja kaikkivoipa ja siksi sille on suotu Hänen ominaisuutensa. Ihmisen kärsimys johtuu hänen sielunsa tuskasta, joka syntyy, kun se ei pysty ilmaisemaan kaikkivoipaisuuttaan. Ihmisen itselleen asettamat rajoitteet ovat näkymättömiä köysiä, joilla hän on kahlinnut sielunsa.

Meditaatio vapauttaa sielun näistä kahleista. Oikea toiminta ilmentää sielun vapautta ja täydellistä, riemullista olotilaa.

Sopiiko Jumalan meditointi moderniin elämään?

Tiivistelmä puheesta. Self-Realization Fellowshipin kansainvälinen päämaja, Los Angeles, Kalifornia, 12. helmikuuta 1970

Tärkein päämäärämme on se, jonka koemme meditaatiossa – ei puhuttu sana, ei kirjoitettu sana. Totuudet, joita Paramahansa Yogananda ja kaikki muut suuret ovat aikojen saatossa opettaneet, eivät ole tarkoitus sinällään. Ne toimivat vain kultaisina sääntöinä, jumalallisina normeina tai lakeina, joiden kautta pääsemme välittömästi kokemaan autuaan, rakastavan ja huumaavan suhteen Jumalaan. Älkää koskaan antako puhutun tai kirjoitetun sanan tulla tämän syvän oivalluksen tielle. Tämä tarkoittaa, että meidän ei tulisi kadota sanoihin vaan *kokemukseen*, oivallukseen niistä totuuksista, joita sanat kuvaavat. Liian monet ihmiset syventyvät totuuden älylliseen ymmärtämiseen ja unohtavat sen perimmäisen tarkoituksen.

Joku on esittänyt tämän kysymyksen: "Meditoin kerta toisensa jälkeen ja saavutan jonkinlaisen rajapyykin, josta en pääse eteenpäin. Joskus tuntuu siltä, että tietoisuuteni alkaa laajeta, mutta heti kun palaan päivittäisiin askareihini, yhteys Jumalaan katkeaa. Meditaation suomista kokemuksista ei ole vielä tullut osa arkipäivän elämääni. En ole löytänyt vastausta kysymykseeni, onko länsimaisen ihmisen kiireinen

Sopiiko Jumalan meditointi moderniin elämään?

elämä yhteensopiva meditaation kanssa. Jokin tunne sanoo minulle, että Jumalan voi käsittää vain syvimmässä hiljaisuudessa ja rauhassa. Mutta miten sen voi saavuttaa, kun on samalla palveltava kanssaihmisiään kiireisessä arkielämässä?"

Yhdistäkää meditaatio oikeaan toimintaan

Lukiessamme *Bhagavadgitaa* ja Jeesuksen sanoja Raamatusta opimme, että todellinen tie Itseoivallukseen on sellainen, jossa meditaatio ja oikea toiminta yhdistyvät. Kumpikin on välttämätöntä, jotta voimme kokea jumalallisen tietoisuuden.

Kun vuosia sitten tulin ensi kertaa ashramiin, minulla oli yksi unelma: omistaa niin monta tuntia päivässä kuin mahdollista pitkään ja syvään meditaatioon. En ajatellut mielessäni, että joutuisin tekemään järjestön töitä. Palvelin keittiössä, puutarhassa ja toimistossa sekä tein myös töitä Gurujin sihteerinä. Tein kaiken, mitä minulta pyydettiin, mutta en halunnut muuta kuin päästä Jumalan tykö, saada jumalallinen yhteys Häneen niin pian kuin vain mahdollista. Mutta huomasin, että usein kun yritin pysyä vain meditatiivisella tasolla, Mestari veti minut takaisin työn pariin. Tämä vaivasi minua pitkään, kunnes eräänä päivänä hän sanoi: "Sinun täytyy ymmärtää: Jumalan etsiminen tarkoittaa myös Hänen palvelemistaan ihmiskunnan kautta. Et voi täysin uppoutua Hänen jumalalliseen tietoisuuteensa, ennen kuin olet oppinut tasapainottamaan elämässäsi meditaation ja oikean toiminnan."

Guruji ei tarkoittanut tätä totuutta pelkästään meille ashrameissa asuville vaan koko maailmalle. Se

Vain rakkaus

on ehdottoman välttämätöntä, jotta voimme olla tasapainoisia yksilöitä. Kun ajattelen "tasapainoa", mietin aina sitä ainoaa tapaamaani ihmistä, joka mielestäni oli täydellisesti tasapainossa – ja hän oli Mestari itse. Täysin uppoutuneena Jumalaan hän oli samalla myös epäitsekkäästi täysin omistautunut Jumalan työlle. Se on ihanteeni. Miten sitten pääsemme tähän tilaan? Ohjeet on annettu teille. Mestari viittasi usein kaikkien hengellisten teiden hartaisiin seuraajiin: "Aivan kuten Kristillisen Tieteen jäsen ennen töidensä alkua lukee päivän opetuksen *Tiede ja terveys* -kirjastaan, joka on hänen pyhä kirjansa, ja katolilainen osallistuu joka aamu messuun, siten myös Self-Realization Fellowshipin uskollinen seuraaja varaa aamuin illoin aikaa yksinoloon ja omistaa sen syvään meditaatioon."

Vain meditaatio voi tyydyttää hengellisen nälkämme

Ennen kuin olette ottaneet tavaksi päivittäisen meditaation aamuin illoin, ette pysty tyydyttämään omaa sieluanne ettekä siksi voi miellyttää Jumalaa. Tämä pätee kaikkiin jäseniimme ympäri maailman. Self-Realization Fellowshipin seuraajan elämässä on joka aamu ja joka ilta hetki, jonka tulisi olla yhtä tärkeä ja jopa tärkeämpi kuin syömiseen ja nukkumiseen varattu aika. Kun palvojalla on vakaumus ja tahto ja päättäväisyys antaa joka päivä aikaa Jumalalle, aivan kuten hän antaa aikaa ruualle ja unelle, silloin hän tulee saavuttamaan päämääränsä – tästä voitte olla varmoja. Mutta ikävä kyllä meille on muodostunut niin monenmoisia muita tapoja – paitsi tämän myös

Sopiiko Jumalan meditointi moderniin elämään?

useiden aiempien elämiemme aikana – että yritämme paeta tätä velvollisuutta, tätä jumalallista tehtävää. Ei ole kuitenkaan mitään pätevää syytä, jonka nojalla voisitte sanoa, ettei teillä ole ollut mahdollisuutta etsiä Jumalaa syvän meditaation avulla. Saatatte petkuttaa itseänne, mutta ette petkuta Jumalaa.

"Ole tosi itseäsi kohtaan; ja siitä seuraa, niin kuin päivää yö, ettet muita pettää voi."[1] Näiden sanojen merkitystä ei useinkaan ymmärretä. "Ole tosi itseäsi kohtaan" ei tarkoita, että ihmisen tulisi olla uskollinen vähäiselle ego-tietoisuudelleen, sisällään asuvalle pienelle *idille*, vaan että hänen tulisi olla uskollinen sisimmässään olevalle Jumalalle. Tämä on olennainen huomio hengellisellä tiellä.

Mestarin länteen tuoma ajatus on, että meidän pitäisi etsiä Jumalaa ja samalla omistautua velvollisuuksillemme. Miten näin voi tehdä? Ensinnäkin miettikää, mitä haluatte saavuttaa elämässä. Tässä teidän tulee olla rehellisiä. Saatatte ajatella haluavanne monia asioita: "Haluan rahaa. Haluan mainetta. Haluan asemaa. Haluan kaiken tuon." Mutta jos rehellisesti käytätte arvostelukykyänne ja pystytte oppimaan muiden tekemistä virheistä, voitte katsoa ympärillenne ja panna merkille kaikki ne, jotka ovat saavuttaneet juuri sen, mitä itsekin haluatte – mutta eivät silti ole löytäneet elämän päämäärää, joka on onnellisuus.

"Vaan etsikää ensin Jumalan valtakuntaa – – niin myös kaikki tämä teille annetaan."[2] Ovatko nämä valheellisia sanoja, jotka vain rauhoittavat ihmiskunnan

---

[1] *Hamlet,* I näytös 3. kohtaus.
[2] Matt. 6:33.

hengelliseen apatiaan?[3] Vai onko niissä Jumalan elävä henki, Jumalan elävä viisaus? Omasta puolestani voin sanoa täysin varmasti: tiedän, että tämä suuri väittämä on totta. Kun ensin etsii Jumalaa, saa kaiken sen, jota on ikinä halunnut. Huomaan, että en kaipaa mitään. Sisälläni vallitsee täydellinen tyytyväisyys.

Meditoidessani juuri nyt, kun koin tämän suuren autuuden ja Jumalan huumaavan rakkauden, ajattelin: "Oi Jumala, kunpa maailma vain tietäisi, mitä voimme kokea sydämessämme, tässä valtavassa sisäisessä temppelissä!" – täydellistä täyttymyksen tunnetta, jolla ei ole mitään tekemistä kehomme kanssa, vaan joka niin valtaa sielun öin ja päivin, että haluamme vain pysyä tuossa tietoisuuden tilassa.

Olkaa vilpittömiä hengellisissä tavoitteissanne

Ensiksi tietäkää, mikä tavoitteenne on, ja määritelkää itsellenne ne askeleet tai virstanpylväät, joiden avulla kuljette kohti päämääräänne. Ennen kaikkea: meditoikaa! Silloinkin kun ei huvita, meditoikaa. Vaikka kehonne ei voisi hyvin, ottakaa tavaksi meditoida siitä huolimatta. Vaikka olisitte väsyneitä, älkää antako kehonne maata ensin sängyllä. Teillä on oltava tällaista päättäväisyyttä. Jos opitte tämän periaatteen, siitä muodostuu hengellinen selkärankanne. Palvoja,

---

[3] Hengellinen apatia tarkoittaa erheellistä olettamusta, että meidän tulee vain istua ja rukoilla ja Jumala antaa meille kaiken haluamamme. Jumalallinen täyttymyksen laki ei päde meidän kohdallamme ilman todellista hengellistä ponnistelua voittaaksemme vikamme, ilman vilpitöntä pyrkimystä sukeltaa syvälle meditaatioon ja ilman fyysistä ponnistelua pitää itsestämme huolta ja täyttää velvollisuutemme ja palvella Jumalaa tässä maailmassa.

Sopiiko Jumalan meditointi moderniin elämään?

joka löytää Jumalan, on ihminen, jolla on selkärankaa – ei pelkästään moraalista selkärankaa vaan jämäkkää emotionaalista ja ennen kaikkea hengellistä selkärankaa. Kaikki kolme ovat välttämättömiä.

Tietäkää siis tavoitteenne älkääkä koskaan hylätkö sitä, vaikka kiusaus olisikin suuri. Ne, jotka antavat periksi ollessaan tyytymättömiä johonkin elämässään tai suhteissaan muihin ihmisiin, suistuvat silmänräpäyksessä alamäkeen ja harhautuvat yhä kauemmas hengellisen elämän keskiöstä. Mestarilla oli usein tapana sanoa: "Jos haluatte tuntea Jumalan, älkää jääkö reunalle." Ajatelkaa lasten leikkivälinettä karnevaalissa tai leikkikentällä: jos astuu aivan lähelle pyörivän karusellin keskusta, ei putoa kyydistä, vaikka laite kulkisi kuinka lujaa vauhtia. Mutta jos jää reunalle, putoaa kyydistä samantien. Tämä pätee myös hengelliseen tiehen.

Ja seuraavaksi on tämä [Daya Mata lukee hänelle esitetyn kysymyksen]: "Olen kuullut sanottavan, että joidenkin opettajien mukaan itsekuri ei ole välttämätöntä." Tähän väittämään vastaan: "Täyttä, *täyttä* pötyä." Niin ei voi olla! Ei voi tuntea Jumalaa, ellei ole oppinut hallitsemaan itseään. Se on mahdotonta. Se, jonka mieli on täynnä mustasukkaisuutta, jonka mieli on täynnä kateutta ja jonka mieli on täynnä aistillisia ajatuksia, sulkee Jumalan pois mielestään. Samassa paikassa ei voi olla valoa ja pimeyttä samaan aikaan. Ihmismielessä ei voi olla yhtä aikaa tietoisuutta Jumalasta ja näitä hyvin inhimillisiä ajatuksia. Se on mahdotonta. Miten nämä väärät ajatukset voisi poistaa paitsi itsekurilla? Ei ole muuta keinoa. Uskon

Vain rakkaus

ongelman olevan se, että monet eivät ymmärrä, mitä kuri tarkoittaa.

Positiivinen, oikea ajattelu

Jos haluaa poistaa pimeyden huoneesta, ei pidä ottaa kärpäslätkää ja huitoa pimeyttä, eihän? Vaikka tekisi niin tuhat vuotta, pimeys ei katoa. Pimeyden voi poistaa huoneesta sytyttämällä valon tai raapaisemalla tulitikun. Negatiivisesta ajattelusta on mahdollista vapautua ottamalla käyttöön sen vastakohta, positiivinen ajattelu. Kun alkaa ajatella elämässä positiivisemmin, kun alkaa puhua positiivisemmin ja käyttäytyä positiivisemmin, ryhtyy varmuudella noudattamaan niitä jumalallisia lakeja, jotka automaattisesti vetävät kohti näiden lakien suomia hyviä tuloksia.

Niinpä päivittäisen meditaation lisäksi on välttämätöntä oppia varomaan ajatuksiaan, sillä ajatus on teon isä tai vanhempi. "Sillä niinkuin hän mielessään laskee, niin hän menettelee."[4] Sen mitä ajattelee, ilmaisee lopulta sanoin ja teoin. Siksi on aloitettava itsestään, omista ajatuksistaan. On ruvettava korvaamaan negatiiviset, kriittiset, epäilevät ajatukset positiivisilla. Oman kokemukseni mukaan helpoin tapa tehdä näin on tämä: aina kun teillä on hetki vapaata aikaa askareistanne, antakaa mielenne levätä Jumalassa. Hän on kaikkein voimakkain ajatus maailmassa. Tätä kutsutaan Jumalan läsnäolon harjoittamiseksi. Mieli on kuin tyhjä tie silloin kun synnymme. Sitten ajatuksemme alkavat uurtaa uria aivoihimme.

[4] Sananl. 23:7.

Sopiiko Jumalan meditointi moderniin elämään?

Kun tartumme tiettyyn ajatukseen – varsinkin jos se on negatiivinen tai tuhoisa – ja uudelleen ja uudelleen ja uudelleen mietimme sitä, eikä kukaan koskaan opeta tai vaadi meitä astumaan pois urasta – huomaamme vanhetessamme, että jonain päivänä olemme täysin tuon ajatuksen kahleissa emmekä pysty enää vapautumaan siitä.

Ajatelkaa Jumalaa päivin ja öin

Jos haluaa oppia tuntemaan Jumalan, hengellisellä tiellä on siis tärkeää alkaa uurtaa aivoihinsa uusia uria, positiivisia ajatuksia omistautumisesta Jumalalle. Ehkä opetatte tai teette työtä matematiikan parissa tai luennoitte tai laitatte kotiäitinä ruokaa keittiössä – mitä tahansa työtä teettekin – uurtakaa joka hetkellä uusi ura: "Jumalani, Jumalani, Jumalani, Jumalani." Ette kuitenkaan saa olla hajamielisiä. Itse ajattelen kaiken aikaa: "Oi Jumala, näytä minulle, miten voin miellyttää Sinua. Haluan elää tässä maailmassa vain Sinua miellyttääkseni." Saan siitä huumaavaa iloa. En voi kuvitella mitään muuta elämäntapaa. Se on autuasta. Joka kerran, kun lausutte Hänen nimensä, löydätte tuoreen ilon virtauksen, tuoreen rakkauden virtauksen, joka valuu suoraan sydämeenne ja suoraan tietoisuuteenne.

Harjoittakaa Jumalan läsnäoloa ja meditoikaa. Näin opitte elämään onnellisina kanssaihmistenne joukossa tässä maailmassa. Teidän ei tarvitse kertoa kaikille tunteistanne. Itse asiassa on suuri virhe puhua muille hengellisestä elämästään. Sillä hetkellä kun teette niin, menetätte jotain hengellisestä voimastanne.

Vain rakkaus

Guruji sanoi meille näin. Olette ehkä huomanneet sen omakohtaisesti. Olette kokeneet jotain suurenmoista, mutta heti kun kerroitte siitä jollekulle, teistä äkkiä tuntui: "Voi! Olen menettänyt jotain". Toisen ihmisen tietoisuus tunkeutui johonkin, joka oli teille niin pyhää. Tämän takia Guruji sanoi aina meille oppilaille: "Älkää puhuko jumalallisista kokemuksistanne." On eri asia, jos olemme *satsangassa* kuten nyt ja tämä auttaa teitä kaikkia. Mutta älkää tunteko tarvetta puhua kokemuksistanne muille. Parhaiten voimme vaikuttaa heihin hengellistämällä elämämme, tekomme ja ajatuksemme.

Palatkaamme kysymykseen: onko mahdollista, että länsimaisen ihmisen kiireinen arki sopisi yhteen meditaation kanssa? Se on täysin mahdollista. Se on täysin loogista. Sellaista elämää Jumala tarkoitti meidän elävän luodessaan meidät. Meidän on määrä toteuttaa velvollisuutemme tässä maailmassa innokkaina, riemukkaina ja tarkkaavaisina, mutta aina ajatellen: "Teen tämän Sinulle, Jumala."

Tällaista intoa meillä kaikilla on oltava hengellisellä tiellä. Mikään ei ole pahempaa kuin ihminen, joka suhtautuu vain puoliksi tosissaan hengelliseen elämäänsä. Minusta se on traagista. Aivan yhtä suuri tragedia on nähdä ihminen, joka viettää elämänsä, kuten Mestari sanoi, ikään kuin hänessä ei olisi lainkaan elämää; kun puristaa hänen kättään, tuntuu kuin pitelisi kuollutta kalaa.

Tehkää työnne tässä maailmassa, mutta seuratkaa *karma*-joogin[5] ihannetta: "Suoritan kaikki tehtäväni

---

[5] Ihminen, joka seuraa *karma*-joogan tietä (ks. sivu 137).

Sopiiko Jumalan meditointi moderniin elämään?

tunnollisesti, Herrani, mutta en itseäni varten. En välitä, laitatko minut tuonne vai tänne [Mataji osoittaa kädellään]. Välitän siitä, että Sinä olet kanssani, mihin sitten minut asetatkin. Aion tehdä työni velvollisuudentuntoisesti enkä ajattele miellyttäväni ketään muuta kuin Sinua. En toivo kunniaa itselleni enkä kiitosta keneltäkään. Herrani, jos pystyn miellyttämään Sinua, se on minulle kaikki." Olisi ihanteellista, jos ihmiskunta oppisi soveltamaan tätä periaatetta. Silloin saisimme maailman, joka on täynnä rauhaa ja tyytyväisyyttä ja onnellisuutta. Tämän pitää tapahtua sivilisaatiossamme, jotta voimme saavuttaa rauhan.

Velvollisuuden tarkoitus

Meidän on alettava nauttia työn tekemisestä. Ihminen, joka lähtee ulos ja nukkuu puistossa ilman velvollisuuksia eikä välitä kenestäkään muusta, ei ole ihannetapaus. Olemme menneet yhdestä ääripäästä toiseen. Meidän on opittava olemaan velvollisuudentuntoisia. Sitä Jumala odottaa meiltä.

"Velvollisuudentuntoinen" tarkoittaa, että ilmennämme sitä mitä olemme – kaikkia niitä ominaisuuksia, jotka ovat sielussa. Kun alamme tehdä näin, elämme tässä maailmassa kuten Jumala tarkoitti meidän elävän. Teemme kaikki askareemme siten, että mielemme on kiinnittynyt Häneen.

Kuten tarinassa Sukadevasta ja kuningas Janakasta, opetelkaa pitämään huomionne jatkuvasti Jumalatietoisuuden öljyssä samalla kun suoritatte kaikkia tehtäviänne tässä maailmassa.[6] Eläkää elämänne täyttäen kaikki velvollisuudet, jotka Jumala teille joka päivä lähettää; älkää vältelkö niitä! Olkoot niiden täyttäminen lahjoja Hänelle: "Herrani, en voi antaa Sinulle kultaa. En voi antaa Sinulle viisautta. En voi antaa Sinulle mitään, sillä Sinulla on jo kaikki. Mitä voisin antaa Sinulle, Herrani? Voin antaa Sinulle nöyrän palvelukseni elämäni jokaisena päivänä. Missä vain voin kylvää hyvän tahdon siemeniä, missä vain voin olla rauhantekijä, missä vain voin puhua rakentavasti, missä vain voin tehdä jotain hyvää, siellä en palvele itseäni – palvelen Sinua."

Rakentava ja tuhoisa herkkätunteisuus

Yksi suurimmista taidoista tässä elämässä on oppia tulemaan helposti toimeen ihmisten kanssa, ilman suuria konflikteja. Mietin omia ensimmäisiä tapaamisiani Mestarin kanssa. Hänellä oli huomattava kyky saada kuka hyvänsä vieras tuntemaan olevansa aivan kuin kotonaan, ikään kuin hän olisi tuntenut tämän aina. Hänen seurassaan tuntui kuin olisi voinut avata hänelle koko sydämensä heti ensi näkemällä. Hänellä oli kyky heijastaa juuri sitä, mitä hän oli: jumalallisten ominaisuuksien – ystävyyden ja rakkauden ja hyvän tahdon – ruumiillistuma.

---

[6] Suuri pyhimys, kuningas Janaka koetteli nuorta Sukadevaa ennen kuin hyväksyi tämän opetuslapsekseen. Kuningas vaati Sukadevaa kiertelemään palatsissa kantaen kämmenellään ääriään myöten täytettyä öljylamppua. Kokeen läpäisemisen ehto oli, että Sukadevan tuli panna pikkutarkasti merkille (ja sitten kertoa kuninkaalle) jokainen esine ja yksityiskohta palatsin jokaisessa huoneessa läikyttämättä tippaakaan öljyä piripintaan täytetystä lampusta.

Sopiiko Jumalan meditointi moderniin elämään?

Meidän tulisi opetella käyttäytymään tässä maailmassa siten, että emme turhaan loukkaa muita ihmisiä. Jotkut kulkevat ympäriinsä tunteet pinnassa. Silloin muut alkavat kokea kuin joutuisivat omistamaan koko elämänsä ajatukselle: "Miten voin olla loukkaamatta häntä? Minun täytyy varoa, miten sanon asiat, ettei hän pahoita mieltään." Olemme kaikki kokeneet tämän. Kerron, miten Mestari suhtautui siihen! Aina kun hän kohtasi jonkun helposti loukkaantuvan, hän sanoi: "Sinun täytyy päästä eroon herkkätunteisuudestasi." Älkää olko niin itsekeskeisiä. Analysoikaapa asiaa: helposti loukkaantuva on niin itseensä kietoutunut, että hän on jatkuvasti varuillaan ja yrittää suojella itseään siltä, mitä hän luulee muiden pistopuheiksi. Tämä on väärin. Meidän on opittava kasvattamaan hiukan paksumpi nahka. Guruji sanoi minulle näin vuosia sitten. Olin erittäin herkkä ja kärsin siitä suuresti jo kauan ennen kuin tapasin Mestarin. En koskaan halunnut satuttaa ketään ja pysyin poissa ihmisten luota, jotta en tulisi heidän satuttamakseen. Sodan[7] aikana kärsin kovasti. Ajattelin kaikkia niitä poikia, jotka vammautuivat tai saivat surmansa, ja todellakin koin sen takia paljon surua.

Eräänä päivänä Mestari sanoi minulle: "Tiedätkö, jos aiot selvitä elämässä, sinun täytyy oppia olemaan kova."

Vastasin: "Mestari, en pidä kovista ihmisistä."

"Älä ymmärrä minua väärin", hän sanoi. "En tarkoita sellaista kovuutta, että ihminen ei tunne empatiaa toisia kohtaan. Mutta ennen kuin olet kehittänyt

---

[7] Toisen maailmansodan.

sisäisesti hengellistä lujuutta, hengellistä päättäväisyyttä, et pysty auttamaan muita etkä pysty auttamaan itseäsi."

Heti kun joku muuttuu negatiiviseksi ja heikoksi, vajoamme myötätuntomme takia samaan harhan kuiluun hänen kanssaan. Silloin emme pysty auttamaan häntä pois sieltä. Vaikka jumalallinen ihminen kärsisi sisäisesti, vaikka hänellä on omat ristinsä kannettavana, hän ei anna kenenkään muun tietää siitä. Hän kantaa taakkansa hiljaa. Mutta jos hän kuulee jonkun toisen kärsivän, hän ei vajoa kuiluun tämän kanssa vaan kurottautuu vetämään hänet pois sieltä.

Tässä maailmassa emme voi välttää joskus loukkaamasta muita. Ei ole mahdollista elää elämäänsä satuttamatta joitakin ihmisiä silloin tällöin. Jeesuskaan ei pystynyt siihen. Mestarikaan ei pystynyt siihen. Meidän on tajuttava, että koska ihmiset on tehty sellaisiksi kuin on, ärsytämme väistämättä joitakin heistä toisinaan. Toisaalta, kun ymmärrämme tämän, emme saisi olla niin herkkiä ja tunteikkaita, jos joku ärsyttää *meitä*. Pyrkikää aina asettumaan toisen osapuolen kenkiin. Yrittäkää ymmärtää jokin seikka hänen näkökulmastaan ja yrittäkää olla koskaan ottamatta mitään liian henkilökohtaisesti. On mahdotonta tulla toimeen sellaisen henkilön kanssa, joka jatkuvasti ottaa keskusteltavista asioista itseensä. Asioista puhuttaessa on parempi pitäytyä periaatteissa. Välttäkää henkilökohtaisuuksia. Silloin vältytte monilta väärinkäsityksiltä.

Tuon esille nämä näkökohdat yhdestä syystä. Kysymme "Miten voimme tuoda Jumalan

Sopiiko Jumalan meditointi moderniin elämään?

arkielämäämme?" Vastaus on: tällaisella itsekurilla. Ei riitä vain toistella mantraa[8] ja sanoa, että voimme luopua kaikesta itsekurista ja silti tuntea Jumalan. Niin ei voi tehdä. Meidän on tuettava mantrojen lausumista ja Jumalan läsnäolon harjoittamista oikealla ajattelulla ja oikealla toiminnalla. Sillä meditaatio *ja* oikea toiminta, kuten *Gita* opettaa, antavat ihmiselle Jumala-tietoisuuden.

Ei voi kulkea ympäriinsä päivät pitkät Jumalasta puhuen, mutta samaan aikaan tallata jalkoihinsa muita – ja silti olla yhteydessä Jumalaan. Se on mahdotonta. Jos suhteet toisiin eivät olisi tarpeellisia kasvullemme, Jumala olisi asettanut jokaisen omaan pikku maailmaansa, missä hän ei voisi tehdä muuta kuin ajatella Jumalaa kaiket päivät. Mutta Hän tiesi, että sillä tavoin emme voisi saavuttaa jälleen ykseyttä Hänen kanssaan. Hän otti miljoonia meitä, kokoelman miljoonia erilaisia persoonallisuuksia ja luonteenpiirteitä ja taipumuksia, ja heitti meidät maan päälle kaikenlaisiin ympäristöihin. Sitten Hän sanoi meille: "Opetelkaahan nyt tulemaan toimeen toistenne kanssa!" Tämä ei koske vain Jumalan palvojia, jotka asuvat ashrameissa, vaan koko maailmaa.

Oikea toiminta edellyttää, että opimme tulemaan toimeen kanssaihmistemme kanssa. Oikeaa toimintaa ei voi olla ilman itsekuria. Se on hengellisen elämän tärkein perusta.

Ihminen on luotu Jumalan kuvaksi. Jos hän ei

---

[8] Mantram tai mantra on yleisesti ottaen oppi alkuäänteistä, joiden miellyttävällä värähtelyllä on vastaavuutensa luomakunnassa. Hengellisessä yhteydessä tiettyjen äänteiden toistaminen ääneen tai sisäisesti auttaa rauhoittamaan ja hengellistämään mielen.

Vain rakkaus

opi vapauttamaan tätä jumalallista kuvaa lihallisen muodon häkistä sekä mielialojensa ja tapojensa ja emootioidensa näkymättömästä häkistä, hän ei voi tuntea Jumalaa. Ainoa keino, jolla hän voi vapauttaa itsensä näistä näkyvistä ja näkymättömistä häkeistä, joihin sielu on jäänyt loukkuun, on itsensä hallitseminen. Itsehallinta on käsitteen *svami* oikea merkitys. Jumalaa etsivän on opittava hallitsemaan itsensä. Hänen on opittava vapauttamaan häkkiin vangittu sielu lihan kahleista, emootioiden kahleista, tapojen kahleista. Silloin hän saa tietää, mikä hän on. Silloin hän saa tietää, että hänet on luotu Jumalan kuvaksi. Silloin hän voi kulkea tämän maailman halki vapaana sieluna ja hoitaa kaikki velvollisuutensa suuremmalla innolla kuin tavallinen ihminen, joka suorittaa ne saadakseen kultaa tai mainetta. Jumalallinen kilvoittelija on halukas ja valmis luopumaan itsestään täydellisesti palvellessaan Jumalaa – sekä meditaatiossa. Nämä kaksi ovat välttämättömiä.

Meditaatio ja oikea ajattelu

Meditaatio on kyky vetää mielensä pois kaikista häiriötekijöistä ja kiinnittää se ainoastaan Jumalaan. On olemassa monia erilaisia meditaation muotoja. On olemassa meditaatio, jota harjoittavat kristilliset mystikot. On meditaatio, jota harjoittaa hindumystikko, joogi. On meditaatio, jota harjoitetaan maailman muissa suurissa uskonnoissa. Kaikki tiet vievät Jumalan tykö. Näin me opetamme ja näin me uskomme. Ilman jonkinlaista meditaatiota Jumalaa ei voi oppia tuntemaan. Meditaatio ei kuitenkaan yksin riitä.

Sopiiko Jumalan meditointi moderniin elämään?

Sen ohella kilvoittelijan on alettava johdatella omia ajatuksiaan. Kun hän tuntee kiusausta ajatella pahoja ajatuksia muista, kun hän haluaisi iskeä takaisin henkilöä, joka on lyönyt häntä, kun hän haluaisi loukata jotakuta sanoillaan, sillä hetkellä hän käyttää itsekuria: "En tee sitä!" Hyvin yksinkertaisesta syystä hän ei tee sitä; hän huomaa, että heti antaessaan ilkeiden ajatusten astua tietoisuuteensa jumalallinen valo sammuu ja pimeys laskeutuu hänen ylleen sillä sekunnilla. Olen monesti miettinyt tätä omassa elämässäni. Varhaisina vuosina kävi monta kertaa niin, että Daya Ma loukkaantui. Silloin sanoin Taivaalliselle Äidille: "Katsohan, olen hyvin itsekäs. En aio sallia synkkien tai katkerien tai vihan ajatusten tulla sydämeeni. Olen huomannut, että sillä hetkellä kun ne tulevat sisään, Sinä katoat; mutta en aio luopua Sinusta. Niinpä, Taivaallinen Äiti, Sinun asiasi on taistella puolestani, jos tarvitsen puolustajaa tässä maailmassa. Minun asiani on ajatella Sinua. Huolehdi minusta, jos haluat; minä piittaan vain Sinusta."

Tällainen filosofia tuottaa suloisen suhteen Jumalaan. Se luo intiimin, antaumuksellisen tunteen Jumalaa kohtaan. Se saa oivaltamaan, että Hän on todellakin läheisistä läheisin. Kenen muun puoleen kääntyisin puhuakseni kaikista vaikeuksistani kuin Jumalan? Kenellä muulla on viisautta johdattaa minua oikeaan kuin Jumalallani? Hän on myös rakkaista rakkain. Kuka muu rakastaa minua varauksetta paitsi Jumala? Kuka muu ymmärtää minua silloinkin, kun en pysty ymmärtämään itseäni, paitsi Jumalani? Kuka on läheisempi minulle kuin Jumalani? Sillä nekin,

Vain rakkaus

joita vaalin ja rakastan niin suuresti, joudun jonakin päivänä jättämään. Mutta Ainoa Rakastettuni on oleva aina tietoisuudessani. Ja tästä tietoisuudesta, tästä Ainoan Rakastettuni tietoisuudesta, aion pitää kiinni läpi kaikkien niiden muutosten, joita elämä tuo mukanaan. Kun alatte ajatella tällä tavoin, löydätte mitä suloisimman yhteisymmärryksen Jumalan kanssa. Huomaatte, että Hän on aina kanssanne; välillänne ei ole etäisyyttä. Kun saavutatte tällaisen tilan, ette ikinä halua menettää sitä mistään syystä. Huomaatte, että palatte halusta levittää Hänen jumalallista sanomaansa kaikkialle maailmaan.

Todellinen tehtävänne elämässä

En käsitä, miten maailma voi elää ajattelematta Jumalaa! Olette kuulleet ilmaisun "tuuliajolla". Se on tätä aikaa kuvaava sanonta, vai mitä? Maailma on tuuliajolla oman harhansa vallassa. Tämä on traagista. Ikävä kyllä alamme ponnistella pelastaaksemme itsemme vasta sitten, kun jokin suru astuu elämäämme. En usko, että meidän tulisi odottaa niin kauan. Meidän tulisi tällä minuutilla päättää, että Jumala asetti meidät tänne hyvästä syystä. "Miksi olen syntynyt?" Heti kun alamme pohtia tätä kysymystä, monet meistä harhan maailmassa elävistä alkavat uskoa, että olemme syntyneet suuriksi messiaiksi – ja tämä on jälleen uusi harha! Ainoa tehtävä maailmassa, jota meidät kaikki on asetettu tänne suorittamaan, on pelastaa itsemme! Pelastakaa ensin itsenne, ja ehkä sitten Jumala käyttää teitä välineenä muidenkin pelastamiseen. Eikö olisi rehellistä myöntää tämä itselleen? Niin monet haluavat

Sopiiko Jumalan meditointi moderniin elämään?

pelastaa maailman, ennen kuin ovat edes alkaneet pelastaa itseään. Sanon tämän, koska joskus Jumalan palvojat lähettävät kirjeitä sanoen: "Tiedän, että Jumalalla on minulle suuri tehtävä." Ja haluan vastata kirjoittajalle: "Kyllä, se suuri tehtävä on pelastaa *itsesi*!"

Omistautukaa *nyt* syvälle, pitkälle meditaatiolle. Omistautukaa *nyt* sille, että kukistaisitte vähäisen itsen, jotta suurempi Itse pääsisi esiin sisimmästänne. Tämä oli opetus, jonka Mestari antoi meille kaikille.

Ja niinpä, rakkaat kuulijani, olen antanut teille nämä kehotukset: meditoikaa päivittäin ja tarkkailkaa ajatuksianne päivittäin. Pankaa mielenne kuriin, kun huomaatte täyttyvänne synkistä ajatuksista. Jumala on antanut teille arvostelukyvyn, kyvyn havaita eron oikean ja väärän välillä. Kun huomaatte kulkevanne väärään suuntaan, pysähtykää välittömästi. Kääntykää ja alkakaa ajatella Jumalaa. "Jumala, anna minulle voimaa. Auta minua pääsemään tästä eteenpäin."

Jos jollakulla teistä on kiihkeä luonne, pitäkää itsenne kurissa. Mestarilla oli tapana sanoa: "Pure kieltäsi, ennen kuin lausut tylyn sanan." Ja niin teinkin. Sitten eräänä päivänä ymmärsin: "Joka kerta kun menetät malttisi, huomaatko mitä tapahtuu? Menetät myös tyyneytesi. Kuka kärsii? Ketä rankaiset? Vain itseäsi. Tämä on naurettavaa." Jos raivostutte helposti ja haluatte heitellä esineitä lattialle, lähtekää ulos kävelylle. Kävelkää, kävelkää, kävelkää, mutta älkää miettikö asiaa, jonka jätitte taakse. Yrittäkää miettiä luonnon kauneutta tai ohjatkaa mielenne jollekin muulle rakentavalle polulle. Jos tunnette vihaa, muistakaa: sen mitä lähetätte ulospäin, Jumalallinen Laki

Vain rakkaus

tuo takaisin teille. Hän joka vihaa, joutuu itse vihatuksi tässä maailmassa. Sillä hetkellä kun alatte vihata jotakuta, ajatelkaa välittömästi: "Tämä on bumerangi, joka palaa luokseni! Herra, siunaa tuota sielua! Herra, siunaa tuota sielua!" Heti kun viha alkaa kuohua sisällänne: "Siunaa tuota sielua, Herra, siunaa tuota sielua." Mitä enemmän ajattelette tätä, sitä enemmän todella haluatte Jumalan siunaavan tuota sielua. Näin todellakin käy.

Voitte soveltaa tätä periaatetta kaikkiin niihin ponnisteluihin, jotka kohtaatte. Tämä on käytännön tapa soveltaa Self-Realization Fellowshipin oppeja. Tämäkin on Jumalan läsnäolon harjoittamista, Hänen jumalallisten periaatteidensa soveltamista arkielämään.

[Sri Daya Mata johtaa ryhmän rukoukseen ja meditaatioon ja päättää *satsangan* seuraaviin sanoihin.]

Älkää läikyttäkö meditaatiossa kokemaanne rauhaa ja ymmärrystä, kun lopetatte meditaation. Kantakaa ajatusta Jumalasta ja rauhaa, jonka kokoatte meditaation aikana tietoisuutenne kiuluun, niin kauan mukananne kuin pystytte – koko päivän ajan. Tällä tavoin opitte pitämään kiinni Jumalasta askareidenne keskellä. Mestarin sanoin: "Meidän on opittava olemaan tyynesti aktiivisia ja aktiivisesti tyyniä, kuin rauhanruhtinaita, jotka istuvat mielenrauhan valtaistuimella ja ohjaavat toiminnan kuningaskuntaansa."

Ainoa tie onneen

New Delhi, Intia, 3. joulukuuta 1961

Meidän on oivallettava, että kukin meistä on täydellinen, kuolematon sielu. Ne vajavaisuudet, joita ilmennämme tapojemme ja mielialojemme, sairauksien ja epäonnistumisten kautta, eivät kuulu todelliseen luontoomme. Olemme niin syvästi samaistuneet maalliseen tietoisuuteen, että hyväksymme sen rajoittuneisuuden enempää ajattelematta. Sen sijaan meidän tulisi rukoilla: "Herra, auta minua oivaltamaan, etten ole tämä keho, en sen mielialat ja tavat. Saa minut tuntemaan, että olen Sinun lapsesi, Sinun virheettömäksi kuvaksesi luotu."

Kerran meditoidessani harmittelin sitä, että minussa on niin paljon vajavaisuuksia. Äkkiä kuulin Äidin suloisen äänen sanovan: "Mutta rakastatko sinä Minua?" Hetkessä koko olemukseni oli pakahtua sisälleni tulvivasta rakkaudesta Häneen. Siitä päivästä lähtien mieleni on ollut uppoutunut yhteen ajatukseen: "Olen rakastunut Taivaalliseen Äitiini ja siinä rakkaudessa luovutan Hänelle elämäni, jolla Hän voi tehdä mitä haluaa." Luotan Häneen täysin. Tiedän, että Hänen rakkautensa ei koskaan jätä minua.

Jumala rakastaa teitä kaikkia samalla lailla. Aurinko paistaa yhtä lailla hiilenpalaan kuin timanttiin. Ei voi sanoa, että aurinko olisi puolueellinen, koska timantti heijastaa valoa enemmän kuin hiilenpala.

Vain rakkaus

Samalla lailla Jumalan rakkaus paistaa jokaiseen yhtäläisesti. Meidän on oltava kuin timantteja, jotka ottavat vastaan ja heijastavat Hänen valoaan.

Lausukaa Jumalan nimeä herkeämättä, älkää hajamielisesti vaan täysin tarkkaavaisina. Yhteys Jumalaan edellyttää meiltä täydellistä keskittymistä. Riippumatta siitä, mitä teemme ulkoisesti, syvempi mielemme voi olla uppoutunut vain Häneen, kuiskaten alituiseen: "Olet ainoa rakkauteni."

Menestynein ihminen

Inhimillisen rakkauden eri muotojen kautta meille suodattuu Jumalan rakkautta. Jos etsii ensiksi Häntä, saa kaiken, mitä on koskaan kaivannut. Olen havainnut vailla mitään epäilystä, että kaiken mitä ihminen halajaa voi löytää Kosmisessa Rakastetussa. Suuret Jumalan palvojat ovat olleet ihmiskunnan inspiraatio aikojen alusta asti. Kuka on ollut ihmisistä menestynein – täydellinen itsessään, itseään ja muuta maailmaa ymmärtävä, maailman muistama ja kunnioittama kautta aikojen – kuka on ollut tällainen? Hän, joka on tuntenut Jumalan.

Siunattu gurumme Paramahansa Yogananda sanoi, että ollaksemme tällä tavalla menestyneitä meidän on ennen kaikkea tunnettava kaipuuta Jumalaan. Yleensä ihminen ei tunne tätä kaipuuta ennen kuin sattuu jokin vastoinkäyminen. Kun elämä sujuu tasaisesti, hän ei tunne tarvetta Herraan. Mutta kun hänen koko elämäntapansa tuntuu yhtäkkiä pyyhkiytyvän pois – jos hän menettää terveytensä, omaisuutensa tai rakkaimpansa – silloin hän alkaa huutaa Jumalaa avukseen.

Ainoa tie onneen

Gurudeva kannusti meitä etsimään Jumalaa ensin, sillä vasta ankkuroituamme tietoisuutemme Häneen voimme voittaa elämän taistelun. Kun joudumme kohtaamaan vaikeita aikoja tässä alati muuttuvassa maailmassa, meidän on oltava jumalallisia sotureita. Miksi odottaisimme, että elämä yllättää meidät, tuottaa meille pettymyksen, lannistaa meidät? Herättäkäämme itsessämme kaipuu Jumalaa kohtaan *nyt* ja alkakaamme etsiä Häntä. Hän, joka on kanssamme rauhallisina aikoina, ei hylkää meitä koettelemuksen hetkilläkään.

Askeleita kohti Itse-oivallusta

Ensimmäinen askel matkalla kohti Itse-oivallusta on kaipuu: pyhä Jumalan kaipuu. Päivittäisen meditaation avulla otamme tavaksi rakastaa Häntä. Jokaisen tulisi viettää päivittäin hiukan aikaa syvässä yhteydessä Jumalaan. Ihminen on innokas pitämään kehonsa kunnossa ja hyvinvoivana, ja toisinaan hän näkee vaivaa kehittääkseen älyään, mutta kuinka paljon aikaa vuorokauden kahdestakymmenestäneljästä tunnista hän omistaa sielulleen, todelliselle itselleen? Ei juuri yhtään. *Japaa*[1] tai *pujaa*[2] harjoittaessaankin tai rukouksia lausuessaan hänen mielensä on hajanainen ja levoton. Meidän on oltava vilpittömiä Jumalaa kohtaan. Mitä hyötyä on sanoa "Herra, rakastan Sinua", jos mielemme on samalla jossain muualla? Mutta lausukaa Jumalan nimi ja toistakaa se vain kerran

[1] Mantran tai Jumalan nimen toistaminen.
[2] Palvontaseremonia.

puhtaalla rakkaudella, tai laulakaa sitä kerta toisensa jälkeen aina syvemmin kaivaten ja keskittyen, niin se tulee muuttamaan elämänne.

Minun kaltaiseni palvojat tulevat yhä uudestaan puhumaan teille Jumalasta, ja saatatte lukea loputtomasti kirjoja Hänestä, mutta tällainen ei auta teitä saavuttamaan Jumalaa. Teidän tulee kaivaa Hänet esiin näkymättömästä kaikkiallisuudestaan omien ponnistelujenne kautta. Teidän täytyy vain kääntää mielenne sisäisyyteen, pois kehon tietoisuudesta, niin löydätte Ainoan.

Elämän tarkoitus on Jumalan tunteminen. Meidän on tunnettava Hänet, koska ihmiskunnan alkuperäinen sairaus on tietämättömyys. Vain yhteydessä kaikkitietävän Voiman kanssa pystymme vapauttamaan itsemme tämän tietämättömyyden vaikutuksista.

Jumalan kaipuun ohella kilvoittelijan tulisi pyrkiä kohti yksinkertaisuutta. Pitäkää elämä yksinkertaisena ja mutkattomana. Älkää havitelko turhia asioita. Lännessä on liikaa ylellisyyttä, Intiassa on liikaa köyhyyttä. Gurudeva sanoi, että meidän tulisi löytää tasapaino idän hengellisten ihanteiden ja lännen materiaalisen tehokkuuden välillä. Liian paljon, samoin kuin liian vähän, tuo loppujen lopuksi vain kurjuutta. "Ylevä ajattelu ja yksinkertainen elämä" on paras resepti onnelliseen elämään. Pitäkää ajatuksenne ylevinä, sillä mielellä on suuri voima.

Seuraavana on oikea toiminta: tehdä, mitä meidän pitää tehdä, silloin kun se on tehtävä. Suurimman osan ajasta toimintaamme määräävät tapojemme ja tottumustemme pakotteet. Oikeaa toimintaa eivät ohjaa

Purissa sijaitsevan Govardhan-mathin edesmennyt *Jagadguru* (maailman opettaja), hänen pyhyytensä *Sri Shankaracharya*, Bharati Krishna Tirtha, Sri Daya Matajin seurassa Self-Realization Fellowshipin kansainvälisessä päämajassa Los Angelesissa maaliskuussa 1958. Hänen pyhyytensä oli ensimmäisen Shankaracharyan (700-luvulla tai 800-luvun alussa eläneen Intian suurimman filosofin) apostolinen seuraaja. Self-Realization Fellowshipillä oli kunnia sponsoroida hänen pyhyytensä Yhdysvaltain-matkaa.

Monia kertoja suuri *Jagadguru* ilmaisi rakastavan hengellisen tukensa Paramahansa Yoganandan työlle:

"Olen löytänyt Self-Realization Fellowshipistä mitä suurinta hengellisyyttä, palvelemista ja rakkautta. Järjestön edustajat eivät pelkästään saarnaa näitä periaatteita vaan myös elävät niiden mukaisesti." Kirjeenvaihdossaan Daya Matajin kanssa hän puhutteli tätä aina isällisen lämpimästi ja hengellisellä arvostuksella kutsuen Daya Matajia nimellä "rakas (tai rakastettu) lapsi Daya Devi ('jumalallinen')".

Hartaaseen *bhajaniin* (Jumalan ylistämiseen laulun kautta) vaipuneen Matajin tietoisuus vetäytyy syvään sisäiseen *samadhin* tilaan. Ranchi, 1967

Oi Jumala, kunpa maailma vain tietäisi, mitä voimme kokea sydämessämme, tässä valtavassa sisäisessä temppelissä! – täydellistä täyttymyksen tunnetta, jolla ei ole mitään tekemistä kehomme kanssa, vaan joka niin valtaa sielun öin ja päivin, että haluamme vain pysyä tuossa tietoisuuden tilassa."

tavat vaan totuuden periaate. Intiassa oikea toiminta tiivistyy käsitteisiin *yama* ja *niyama*[3], jotka vastaavat kristillisen maailman kymmentä käskyä. Eläkää näiden periaatteiden mukaan. Olkaa rehellisiä itsellenne. Tuntekaa todelliset motiivinne. Tämä auttaa teitä kasvamaan ja elämään yhä enemmän totuudessa.

Oikeaan toimintaan tulee liittyä hyväntuulisuus. Jos tuntee olonsa surulliseksi tai on mielialaltaan synkkä, tällaisesta tilasta pystyy pääsemään pois päättämällä olla hyvällä tuulella. Gurudeva sanoi: "Jos päätät olla onnellinen, mikään ei voi tehdä sinua onnettomaksi. Mutta jos päätät olla onneton, mikään ei voi tehdä sinua onnelliseksi." Päättäkää siksi olla aina hyvällä tuulella. Kun olosuhteet ovat epäsuotuisat, pitäkää mielenne positiivisena ja muistakaa, että harmi on väliaikaista ja menee ohi.

Raja-jooga opettaa tieteellisen tavan päästä Jumalayhteyteen. *Raja*-joogan opetuksissa keskittyminen tarkoittaa sitä, että huomio siirretään pois kaikista häiritsevistä kohteista ja kiinnitetään yhteen asiaan kerrallaan. Periaatteena on hiljentää kaikki levottomat ajatukset, niin että mielestä tulee kuin kirkas, tyyni järvi, johon keskittymisen kohde täydellisesti heijastuu. Keskittymiskyky on välttämätön niin maailmassa menestymisen kuin meditaatiossa etenemisenkin kannalta.

Keskittymisen tilan saavutettuaan kilvoittelija on valmis meditaatioon, jossa keskittymisen kohde on Jumala. Kun meditaatiossa mieli sulautuu Ainoaan,

---

[3] Moraalista käytöstä (*yama*) ja uskonnollisten käskyjen ja tapojen noudattamista (*niyama*) koskevat säännöt, jotka muodostavat ensimmäiset kaksi askelta "joogan kahdeksan portaan tiessä" muinaisen viisaan Patanjalin mukaan.

meditoija tuntee tajuntansa laajenevan ja täyttyvän jumalallisesta rakkaudesta, joka virtaa yli äyräidensä kaikille. Rakkaus ei ole omistavaa vaan vapauttavaa. Se on Jumalan rakkautta. Se on rakkautta, joka tyydyttää sydämen ja sielun kaiken kaipuun. Tässä rakkaudessa on Jumala-tietoisuuden ekstaasi. Sielu, joka on vapautunut samaistumisestaan kehoon, kylpee Hänen autuaassa tietoisuudessaan, ja palvojan ainoa toive on pysyä ikuisesti tässä jumalallisessa ekstaasissa; hän ei tunne enää tarvetta mihinkään ulkoiseen.

Valtakuntamme ei ole tästä maailmasta

Ihmiset luulevat, että tämä maailma on ainoa todellisuus. Mutta on olemassa jotain tämän maailman tuolla puolen, ja ihmisen jatkuva tyytymättömyys johtuu siitä, että hänen oikea valtakuntansa ei ole tästä maanpäällisestä maailmasta. Täällä kaikki on väliaikaista ja muutokselle altista, ajan illuusion hallitsemaa. Kun saavuttaa Jumala-yhteyden, ei ole olemassa menneisyyttä, nykyhetkeä tai tulevaisuutta. Yksin Jumala on ikuinen.

Sen sijaan, että puhuisimme Jumalasta, sen sijaan että lukisimme Hänestä, nyt on aika *tuntea* Hänet. Maailmassa ei voi vallita rauha ennen kuin ihminen on oppinut tuntemaan Jumalan rauhan.

Meidän on muututtava itse, ennen kuin pystymme muuttamaan maailmaa. Siihen asti kunnes yksilöinä opimme elämään yhdessä Jumalan lapsina, katsoen yhtä luovaa Valonsädettä kaikkien elämänmuotojen takana, tulee olemaan eripuraa, sotaa ja kurjuutta. Meidän on löydettävä Jumala sisimmässämme,

Ainoa tie onneen

ja sitten nöyrästi jaettava toisten kanssa Hänen rauhansa, rakkautensa ja sopusointunsa. Kun tällä tavoin pyrimme palvelemaan Jumalan välineinä, meidän tulisi rukoilla: "Herra, Sinä olet Tekijä. Tapahtukoon Sinun tahtosi." Nöyrä Jumalan tahdon etsiminen ei tarkoita toimettomuutta tai aloitekyvyn ja toiminnan puutetta: Jumala auttaa sitä, joka auttaa itseään. Pikemminkin se tarkoittaa Jumalalle antautumista, sitä että Hän voi hyödyntää itse kutakin meistä hyvää tekevänä välineenään maan päällä oman jumalallisen tahtonsa mukaan.

Varatkaa joka päivä aikaa meditaatiolle – syvälle, riemukkaalle Jumala-yhteydelle. Antakaa jokaisen vuorokauden kahdestakymmenestäneljästä tunnista yksi Jumalalliselle Rakastetulle. Viisas on se, joka ottaa vaarin tästä neuvosta. "Elämä on suloista ja kuolo vain uni; ilo on auvoa ja suru vain uni, kun laulusi lävitseni virtaa."[4] Sinä olet Viisaus, Sinä olet Autuus, Sinä olet Rakkaus. Tuo, rakkaat kuulijat, on teidän todellisuutenne.

---

[4] Paramahansa Yoganandan teoksesta *Cosmic Chants*.

Taivas on sisällämme

Self-Realization Fellowshipin kansainvälinen päämaja, Los Angeles, Kalifornia, 4. syyskuuta 1962

Varmin tapa nauttia aina sisäisestä rauhasta on pitää Jumala ajatuksissamme koko päivän ajan – riippumatta siitä, mitä teemme, riippumatta sisäisistä koettelemuksistamme tai ulkoisista kokemuksista. Gurudeva esitti meille usein tämän kysymyksen: "Missä on mielenne? Missä on olemuksenne keskus?" Näin hän muistutti meitä pitämään aina tietoisuutemme sisäistyneenä, Jumalaan keskittyneenä. Olemuksemme ja huomiomme tulisi olla jatkuvasti kohdentuneena Jumalan läsnäolon tuomaan sisäiseen rauhaan, siihen tunteeseen, joka meidät valtaa syvän meditaation jälkeen. Tunne on niin miellyttävä, niin rauhallinen, niin yhtä Jumalan kanssa. Silloin emme kaipaa enää muuta, vähäisinkään levottomuus ei väreile tietoisuudessamme. Tällainen ihmisen tulisi olla kaiken aikaa. Hän ei saisi antaa minkään hermostuttaa itseään.

Meidän tulisi nähdä kaikki häiriötekijät elämässämme Jumalan koetteluina, joiden tarkoitus on opettaa ja vahvistaa meitä. Ketju on vain niin vahva kuin sen heikoin lenkki; jokainen meistä on vain niin vahva kuin suurin heikkoutemme. Riippumatta siitä mitä kohtaamme elämässä, meidän on opittava seisomaan tyyninä, järkkymättä, pahastumatta. Tällaista mielen tasapainoa ei voi saavuttaa pelkästään lukemalla hengellisiä totuuksia tai puhumalla niistä, vaan ainoastaan meditaation kautta, välittömässä henkilökohtaisessa yhteydessä Jumalaan. Mitä vanhemmaksi tulee, sitä enemmän kohtaa elämän tuomia pettymyksiä; sen nautinnot eivät lunasta lupaustaan. Mutta mitä syvemmin etsii Jumalaa, sitä kirkkaammin oivaltaa, ettei mitään voi verrata Jumalan läsnäolon tuomaan iloon. Vain se Ilo on todellista tässä harhaan perustuvassa, muuttuvassa ja suhteellisessa maailmassa. Mikään muu, mitä kukin kaipaa, ei voi suoda samanlaista tyydytystä.

Tyhjyys, jonka vain Jumala voi täyttää

Luin hiljattain surullisen uutisen, että menestynyt nuori näyttelijätär oli tehnyt itsemurhan. Hänellä oli kaikki, mitä maailma luulee ihmisen tarvitsevan ollakseen onnellinen. Silti hän oli puhunut suuresta tyhjyydestä, suuresta autiudesta sisällään. Miksi ihmiset tuntevat tällaista tyhjyyttä? Koska heidän huomionsa on liiaksi kiinnittynyt ulkoiseen; he eivät ole ankkuroineet sitä Jumalan rauhaan sisimmässään. "Maailma ei ole sellainen kuin miltä se näyttää", Paramahansajilla oli tapana sanoa meille. Kun tartumme materiaan, se katoaa käsiemme otteesta. Elämän aineellinen puoli on pelkkä ohimenevien ajatusten ja vaikutelmien paljous, joka muuttuu olemattomaksi. Jos rakennamme onnemme pelkästään ulkoisten tekijöiden varaan, huomaamme ettei meillä ole muuta kuin vaahtoa, joka hiljalleen sulaa kädessämme. Ihminen tuntee suunnatonta tyhjyyttä ja yksinäisyyttä, jos hän ei koe Jumalaa sisällään.

Vain rakkaus

Jos haluaa olla oikeasti ja pysyvästi onnellinen tässä maailmassa, on rakennettava vankka hengellinen maailma sisimpäänsä ja luotava henkilökohtainen suhde Jumalaan. Tämä on mahdollista syvän päivittäisen meditaation avulla, kuten Paramahansa Yogananda on opettanut meille, jotka seuraamme tätä Self-Realization Fellowshipin tietä. Meditaation lisäksi meidän tulee jatkuvasti lausua Jumalan nimeä mielessämme koko päivän ajan, toistaen sitä kerta toisensa jälkeen syvällä antaumuksella. Joskus ajattelen Jumalaa Herran Jeesuksen muodossa, tai Herra Krishnan, ja rakastan Häntä näissä muodoissa. Toisinaan käsitän Jumalan rakastettuna Taivaallisena Äitinäni ja rakastan Häntä siinä muodossa. Joskus näen Herran Gurunani ja rakastan Häntä siinä muodossa. Jumalan voi visualisoida missä tahansa muodossa, joka eniten herättää antaumuksellista rakkautta ja pitää mielen sisäisesti virittyneenä Jumalaan. Mikä suurenmoinen maailma piileekään sisäisesti meissä jokaisessa![1] "Minun kuninkuuteni", sanoi Jeesus, "ei ole tästä maailmasta."[2] "Minun taivaani on sisälläni", sanoi Gurudeva. Tämä sisäinen taivas ei ole usvainen tyhjyys; se on todellinen ja ilon täyttämä. Ennen kuin olemme löytäneet tämän taivaan sisäisesti, elämämme tulee olemaan epämiellyttävien sattumusten sarja.

Voimme yhtä hyvin hyväksyä sen tosiasian, että niin kauan kuin taistelemme itsemme puolesta tai

---

[1] Ja kun fariseukset kysyivät häneltä, milloin Jumalan valtakunta oli tuleva, vastasi hän heille ja sanoi: "Ei Jumalan valtakunta tule nähtävällä tavalla, eikä voida sanoa: 'Katso, täällä se on', tahi: 'Tuolla'; sillä katso, Jumalan valtakunta on sisällisesti teissä." (Luuk. 17:20-21.)
[2] Joh. 18:36.

Taivas on sisällämme

itsekkäästi pidämme kiinni jostakin, ennemmin tai myöhemmin rauhamme ja tämä omaisuutemme riistetään meiltä pois. Meidän tulisi haluta saada vain sitä, mikä on peräisin Jumalan kädestä, ja meidän tulisi haluta omistaa se vain niin kauan kuin on Jumalan tahto. Tunnistamme Hänen lähettämänsä siunaukset siitä suloisesta rauhasta ja ilosta, joka täyttää olemuksemme kun saamme Hänen lahjansa, ja siitä kiintymättömyyden tunteesta, jota koemme niistä nauttiessamme.

Aloittakaa jokainen päivä tällä ajatuksella: "Oi Jumala, en halua mitään muuta kuin tehdä Sinun tahtosi. En pidä kiinni mistään muusta kuin Sinusta. Etsin ohjaustasi kaikissa asioissa, ja teen parhaani seuratakseni Sinua." Emme ehkä aina pysty seuraamaan Jumalan tahtoa täydellisesti – kun pystymme siihen, meidän ei enää tarvitse asua tässä maallisessa ulottuvuudessa – mutta aina kun kaadumme, meidän tulisi nousta ylös ja yrittää uudestaan. Ei pidä koskaan surra minkäänlaista takaiskua eikä velloa itsesäälissä, vaan sanokaa sen sijaan: "Aion tehdä parhaani, enkä aio koskaan eksyä jumalallisesta päämäärästäni, joka on pyrkiä miellyttämään Sinua." Takertukaa Taivaalliseen Äitiin lapsen tavoin; antautukaa Hänelle lapsen tavoin. Omaksukaa vahvempi usko, tuntekaa syvempää antaumuksellista rakkautta. Ne ovat välttämättömiä.

Intian pyhät kirjoitukset kertovat, että palvojia on olemassa kahta tyyppiä, joita kuvataan hurmaavin piirroksin. Toisen sanotaan olevan kuin apinanpoikanen, joka takertuu tiukasti emoonsa tämän loikkiessa puusta toiseen; se pitää kiinni niin kovasti ettei koskaan putoa. Toista palvojaa kuvataan pieneksi kissanpennuksi, jonka sen emo poimii hampaisiinsa ja kantaa paikasta toiseen; kissanpentu on aivan rento, jännittymättä tai pelkäämättä, täysin luottavainen riippumatta siitä, mihin emo sen kantaa tai laskee. Meidän tulisi olla näiden kummankin kaltainen. Vaikeina aikoina, kun tuntuu että meitä heitellään edestakaisin, meidän tulisi pitää kiinni Taivaallisesta Äidistä yhtä tiukasti kuin apinanpoikanen. Muissa tilanteissa meidän tulisi olla kuin kissanpentu, täysin tyytyväisiä, itsemme unohtavia, luottavaisia ja täysin riippuvaisia Jumalasta. Tällainen palvoja tietää, mitä on todellinen rauha.

Sisimmästämme löytyvä totuus muuttaa elämämme

Totuus on yhtä vanha kuin aika ja elämä itse; silti se on aina tuore. Siitä hetkestä, kun teemme siitä omamme, siitä tulee meille uusi. Saatamme lukea jonkin totuuden kerta toisensa jälkeen ilman, että se tuntuu lainkaan puhuttelevan meitä henkilökohtaisesti. Mietimme, miksi emme saa siitä mitään irti. Syy on se, että emme ole vielä omaksuneet tätä totuutta sisältämme käsin. Totuutta ei voida iskostaa meihin ulkopuolelta. Meidän on tuotava se esiin sisimmästämme tai se pysyy meille ikuisesti epätodellisena. Meditaatiossa tai ollessamme muuten hengellisesti virittyneessä tilassa olemme kaikki joskus kokeneet, miten yhtäkkiä ymmärrämme jonkin totuuden, jonka olemme aiemmin lukeneet ilman tällaista oivallusta. Mikä riemastuttava tunne se onkaan! Yhtäkkiä olemme tuoneet totuuden esiin sisältämme ja katsomme sitä selkeästi ensi kertaa.

Taivas on sisällämme

Kaikki totuus on piilossa sielussamme, koska sielu on Jumalan heijastuma ja Jumala on totuus. Siksi me olemme totuus. Mutta niin kauan kuin samaistumme pieneen egoon, taistelemme itsekkäiden päämäärien puolesta ja pysymme sidoksissa mielipiteisiimme, mieltymyksiimme ja inhon aiheisiimme, totuus pysyy meiltä hämärän peitossa, koska pidämme yhä kiinni *mayan* eli harhan luomista vääristä käsityksistä. Meidän tulee rukoilla, että Taivaallinen Äiti repisi pois *mayan* verhon. Kun Hän tekee niin, kokemus on joskus rankka: emme välttämättä haluaisi kohdata totuutta itsestämme. Mutta älkää pelätkö sitä. Taivaallinen Äiti haluaa vain tehdä lapsistaan täydellisiä, eikä Hän lähetä meille koettelemuksia, joita meillä ei ole sisäistä voimaa kohdata ja voittaa.

Ennen kaikkea, huutakaa öin ja päivin antaumuksellista rakkauttanne Jumalalle, niin voitte löytää Ainoan Rakkauden. Jokainen sielu huutaa rakkautta, ymmärrystä, kumppanuutta ja lohtua. Viisas on se, joka etsii niitä Jumalalta. Tällainen palvoja selviytyy pois tästä kärsimyksen valtamerestä ja saavuttaa rauhan, ilon, viisauden ja jumalallisen rakkauden rannat. Sinne me kaikki suuntaamme, mutta niin moni meistä tuhlaa aikaa ja energiaa uimalla ympyrää vailla merkitystä.

Pitäkää kiinni siitä rauhasta, ilosta tai antaumuksesta, jota keräätte sydämeenne meditaatiossa. Suojatkaa sitä mustasukkaisesti ja intohimolla ja pyrkikää rakentamaan sen varaan. Näin voi tehdä harjoittamalla *japa*-joogaa, lausumalla Jumalan nimen niin usein kuin pystytte päivittäisten askareittenne ja muiden vaatimusten keskellä. Jos eläisimme pelkästään Paramahansa

Vain rakkaus

Yoganandan runon "Jumala! Jumala! Jumala!" mukaan, tietäisimme, mikä Jumala on. Jokaisessa elämänvaiheessamme – työssämme, meditaatiossa, vaikeuksien kanssa kamppaillessamme, pienistä iloista nauttiessamme – meidän on aina oltava sisäisesti ankkuroituneita ajatukseen: "Jumala! Jumala! Jumala!"

Jumala on aina kanssamme

Jumalan muistaminen on oikea tapa tavoittaa Hänet, koska Hän ei ole koskaan poissa luotamme. Hän on ollut kanssamme luomakunnan alusta asti, ja Hän tulee olemaan kanssamme iäti. Me sen sijaan olemme poissa Hänen luotaan, koska mielemme on liian täynnä muita asioita ja taistelua oman pienen itsemme hyväksi: "Olen loukkaantunut, olen surullinen, olen väärinymmärretty, olen vailla rakkautta." Me emme ole tämä keho ja ego, mutta olemme samaistuneet egon tunteisiin, tapoihin ja rajoittuneeseen tietoisuuteen. Olemme Jumalan lapsia, jotka on luotu Hänen autuaaksi kuvakseen. Älkää olko tyytyväisiä ennen kuin tunnette sen elämässänne yhä syvemmin.

Kun elämä tuntuu pitkäveteiseltä tai onnettomalta, se johtuu siitä, ettette ole antaneet Jumalalle tarpeeksi huomiota. Tietoisuutenne on ollut liian täynnä harmeja ja aineellisia huolia, ja meditaatio on jäänyt puuttumaan. Mikään tässä maailmassa ei ole viihdyttävämpää, huumaavampaa, autuaampaa ja tyydyttävämpää kuin Jumala – Rakastettu Äiti, Isä, Jumalallinen Olento, Ystävä. Hän on yksi ja ainoa Todellinen Rakkautemme.

Älä pidä muita jumalia

*Self-Realization Fellowshipin ashramkeskus,
Encinitas, Kalifornia, 21. kesäkuuta 1972*

Usein emme osaa arvostaa, mitä Jumala on meille antanut. Matkallani Himalajan alarinteillä huomasin, että paikalliset ihmiset, jotka asuvat noiden mahtavien vuorten – maailman kauneimpien vuorten – siimeksessä, pitävät niitä itsestään selvinä. Turistit katsoivat niitä suunnattomalla kunnioituksella, mutta rinteiden asukkaat eivät olleet yhtä lailla haltioissaan.

Yksi suurimmista iloista tässä maailmassa on se, ettei koskaan totu mihinkään liiaksi – että pystymme aina löytämään elämästämme jotain uutta, inspiroivaa ja kiehtovaa. En ole koskaan saapunut Encinitasiin tai Mount Washingtonin alueelle tuntematta suurta lumoa, ikään kuin näkisin ne vasta ensi kertaa. Noudattakaa ihannetta, ettette koskaan pidä mitään tai ketään itsestään selvänä.

Niillä, jotka nauttivat elämästä eniten, on kyky arvostaa ympäristöään ja ihmisiä, joiden keskuudessa he elävät, samoin kuin kaikkea Jumalan antamaa. Tämä kyky syntyy, kun pyrimme joka päivä harjoittamaan Jumalan läsnäoloa, koska Hän on iäti uusi. Muistan Mestarin usein sanoneen, että rakkaussuhde Jumalan kanssa on ylevin kokemus maailmassa. Se on suurempi kuin mikään muu suhde, jonka sielu voi kokea, sillä Hänen rakkautensa, yhteytemme Häneen, on iäti ja

Vain rakkaus

alati uusi. Suhde Jumalaan ei koskaan väljähdy. Aina on jokin tuore ilonaihe tai kokemus, jokin yllättävä oivallus tai kasvava viisaus ja ymmärrys, jokin tuntematon antaumuksen väristys, joka koskettaa palvojan sydäntä. Yksi keskeisistä asioista hengellisellä tiellä on nähdä jokainen päivä uutena alkuna. Kaikkein tärkeintä on harjoittaa Jumalan läsnäoloa siitä hetkestä, kun aamulla heräämme, aina siihen asti kun nukahdamme illalla. Tähän Guruji meitä opetti. Hän ei asettanut ensimmäiseksi elämän ulkoisia seikkoja tai järjestön luomista.

Jos joku meistä kertoi jostain ongelmastaan, Mestari antoi tavallisesti vain yksinkertaisen neuvon: "Tee parhaasi ja jätä asia Jumalan huomaan" tai "Pidä mielesi enemmän Jumalassa". Mitä enemmän kiinnittää mielensä Jumalaan, sitä paremmin huomaa pystyvänsä selviytymään kaikista kokemuksista elämässä, olivatpa ne sitten negatiivisia tai positiivisia.

Kun Guruji vuonna 1936 palasi Intiasta, hän sanoi meille: "En etsi valtaa; en etsi mitään, sillä olen antanut kaiken Taivaalliselle Äidille. Olen heittänyt kaikki toiveeni yhden ainoan toiveen liekkeihin – että saisin nähdä Taivaallisen Äidin kasvot. Olen polttanut kaikki vähäisemmät toiveet sydämeni alttarilla. Yksi vilahdus Hänen kasvoistaan, yksi vilahdus siitä suurenmoisesta Valosta, on kaikki mitä etsin."

Näin Paramahansaji eli, ja tämän ihanteen hän yrittää yhä istuttaa jokaiseen. Hän sanoi: "Tämä keho ei sido minua. Jonain päivänä, kun kehoani ei enää ole, katson tyytyväisenä teitä Hengestä käsin. Silloin näen teidän hengellisen kasvunne ja miten tämä Gurujen työ etenee. Olen ikuisesti elävä Henki, kuolematon;

Älä pidä muita jumalia

ja valvon teitä miljoonin silmin."

Pitäkää tästä päivästä lähtien kiinni vain yhdestä ajatuksesta: "Olen luopunut kaikista toiveistani yhden ainoan toiveen, Taivaallisen Äidin, hyväksi". Palauttakaa tämä ajatus yhä uudelleen tietoisuuteenne, niin tulette huomaamaan, että elämä saa aivan uuden merkityksen ja antaa teille uutta inspiraatiota joka päivä.

Gurudeva sanoi: "Pyrin herättämään jokaisessa kohtaamassani sielussa yhden ainoan kaipuun: päästä yhteyteen Jumalan kanssa." Tätä tarkoittaa Itseoivallus: kykyä olla välittömästi yhteydessä Jumalaan. Se on mahdollista, mutta ei pitämällä tietoisuutemme yhteydessä viiteen aistiimme, jotka havainnoivat tätä ulkoista maailmaa, vaan sulkemalla aistien "puhelimet" ja opettelemalla olemaan yhteydessä Jumalaan sisäisessä hiljaisuuden temppelissä.

Pyhä kirja sanoo: "Älä pidä muita jumalia minun rinnallani – –. Sillä minä, Herra, sinun Jumalasi, olen kiivas Jumala."[1] Herra ei sanonut tätä vain maailmasta vetäytyneille; Hän puhui koko ihmiskunnalle, kaikille lapsilleen. Hän oli täysin realistinen. Hän tarkoitti: "Rakkaat lapseni, olen antanut teille ymmärrystä, viisautta, arvostelukykyä ja omantunnon äänen osoittaakseni teille hyvän ja pahan välisen eron. Olen tehnyt kaikkeni, että teistä tulisi onnellisia yksilöitä, jotka heijastavat jumalallisuutta, Minun kuvaani sisällänne. Eläkää siis elämäänne. Tavoitelkaa valitsemianne päämääriä, mutta älkää unohtako Minua. Kun erotatte itsenne Minusta, siitä Ainoasta, joka on antanut teille

[1] 2. Moos. 20:3, 5.

elämän ja istuttanut teihin jumalalliset ominaisuudet, joudutte harhateille." Silloin Jumala ei ole enää ensimmäisenä elämässänne; olette asettaneet muut asiat *Hänen* sijalleen.

Kun ilmaisemme vihaa, ahneutta, mitä tahansa ominaisuutta, joka ei ole ihailtavaa, olemme työntäneet Jumalan pois elämästämme. Mutta kun yritämme parhaamme mukaan ilmentää sisällämme piilevää jumaluutta, asetamme Jumalan ensimmäiseksi. Sillä tavalla löydämme todellisen Itsemme. Ihminen on todella elossa, kun hän herää aamunkoitteessa täynnä elämää, elämäniloa, halua unohtaa itsensä ja ilmentää suurempaa Itseään, joka on Jumala hänen sisimmässään. Siihen asti hän on pelkästään olemassa.

Guruji sanoo edelleen: "Tie Jumalan tykö käy harjoittamalla jatkuvasti Hänen läsnäoloaan elämänne jokaisena hetkenä ja meditoimalla syvästi joka päivä. Kun kaipuunne ammukset murskaavat ne hiljaisuuden muurit, joiden takana Jumala piilee, saatte Hänet asettumaan sydämeenne."

Hiljaisuuden arvo

Ashrameissamme palvojia rohkaistaan harjoittamaan hiljaisuutta. Se on oleellinen osa *sadhanaa* eli Jumalan etsimistä; sillä jos emme opi hiukan noudattamaan hiljaisuutta, emme koskaan todella tiedä, millaista on kuunnella Jumalan ääntä. On hyvin vaikeaa tuntea Jumalaa ilman hyviä tapoja ja tottumuksia. Siksi on oleellista oppia hallitsemaan omaa puhettaan.

Guruji vastusti suuresti juoruilua; hän ei sietänyt sitä lainkaan. Hänestä se oli yksi ihmiskunnan paheellisimmista ja julmimmista tavoista. Usein hän sanoi niille, jotka tulivat kertomaan hänelle juoruja: "Olen kuullut ilkeät sanasi toisista. Nyt haluan sinun puhuvan itseäsi vastaan. Näytä minulle vikasi, koska sinullakin on niitä."

Guruji havainnollisti sanojaan osuvalla esimerkillä: "Suumme on kuin tykki, ja sanat ovat kuin tykinkuulia. Ne voivat tuhota paljon. Älä puhu turhaan äläkä ennen kuin uskot, että sanasi saavat aikaan jotain hyvää."

Monissa uskonnoissa on hiljaisuuden harjoittajia. Intiassa tätä sanotaan *maunaksi* ja hiljaisuuden harjoittajaa *muniksi*. Jokaisen Jumalaa etsivän palvojan tulisi varata päivittäin aikaa tämän suurenmoisen ominaisuuden harjoittamiseen. Se on mahdollista, jos päätämme että haluamme sitä.

"Suurmies", Guruji sanoi, "puhuu vähän, mutta kun hän puhuu, ihmiset kuuntelevat." Se on totta; ei ole olemassa kovin puheliasta suurmiestä. Hänellä on taipumus olla pikemminkin hiljaa, kuunnella ennemmin kuin puhua. Mutta kun hän puhuu, kaikki kuuntelevat.

Jooga opettaa ihmistä muuttumaan

Guruji sanoo edelleen: "Meidän ei koskaan pidä keskittyä toisten vikoihin – – 'Älkää tuomitko, ettei teitä tuomittaisi.'[2] On harhaa olla kiinnostunut muiden virheistä, kun meillä on paljon siivottavaa oman mielemme talossa. Siivotkaa ensin oma kotinne."

Jumalaa etsivän palvojan tulisi opetella olemaan enemmän hiljaa ja kuuntelemaan Rakkauden ääntä

[2] Matt. 7:1.

Vain rakkaus

sisimmässään. Hänen tulisi opetella kokemaan rakkautta omassa elämässään, harjoittaa sitä ensin sydämessään ja ilmaista sitä sitten ulkoisesti.

Miten usein elämässämme loukkaammekaan toisia sanoillamme ja teoillamme. Tätä sanotaan henkiseksi julmuudeksi ja se on monin tavoin pahempaa kuin fyysinen raakuus. Älkää koskaan sanoko mitään ilkeyden tunteen vallassa. On parasta "panna suu suppuun", jos ei voi puhua sydämellä, joka on vapaa ilkeydestä. Halu vahingoittaa jotakuta – lasta, aviomiestä, vanhempiaan – on julmaa!

Joogan tiede auttaa ihmistä voittamaan heikkoutensa. Se opettaa häntä muuttamaan itsensä ja arkiset tapansa, niin että hänestä tulee parempi yksilö eikä pelkästään "katujen enkeli ja kodin paholainen", kuten nimitetään sellaista, joka puhuu kauniisti muiden edessä mutta ei käyttäydy samoin omassa kodissaan. Jooga opettaa itsetutkiskelua – skottirunoilija Robert Burnsin sanoja lainaten "näkemään itsemme kuten muut meidät näkevät".[3] Jooga antaa kilvoittelijalle tämän kyvyn. Se opettaa häntä näkemään itsensä, kuten muut hänet näkevät, ei sellaisena kuin hän itse pitää itseään. Näiden kahden välillä on valtava ero.

"Millainen minä olen? Olenko ilkeä? Saanko mielihyvää muiden loukkaamisesta, siitä että puhun heistä pahaa? Jos niin on, minun olisi syytä päästä irti näistä huonoista tavoista." Tätä tarkoitetaan itsetutkiskelulla.

Gitan ensimmäisessä *slokassa* sanotaan (symbolisesti): "Tietoisuuteni taistelukentälle ovat

---

[3] "Oi, kunpa jokin mahti saisi meidät näkemään itsemme, kuten muut meidät näkevät!"

Älä pidä muita jumalia

kerääntyneet hyvät ja huonot ominaisuuteni. Miten selvisin tänään? Kumpi voitti?"[4] Pysyinkö rauhallisena mullistusten keskellä? Puhuinko ystävällisesti, vaikka olisin oikeasti halunnut sanoa jotain ilkeää loukatakseni jotakuta? Olinko epäitsekäs vai otinko parhaat palat itselleni?

Eläkää rakkautta sisimmässänne. Kun haluatte tehdä tai sanoa jotain epäystävällistä, kokekaa rakkautta sydämessänne. Ja sitten ilmaiskaa sitä ulkoisesti jollakin hyvällä teolla tai toiminnalla.

Olkaa kuin kukka: jos poimitte kauniin ruusun ja murskaatte sen kädessänne, se levittää suloista tuoksuaan. Tällainen Jumalan palvojan tulisi olla. Riippumatta siitä, miten toisten epäystävällisyys häntä rusentaa, hän levittää ympärilleen anteeksiannon ja hyväntahtoisuuden suloista tuoksua. Tällainen oli pyhä Franciscus. Kaikki pyhimykset ilmaisevat myötätuntoa ja hyväntahtoisuutta.

Oikea Jumalan palvoja ei yritä puolustella itseään. Suuri rauha astuu tällaiseen sieluun. Hän on uppoutuneempi siihen, mitä Jumala hänestä ajattelee, kuin mitä ihmiset hänestä ajattelevat. Jumala on hänen elämänsä suurin rakkaus; hän ei aseta muita jumalia Hänen edelleen. Guruji sanoi: "Jos koko maailma

---

[4] Daya Mata käyttää tässä Paramahansa Yoganandan tulkintaa teoksesta *God Talks with Arjuna: The Bhagavad Gita*. Tulkinnan mukaan *Bhagavadgitan* soturit kuvaavat hyvien ja pahojen taipumusten taistelua jokaisessa ihmisessä: "Yhteen kokoontuneina kehon pyhälle alueelle – hyvien ja pahojen tekojen kentälle – mitä tekivät nämä vastakkaiset taipumukseni? Kumpi puoli voitti tänään keskeytymättömässä taistelussa? Kaikki lapseni – kierot, houkuttelevat, pahat taipumukset, ja vastakkaiset itsekurin ja arvostelukyvyn voimat – kertokaahan, mitä ne tekivät?" (*Julkaisijan huomautus*)

Vain rakkaus

kunnioittaa sinua mutta Jumala ei kunnioita, olet totisesti köyhä; koska sinä päivänä, kun saat merkin jättää lihallisen asumuksesi, joudut luopumaan kaikesta. Mutta jos sinulla on Jumalan suoma tunnustus, sinulla on kaikki, sillä sen otat mukaasi suureen tuonpuoleiseen."

Jumalallista ihmistä askarruttaa hänen oma oikeanlainen käytöksensä muita kohtaan. "Suonko muille hyvää tahtoa, ajattelenko hyväntahtoisesti, puhunko hyväntahtoisesti? Teenkö hyvää tässä maailmassa?" Häntä ei kiinnosta olla suuri opettaja voidakseen tehdä hyvää. Ei. Missä hän onkin, mitä hän onkin, hän haluaa vain tehdä hyvää. Tällainen henkilö on kuin tuoksuva kukka: palvoja-mehiläiset kerääntyvät hänen ympärilleen.

Tämä on toinen esimerkki, jonka Guruji antoi: "Kärpäset kuhisevat mielellään saastan ympärillä. Mehiläinen taas menee vain sinne, mistä se voi kerätä makeaa mettä. En halua nähdä ihmisten käyttäytyvän kärpästen tavoin, kerääntyen kaikkialle, missä vallitsee rumuus, juoruilu, pahantahtoisuus, ilkeys, viha, mustasukkaisuus, kateus, fanaattisuus ja ennakkoluulo. Näkisin mieluummin puutarhan täynnä tuoksuvia, kukkivia sielun ominaisuuksia, puutarhan, jonne rakkauden, myötätunnon ja hyväntahtoisuuden taivaallinen hunaja houkuttaa ihmismehiläisiä."

Kun lausun nämä sanat, jokainen teistä yhtyy niihin. Miksi? Koska ne ilmentävät sielunne todellista luontoa. Sanani vain muistuttavat teitä siitä, mitä olette – sieluja, jotka on luotu Ainoan Rakastetun kuviksi.

"Älä pidä muita jumalia minun rinnallani – –. Sillä

Älä pidä muita jumalia

minä, Herra, sinun Jumalasi, olen kiivas Jumala." Nyt ymmärrätte paremmin, mitä Herra tarkoittaa. Kun toimimme jumalallisesti, kun ilmennämme jumalallisia ominaisuuksia, jotka ovat myötäsyntyisiä meille kaikille, meillä ei ole muita jumalia: mustasukkaisuutta, ahneutta, suuttumusta, vihaa tai mitään muutakaan. Olemme asettaneet Hänet, Hänen ominaisuutensa, Hänen ihanteensa, ensimmäisiksi elämässämme.

Kokemus Taivaallisesta Äidistä

Eräs Mestarin kokemus täällä Encinitasissa on jotain valtavan kaunista. Hän sanoi: "Kun muut tuhlaavat aikaansa, meditoikaa, niin huomaatte että meditaatiossa Hiljaisuus puhuu teille. 'Kutsukaa Äitiäni sielussanne. Hän ei voi pysyä enää piilossa. Astu esiin hiljaisesta taivaasta, astu esiin vuorten laaksosta, astu esiin salaisesta sielustani, astu esiin hiljaisuuden luolastani.'[5] Näen kaikkialla Jumalallisen Hengen, joka näyttäytyy Äidin muodossa. Vesi tiivistyy jääksi, ja samoin antaumukseni voima voi jäädyttää näkymättömän Hengen johonkin muotoon. Jospa voisitte nähdä Äidin kauniit silmät, joita katsoin viime yönä. Sydämeni täyttyy iankaikkisesta ilosta. Sydämeni pieni astia ei riitä ottamaan vastaan sitä iloa ja rakkautta, jonka näin noissa silmissä – ne katsoivat minuun, välillä hymyillen. Sanoin Hänelle: 'Oi! Ja ihmiset sanovat Sinua epätodelliseksi!' Taivaallinen Äiti hymyili. 'Sinä olet todellinen ja kaikki muu on epätodellista', sanoin, ja Taivaallinen Äiti hymyili jälleen. Rukoilin: 'Oi Äiti,

---

[5] Teoksesta *Cosmic Chants*.

Vain rakkaus

ole Sinä todellinen kaikille ihmisille.' Kirjoitin Hänen nimensä muutaman läsnä olevan otsaan. Saatana ei koskaan pysty valloittamaan heidän elämäänsä."

Jotkut saattavat ihmetellä, miksi Guruji kutsui Jumalaa Taivaalliseksi Äidiksi. Toisinaan hän puhui Jumalasta Isänä, joskus taas Äitinä. Pohjimmiltaan Jumalalla ei ole muotoa, mutta palvoja voi palvoa Jumalaa siinä muodossa, joka häneen vetoaa eniten. Joskus ajattelemme Jumalaa pelkkänä Henkenä, mutta useimmiten ihmiskunta ajattelee Jumalaa mieluiten jossain muodossa. Monien elämien ajan olemme ottaneet jonkin muodon, joten helposti ajattelemme myös Jumalaa Hänelle luonteenomaisin piirtein. Historian alkuhämäristä ihminen on vanginnut Absoluutin jonkinlaiseksi kuvaksi. Se ei ole epäjumalan palvontaa. Me sijoitamme Kristus-tietoisuuden Jeesuksen kauniiseen hahmoon, mutta Ääretön ei rajoitu siihen. Mistä johtuu, että katsoessamme Jeesuksen kuvaa moni meistä tuntee iloa? Muistamme hänen myötätuntonsa ja anteeksiantonsa, hänen suurenmoisen rakkautensa ihmiskuntaa kohtaan. Emme ehkä tuntisi sitä siinä määrin, jos emme näkisi hänen muotoaan.

Guruji sanoo edelleen: "Millaista iloa tunnenkaan päivin ja öin. Päivä muuttuu yöksi ja unohdan ajankulun täysin. Minun ei tarvitse meditoida, koska Se, jota meditoin, on tullut osaksi minua. Joskus hengitän, toisinaan en. Joskus sydämeni lyö, toisinaan ei. Huomaan, että olen luopunut kaikesta muusta kuin tästä yhdestä tietoisuudesta. Riippumatta siitä, toimiiko tämä fyysinen kone, näen Jumalan suuren valon. Millainen onkaan iloni." Tämä on perimmäinen

Älä pidä muita jumalia

päämäärä, jonka jokainen Jumala-yhteyden saavuttanut voi kokea. Hän huomaa, että vaikka hän elää fyysisessä muodossa, hänen tietoisuutensa on laajentunut muodon tuolle puolen.

Lopuksi haluan lukea teille tämän Gurujin ajatuksen: "Vaikka Jumala lähettäisi kymmenentuhatta Jeesus Kristusta pelastamaan sinut, et voi pelastua, jos et itse ponnistele sen eteen. Yksikään suuri sielu ei voi auttaa sinua, jos et auta itseäsi. Jumalallisella lailla ei ole rajoituksia. Olet jo Jumalan lapsi. Näe vaivaa, opi tuntemaan Jumalan laki, ja meditoi päivittäin; saavutat silloin jumalallisen päämääräsi. Meditoi aamuin ja illoin. Vaivu meditaatiossa yhä syvemmälle. Meditoi myöhään illalla, myöhään yöhön asti. Älä ajattele, että tarvitset niin paljon unta." Tämä on totta. Jokainen teistä, joka on meditoinut hyvin syvästi, tietää, että syvässä meditaatiossa keho ja mieli lepäävät täydellisesti, enemmän kuin on mahdollista unen alitajuisessa valtakunnassa. Nukkuessamme näemme unta eikä kehomme tai mielemme aina saa lepoa. Mutta syvässä meditaatiossa keho ja mieli astuvat täydellisen tyyneyden, täydellisen rauhan tilaan.

Jos todella haluaa Jumalaa, on heittäydyttävä syvälle Jumalan kaipuuseen. Rakastakaa Häntä koko sydämestänne. Todistakaa Jumalalle, että haluatte Hänet ettekä mitään vähempää. Etsikää Jumalaa, sillä niin kauan kuin ette tiedä olevanne yhtä Hänen kanssaan, olette sidottuja tähän kaksijakoiseen maailmaan, tähän kärsimyksen maailmaan. Jumala ei aiheuta ihmiskunnalle tällaista kärsimystä. Olemme yhtä Hänen kanssaan, ja jos emme oivalla sitä, emme tule koskaan olemaan

Vain rakkaus

onnellisia. Kärsimme, koska olemme itse erottaneet itsemme Hänestä. Tunnemme yksinäisyyttä, tunnemme epävarmuutta, vapisemme, kun jotain tapahtuu tälle kuolevaiselle muodolle, koska emme näe olemassaolomme rikkumatonta kehää, joka on ääretön. Kaikki kärsimys on seurausta siitä, että ajattelemme olevamme tämä lihallinen muoto. Olipa kärsimyksemme köyhyyden, sairauden tai tuntemattoman pelkoa, se johtuu siitä, ettemme tunne Jumalaa.

Kun ihminen alkaa oivaltaa itsensä kuolemattomana sieluna, hän tietää, että tuli ei voi polttaa, vesi ei voi hukuttaa eivätkä luodit pirstoa sitä.[6] Tästä on kyse joogassa ja uskonnossa: ne auttavat ihmistä oivaltamaan kuolemattoman, ikuisen, tuhoutumattoman luontonsa. Totuus on suurenmoinen. Siitä voi puhua loputtomiin, ja sen voi tiivistää muutamalla sanalla: Totuus on se, mikä auttaa ja rohkaisee jokaista ihmistä löytämään tiensä takaisin Jumalan tykö.

Jumalalla ei ole suosikkeja. Hän rakastaa meistä jokaista, kuten Hän rakastaa suurimpia pyhimyksiään. Ainoa ero tavallisten ihmisten ja pyhimysten välillä on, että pyhimykset eivät koskaan lakanneet yrittämästä. Aina kaatuessaan he nousivat ylös sanoen: "Ei haittaa, yritän taas uudelleen. Olen päättänyt löytää Totuuden, Rakkauden, Viisauden. Olen päättänyt löytää Jumalan."

Sen on oltava teidänkin päämääränne. Teillä ei saa olla muita jumalia. Kun etsitte Jumalaa sisäisesti, ilmaiskaa ulkoisesti etsivänne Häntä palvelemalla

---

[6] "Mikään ase ei voi lävistää sielua, mikään tuli ei voi sitä polttaa, mikään määrä vettä ei voi sitä kastella eikä mikään tuuli kuihduttaa" (*Bhagavadgita* II:23, suomennettu Paramahansa Yoganandan englanninkielisestä käännöksestä *God Talks With Arjuna: The Bhagavad Gita*).

Älä pidä muita jumalia

Häntä elämänne jokaisena päivänä millä hyvänsä tavalla, joka on teille mahdollinen. Muistakaa, että Jumala on niin lähellä kuin ajatuksenne sallivat Hänen olevan. Hän on kaikkialla läsnä. Jos tällä hetkellä hyväksytte, että Hän on kanssanne, aivan suljettujen silmienne takana, tunnette Hänen läheisyytensä. Meditoikaa tätä, niin huomaatte, että tämä tapahtuu elämässänne.

Muisteluja gurustani Paramahansa Yoganandasta

Muistoja Intiassa ja Amerikassa pidettyjen puheiden pohjalta

Jokainen ihmissydän janoaa rakkautta. Ja kaikki inhimillisen rakkauden muodot – vanhempien ja lasten, miehen ja vaimon, isännän ja palvelijan, kahden ystävän, gurun ja oppilaan välillä – ovat peräisin Ainoasta Rakkaudesta, joka on Jumala.

Jokainen ihmissydän etsii myös onnea. Se on elämän päämäärä. Ihminen saattaa sanoa: "Päämääräni on menestyä liike-elämässä" tai "Päämääräni on tehdä hienoa musiikkia", mutta kaikkia erityisiä mielihaluja toteuttaessamme toivomme – vaikka ehkä vain alitajuisesti – tulevamme onnellisiksi. Halu olla onnellinen ja rakastaa sekä tulla rakastetuksi on kaiken toimintamme ja kunnianhimomme takana oleva motiivi.

Intian viisaat ovat sanoneet, että Jumala on iäti olemassa oleva, iäti tietoinen, iäti uusiutuva Autuus. He sanovat, että Jumalasta löytyy etsimämme onni sekä ilo, joka kestää ikuisesti eikä koskaan väljähdy. Ja missä Hän on? Hänen jumalallinen kuvansa asuu sieluna jokaisessa ihmisessä. Emme tunne sieluoivalluksen jumalallista rauhaa, koska olemme suunnanneet huomiomme ja etsintämme tämän maailman asioihin. Meidän tulisi muistaa, että maan päällä saavutettava onni on ehdollista ja katoavaa. Vain Jumalan autuus on ikuista.

Muisteluja gurustani Paramahansa Yoganandasta

Rakkaus ja ilo puhtaimmassa muodossaan löytyvät vain Jumalasta. Mutta sen sijaan etsimme niitä kaikkialta muualta. Vasta kun kohtaamme vakavia vastoinkäymisiä ja suurta surua, alamme ajatella Jumalaa ja omistaa hieman aikaa Hänen palvelemiselleen – rukoiluun, *pujaan* tai mantran lausumiseen. Mutta tulee aika, jolloin tuollaiset ulkoiset menot eivät enää tyydytä meitä. Jos mieli vaeltelee sinne tänne, rukous on tehotonta ja mantrojen toistelu tai *japan* harjoittaminen eivät tuo Jumalalta sitä vastausta, jota sielu janoaa.

Jumalan voi tuntea vain henkilökohtaisen kokemuksen kautta

On olemassa hyvin makea hedelmä nimeltä kirimoja. Se on pyöreä ja vihreäkuorinen; sisus on valkoista massaa, jossa on isoja mustia siemeniä. Olen kuvaillut teille tätä hedelmää, mutta tiedättekö oikeasti, millainen kirimoja on ja miltä se maistuu? Ette, jos olette vain kuulleet minun kuvailevan sitä, mutta ette ole koskaan itse nähneet tai syöneet tätä hedelmää.

Sama pätee Herraan. Pyhimykset ja *rishit*[1] ovat kuvailleet kokemuksiaan Jumalasta, mutta vain lukemalla heidän kertomuksiaan ei ole mahdollista tuntea Häntä. Emme voi oivaltaa Jumalaa pelkästään muiden antamien selitysten avulla. Meidän on itse koettava Hänen läsnäolonsa siinä suuressa ekstaasin tilassa, joka syntyy pitkästä ja syvästä meditaatiosta.

---

[1] Jumalan oivaltaneet viisaat.

Vain rakkaus

Tavallinen ihminen on niin kiireinen huoltensa, velvollisuuksiensa ja maallisten ilojen kaipuunsa keskellä, ettei hän koskaan käännä mieltään Jumalaan. Vaikka hän varaisikin joka päivästä pienen hetken antaakseen huomionsa Herralle ja etsiäkseen rauhaa sisältään, hän ei onnistu meditaatiossa, koska hän ei meditoi tarpeeksi syvästi.

Guru antaa Jumalalle sen rakkauden, joka hänelle annetaan

Sadhanassa guru on välttämätön. Todellisen gurun mieli on alati ankkuroitunut ja sulautunut Kosmiseen Rakastettuun. Riippumatta siitä, seuraako hän *raja*-joogan, *jnana*-joogan, *karma*-joogan tai *bhakti*-joogan[2] tietä, hänen tietoisuutensa on yhtä Jumalan kanssa. Guru antaa Herralle kaiken sen antaumuksellisen rakkauden, jonka hän saa oppilailtaan. Hän ei ohjaa palvojan mieltä itseensä vaan Taivaalliseen Isään.

Tällainen suuruus oli jumalallinen guruni Paramahansa Yogananda. Hän toivoi, että hänen oppilaansa eivät koskaan kiinnittyisi hänen persoonaansa tai tulisi siitä riippuvaisiksi. Hän halusi meidän rakastavan ja etsivän yksin Herraa. Hän käänsi ajatuksemme aina Jumalaan ja opetti meitä pitämään mielemme virittyneinä Häneen päivin ja öin. Aina kun Gurudeva näki mielemme uppoutuvan johonkin ulkoiseen, hän moitti meitä. Hän opetti meitä aina pitämään mielemme päihtyneenä Jumalan ajattelusta, huulemme aina puhumaan Hänestä, sydämemme alati laulamaan

---

[2] Järjestyksessä: "kuninkaallinen", viisauteen perustuva, toiminnallinen ja antaumuksellinen lähestymistapa Jumalaan.

Hänelle. Gurudevassa meillä oli edessämme todellinen esimerkki siitä, miten ihmisen koko olemuksen tulisi olla sulautunut Jumalaan.

Kokemus *nirvikalpa samadhista*

Guruji eli elämänsä viimeisen vaiheen muuttumattoman Jumala-tietoisuuden tilassa, *nirvikalpa samadhissa*,[3] joka alkoi kesäkuussa 1948. Minulla ja muutamilla muilla oli etuoikeus olla läsnä sillä hetkellä, kun hän siirtyi tähän tilaan. Ilta oli tulossa, ja hän oli kutsunut meidät koolle huoneeseensa. Hän istui isossa tuolissa ja aikoi juuri syödä mangoa. Äkkiä hänen mielensä vetäytyi sisäänpäin ekstaasissa; hän pysyi *samadhissa* koko yön. Sen todistaminen oli ihmeellinen kokemus, joka muutti minua. Olimme tietenkin nähneet hänet *samadhissa* aiemminkin, mutta juuri tämän kokemuksen aikana tapahtui suurenmoinen ihme: Gurudeva esitti kysymyksiä Taivaalliselle Äidille, ja Hän vastasi Gurudevan äänellä. Monet niistä maailman tapahtumia ja Self-Realization Fellowshipin sanoman leviämistä koskevista ennustuksista, joita Taivaallinen Äiti sinä yönä ilmaisi Gurujin kautta, ovat sittemmin toteutuneet.

Olin usein ollut "epäilevä Tuomas" ja kaivannut vedenpitävää todistusta Jumalan olemassaolosta. Sinä

---

[3] *Samadhi* on autuas ylitietoisuuden tila, jossa joogi elää yksilöityneen sielun ja Kosmisen Hengen ykseyden. *Nirvikalpa samadhi* on korkeimman ekstaasin tila, jonka kokevat vain kaikkein edistyneimmät mestarit. Fyysinen liikkumattomuus ja transsitila, jotka ovat tyypillisiä alemmille *samadhin* tiloille, eivät ole välttämättömiä *nirvikalpan* tilassa. Tässä korkeimmassa ekstaasissa mestari voi yhä suorittaa kaikki normaalit ja vaativat toimensa menettämättä sisäistä Jumala-tietoisuutta.

Vain rakkaus

yönä kaikki epäilys kaikkosi ikiajoiksi. Tietoisuuteni leimahti liekkiin rakkaudesta ja kaipuusta Jumalalliseen Rakastettuun, jonka äänen kuulimme ja jonka rakkauden tunsimme siunatun Gurumme kautta.

Tämän *samadhin* jälkeen Guruji sanoi meille: "En tiedä, mitä Taivaallinen Äiti haluaa tehdä elämälläni. Joko Hän ottaa minut pois tästä maailmasta tai sitten Hän haluaa minun vetäytyvän järjestön toiminnasta ja elävän eristyksissä." Guruji vetäytyi retriittiin aavikolle, ja siitä lähtien hän pysytteli enimmäkseen yksin omistautuen meditaatiolle ja kirjoittamiselle.

Viimeiset päivät Gurun kanssa

Helmikuun 1952 viimeisellä viikolla Guruji sai aavikolle tiedon, että hänet oli kutsuttu Los Angelesiin puhumaan vastaanotolla, joka oli järjestetty Intian suurlähettilään Sri Binay Ranjan Senin kunniaksi. Gurudeva palasi päämajaamme Los Angelesiin maaliskuun 1. päivänä. Maaliskuun 3. päivän vietimme Gurujin ohjeiden mukaan valmistaen erityisiä herkkuja ja curryja suurlähettiläälle, jonka oli määrä vierailla päämajassa seuraavana päivänä.

Myöhään samana yönä, kun olimme saaneet valmistelut jo melkein tehtyä, siunattu Mestari pyysi minua kävelemään kanssaan salissa. Hän pysähtyi, istuutui oman gurunsa Swami Sri Yukteswarjin kuvan ääreen ja puhui rakkaudella tästä suuresta sielusta, joka oli ohjannut hänen askeleitaan Jumalan luo.

Sitten Gurudeva sanoi minulle: "Ymmärrätkö, että on vain muutama tunti siihen, kun jätän tämän kehon?" Suuri suru ja tuska lävisti sydämeni. Kun Gurudeva oli

Muisteluja gurustani Paramahansa Yoganandasta

hiukan aiemmin puhunut jättävänsä kehonsa pian, olin sanonut hänelle: "Mestari, mitä teemme ilman sinua? Olet timantti sydäntemme ja järjestösi sormuksessa. Mitä arvoa on pelkällä sormuksella ilman timantin kauneutta?" Suuri *bhakta*[4] lausui vastauksen: "Muista tämä: kun olen poissa, vain rakkaus voi ottaa minun paikkani. Uppoudu päivin ja öin Jumalan rakkauteen ja anna sitä rakkautta kaikille."

Tällaisen rakkauden puutteen takia nykymaailma on täynnä kurjuutta.

Kun viimeisenä päivänä (7. maaliskuuta) menin Mestarin huoneeseen, hän istui aivan hiljaa lootusasennossa lepotuolissaan. Kun astuin hänen luokseen, hän nosti sormensa huulilleen merkiksi siitä, että toivoi minun noudattavan hiljaisuutta. Hänen mielensä oli täysin vetäytynyt, sulautunut Jumalaan. Huoneessa tuntui voimakkaita taivaallisen rauhan ja rakkauden värähtelyjä. Illalla hän lähti Biltmore-hotelliin, jossa suurlähettilään vastaanotto järjestettiin. Sinä iltana Guruji puhui niin tyynellä intohimolla rakkaudesta Jumalaan, että koko yleisö kohosi toiselle tietoisuuden tasolle. Varmasti he eivät olleet koskaan aiemmin kuulleet kenenkään puhuvan niin henkilökohtaisesti Herran läsnäolosta.

Vuosia aiemmin Mestari oli ennustanut: "Kun lähden tästä kehosta, jätän sen puhuen Jumalasta ja rakkaasta Intiastani." Ja niin tänä iltana Gurumme viimeiset sanat maan päällä koskivat Jumalaa ja Intiaa. Hän siteerasi runoaan "Minun Intiani": "Missä Ganges, metsät, Himalajan luolat ja ihmiset

---

[4] Jumalan rakastaja.

Vain rakkaus

unelmoivat Jumalasta – olen pyhitetty; minun ruumiini koski sitä maata." Näitä sanoja lausuessaan hän nosti katseensa *kutastha*-keskukseen[5] ja vaipui hitaasti lattialle.

Hetkessä muutamat meistä olivat hänen vierellään. Hän oli opettanut meitä lausumaan korvaansa *Aumia* saadaksemme hänet pois *samadhista*, joten Ananda Mata[6] ja minä kumarruimme jumalallisen Gurumme ylle ja aloimme toistaa *Aumia*. Kun tein niin, suuri rauha ja ilo laskeutui äkkiä ylleni, ja tunsin suunnattoman hengellisen voiman valtaavan kehoni. Sinä iltana saamani siunaus ei ole koskaan poistunut minusta.

Oppilaan tulee pyrkiä säilyttämään henkinen ja hengellinen yhteys guruunsa. Jumalan oivaltaneen gurun siunauksen voima on vailla vertaa.

Seuratkaa Gurun sadhanaa

Gurudevamme Paramahansa Yoganandan opettama *sadhana* näyttää, miten voimme soveltaa "joogan kahdeksan portaan tietä", jonka on määritellyt suuri viisas Patanjali. Ensin tulee *yama-niyama*, moraaliset ja hengelliset periaatteet, joita kaikkien ihmisten on noudatettava elääkseen harmoniassa jumalallisen lain kanssa. Sitten tulee *asana*, oikea asento meditaatiossa, selkäranka suorana. Oikea *asana* on tärkeä, sillä se estää kehoa harhauttamasta mieltä sen pyrkiessä kohti Jumalaa.

---

[5] Jumala-oivalluksen tai Kristus-tietoisuuden keskus, joka sijaitsee kulmakarvojen välissä.
[6] Paramahansa Yoganandan uskollinen oppilas vuodesta 1931 ja Sri Daya Matan sisko. Ananda Mata liittyi ashramiin vuonna 1933 ollessaan 17-vuotias. Hän oli SRF:n / YSS:n toimihenkilö ja johtokunnan jäsen kuolemaansa asti vuoteen 2005.

Muisteluja gurustani Paramahansa Yoganandasta

Sen jälkeen tulee *pranayama*, elämänenergian hallinta, joka on välttämätön, ettei hengitys pidä tietoisuuttamme sidoksissa kehoon. Seuraavana on mielen sisäistäminen eli *pratyahara*, joka vapauttaa meidät viiden aistimme välittämistä maallisista häiriötekijöistä. Sitten olemme vapaita keskittymiseen ja meditaatioon, *dharanaan* ja *dhyanaan*, jotka johtavat *samadhiin*: ylitietoiseen ykseyden kokemiseen Jumalan kanssa.

Jumalalla ei ole suosikkeja; Hän rakastaa kaikkia yhtä lailla. Aurinko paistaa samalla tavalla hiilenpalaan ja timanttiin, mutta timantti ottaa vastaan valon ja heijastaa sitä. Useimmilla on "hiilenpalan" ajattelutapa ja siksi he luulevat, ettei Jumala siunaa heitä. Rakkaus ja siunaus ovat olemassa; ihmisen täytyy vain ottaa ne vastaan. *Bhaktin* kautta hän voi muuttaa tietoisuutensa timantin ajattelutavaksi ja ottaa vastaan sekä täydellisesti heijastaa Jumalan rakkautta ja armoa. Silloin hän saa rauhan ja täyttymyksen elämäänsä. Vain hiukan meditaatiota ja vilpitöntä rakkautta Taivaallista Luojaamme kohtaan tuo rauhan ihmisten sydämiin, ja maailman tila todella paranee.

Kun annamme gurullemme sydämemme antaumuksellisen rakkauden ja otamme puolestamme vastaan gurun pyyteettömän jumalallisen rakkauden ja ystävyyden, opimme mitä on rakastaa Jumalaa vilpittömästi. Guru herättää meissä todellisen rakkauden Jumalaa kohtaan ja opettaa meidät rakastamaan Häntä.

Antaumuksen tie

Self-Realization Fellowshipin kansainvälinen päämaja, Los Angeles, Kalifornia, 13. huhtikuuta 1965

Jumala on helpointa löytää antaumuksellisen rakkauden kautta. Jokaisen helppoa tapaa etsivän tulisi ennen kaikkea keskittyä kehittämään tätä kykyä. Antaumuksen ohella hänen täytyy myös kehittää arvostelukykyään. Gurumme Paramahansa Yoganandan määrittelyn mukaan arvostelukyky tarkoittaa sitä, että opimme tekemään, mitä meidän pitää tehdä, silloin kun se on tehtävä.

Hengellinen arvostelukyky pitää ajatuksemme yhteen näkökulmaan keskittyneenä. Aina tehdessämme jotain tällainen arvostelukyky saa meidät kysymään itseltämme: "Antaako tämä minulle enemmän Jumalaoivallusta?" Se auttaa meitä sanomaan *"neti, neti"* ('ei tätä, ei tätä') sellaisille teoille, jotka eivät johda Hänen luokseen, ja niin pyrimme välttämään niitä. Kun arvostelukykymme kertoo jonkin teon johdattavan Jumalan tykö, voimme sanoa: "Näin aion tehdä uskollisesti." Jos noudatatte näitä kahta perusperiaatetta, antaumusta ja arvostelukykyä, huomaatte että ne muodostavat yksinkertaisimman tavan löytää Jumala. Luonnollisesti se, mitä kutsun "antaumukseksi", sisältää gurun antamien meditaatiotekniikoiden harjoittamisen.

Mikä on helpoin tapa voittaa joku puolelleen? Ei järki, vaan rakkaus. Niinpä loogisin tapa voittaa Taivaallinen

Antaumuksen tie

Ystävä puolelleen on rakastaa Häntä. Rakkaus on se, mitä etsin tässä maailmassa. Minä elin rakkauden takia. Mutta halusin täydellistä rakkautta ja oivalsin, että meillä ei ole oikeutta odottaa täydellistä rakkautta ihmisiltä, koska he itsessään ovat epätäydellisiä. Yksi nykymaailman ongelmista on se, että miehet ja vaimot, lapset, perheet, valittavat toisiltaan saamansa rakkauden puutetta. He eivät pysähdy ajattelemaan, että jos haluaa saada rakkautta, täytyy ensin *antaa* sitä. Ei voi saada osakseen rakkautta vain vaatimalla sitä joltakulta. Sitä täytyy antaa, ja silloin saa sitä itsekin.

Jos haluaa Jumalaa, täytyy ensin antaa rakkautta Hänelle. Vastalahjaksi saa rakkautta niin ylenpalttisesti, ettei enää itke tämän maailman epätäydellisen rakkauden perään.

Aina lukiessani ihanteellisesta rakkaudesta kahden ystävän tai vanhempien ja lasten tai miesten ja vaimojen välillä ajattelin: "Rakas Jumala, jos nämä ihmissuhteet voivat olla näin suloisia, miten paljon suloisempi täytyykään olla suhteen Sinuun, josta nämä rakkauden eri muodot virtaavat!" Tämä ajatus on inspiroiva ja rohkaiseva! Mutta ette pysty löytämään Jumalaa pelkästään järkeilemällä tällä tavalla Hänen ominaisuuksistaan. Teidän täytyy yrittää tuntea ne, keskittyä niihin, meditoida Hänen luonnettaan, kunnes Hänen ilmentämänsä ominaisuudet muuttuvat osaksi omaa kokemustanne. Tunteaksenne Jumalan rakkautena tarttukaa tiettyyn ajatukseen, joka herättää teissä antaumuksen tunteen, ja pohdiskelkaa sitä pitkän aikaa syvässä meditaatiossa, jolloin tunne muuttuu entistä syvemmäksi.

Vain rakkaus

Antaumuksen tulisi olla vain Jumalaa varten, ei vaikutuksen tekemiseksi muihin

Bhaktin eli antaumuksen tietä seuraava palvoja saattaa joutua joksikin aikaa ylitunteellisuuden tilaan. Jos hän on syvästi vilpitön, tällainen ulkoinen into menee vähitellen ohi ja sen korvaa syvä sisäinen antaumuksellisen tietoisuuden tila. Olette lukeneet tästä monien *bhaktin* tietä seuranneiden pyhimysten elämäkerroissa. Niissä puhutaan suuren tunteellisuuden kaudesta: kyyneleet valuvat ja toisinaan palvoja jopa menettää tajuntansa. Mutta jos hän jatkaa sinnikkäästi ja on täysin vilpitön, jos hän ei yritä tehdä muihin ihmisiin vaikutusta, vähitellen hänen mielensä kääntyy niin täysin sisäänpäin, että hänen tunteistaan ei näy juurikaan ulkoisia merkkejä.

Jotkut etsijät, jotka kokevat hiukan antaumuksen tunnetta, pistävät pystyyn suuren esityksen muiden läsnä ollessa toivoen tietoisesti tai alitajuisesti tekevänsä näihin vaikutuksen. Tällaisen ulkoisen esittämisen takia he menettävät kaiken aidon hartauden. Kun huomaa alussa olevansa tällaisessa tunteellisuuden tilassa, olisi syytä kysyä itseltään: "Olenko nyt vilpitön?" Muistakaa tämä aina. Palvojan tulisi tutkiskella itseään rehellisesti: "Yritänkö vakuuttaa jonkun toisen? Olenko yhtä syvästi tunteellinen suhtautumisessani Jumalaan ollessani yksin, kun kukaan ei ole näkemässä, kuin muiden ihmisten seurassa?" Tämä on ensimmäinen asia, joka hänen pitäisi tehdä: olla rehellinen itselleen. Jos hän havaitsee, että hänen tunteensa ovat aivan yhtä syvät, että kyyneleet valuvat aivan yhtä vapaasti hänen ollessaan yksin, silloin hänen antaumuksensa

Antaumuksen tie

on oikeanlaista. Jos hän taas huomaa, että hänen tunteensa ovat paljon voimakkaampia muiden ollessa läsnä, hänen tulisi mielessään pysähtyä hetkeksi ja kysyä itseltään, haluaako hän todellisuudessa vakuuttaa ympärillään olevat ihmiset "suuresta hengellisestä edistymisestään". Jos hän huomaa sen olevan näin, hänen tulisi heti kiirehtiä rukoilemaan Jumalaa syvästi: "Herra, ethän salli minun häpäistä tätä antaumuksen kipinää, jota tunnen Sinua kohtaan! Auta minua poistamaan ulkoiset elkeet, niin ettei kukaan näe rakkauttani Sinuun. Anna minun pitää se piilossa, pyhänä Sinun ja minun välillä." Tällä tavoin hänen tulisi kääntää ulos virtaavat ajatuksensa ja tunteensa sisäänpäin.

Kun palvoja rakastaa Jumalaa vilpittömästi, kun hänen antaumuksensa on syvää ja puhdasta, hän unohtaa maailman. Hän ei enää välitä siitä, pitääkö maailma häntä hulluna vai pyhimyksenä, hyväksyykö vai hylkääkö se hänet. Hän haluaa vain tuntea Jumalan rakkauden ja uppoutua siihen. Jos tässä tietoisuudessa hänen mielensä sattuu hetkeksi kääntymään ulospäin ja kyyneleet saattavat joskus valua hänen poskilleen, hän ei halua kenenkään muun näkevän kyyneliään kuin Jumalan. Tämä palvoja uskokoon, että hän on oikealla tiellä ja että vähitellen hänen antaumuksensa muuttuu syvemmäksi, vetäytyneemmäksi, sisäisemmäksi – mutta silloinkin se saattaa toisinaan ilmetä ulkoisin merkein.

Autuus on ihmisen lopullinen päämäärä

Ihminen on sekä järjellinen että rakastava olento. Hänen sielussaan asuvat sekä järki että tunteet, ja kumpikin niistä on huumaava. Muistan Gurun kerran sanoneen: "Kun olen viisauden tilassa, järki on päällimmäisenä enkä ole tietoinen antaumuksesta. Kun olen antaumuksen tilassa, se on ylimpänä enkä tunne järkeä niin voimakkaasti." Sekä rakkaus että viisaus antavat meille jumalallisen autuuden hurmion.

Jokainen ihminen etsii autuutta. Se on elämän ainoa päämäärä. Ja sitä Jumala on – ikuisesti olemassa oleva, ikuisesti uusi, ikuisesti tietoinen autuus. Se on myös sielun luonto. Sanotte ehkä, että ihminen etsii monia asioita. Mutta kaikesta etsimästään hän toivoo lopulta saavansa vain yhtä kokemusta: iloa eli autuutta. Jos hän etsii rakkautta, se ei johdu siitä että hän kaipaisi surua; hän haluaa kokea rakastetuksi tulemisen ilon. Jos hän etsii viisautta, se ei johdu siitä että hän haluaisi rajoittuneisuutta; hän haluaa sen huumaavan ilon, joka syntyy kaikkitietävyydestä. Miksi joku etsii kultaa? Kullalla tai rahalla ei itsessään ole mitään merkitystä. Hän etsii sitä sen täyttymyksen tuoman ilon vuoksi, joka syntyy kun saa kaiken haluamansa. Jos hän etsii kuuluisuutta, hän haluaa kokea ilon tunteen: "Minulla on valtaa" tai "Minä olen ikuinen". Kaikessa etsimisessään ihmisen perimmäinen päämäärä on autuus.

Sielun luonto on voima, autuus, rakkaus, ikuinen tietoisuus, kaikkitietävyys, kaikkiallinen läsnäolo. Niinpä kaikissa asioissa, joita ihminen etsii tässä maailmassa, hän yrittää kokea ne ominaisuudet, jotka ovat osa hänen todellista luontoaan. Analysoikaa asiaa: mitä muuta on kuuluisuus kuin halu saavuttaa kuolemattomuus, tulla tunnetuksi sen aikaa kun on täällä ja jatkaa elämää jälkeenjääneiden muistoissa kun on

Antaumuksen tie

poistunut tästä maailmasta? Ihminen juoksee näiden asioiden perässä, koska hän haluaa alitajuisesti kokea oman sieluluontonsa.

Ihmisen tulee siksi saada anteeksi vimmattu tyytyväisyyden etsintänsä aineellisessa maailmassa. Ei ole väärin etsiä täyttymystä, mutta tapa jolla sitä etsitään on usein väärä. Ikuinen ei voi löytyä katoavaisesta.

On olemassa vain yksi keino saavuttaa täydellinen tyytyväisyys. Kristus tiesi sen ja siksi hän sanoi: "Etsikää ensin Jumalan valtakuntaa ja hänen vanhurskauttaan, niin myös kaikki tämä teille annetaan." Jos etsii Jumalaa, löytää Hänestä kaiken muunkin mitä kaipaa. Oivallatte täyttymyksen Hänessä, joka on ikuinen, sillä tulette löytämään ikuisen Itsenne.

Siunaus Mahavatar Babajilta

*Self-Realization Fellowshipin ashramkeskus,
Encinitas, Kalifornia, 24. elokuuta 1965*

Vieraillessaan Paramahansa Yoganandan ashrameissa Intiassa (lokakuu 1963 – toukokuu 1964) Sri Daya Mata teki hengellisen pyhiinvaellusmatkan Himalajan vuoristossa sijaitsevaan luolaan, jonka Mahavatar Babajin[1] fyysinen läsnäolo on pyhittänyt. Jonkin aikaa tämän jälkeen Daya Mata kieltäytyi puhumasta julkisesti kokemuksestaan. Kun tässä *satsangassa* Encinitasissa eräs läsnäolija pyysi Matajia kertomaan käynnistään Babajin luolassa, Jumalallinen Tahto rohkaisi häntä myönteiseen vastaukseen. Seuraavassa on hänen kertomuksensa inspiraationa kaikille.

Paramahansa Yoganandan ja Mahavatar Babajin välillä vallitsi hyvin erityinen suhde. Gurudeva puhui

---

[1] Ylin guru Jumalan oivaltaneista mestareista, jotka kantavat vastuun kaikkien uskollisesti *kriya*-joogaa harjoittavien Self-Realization Fellowshipin (Yogoda Satsanga Society of Indian) jäsenten hengellisestä hyvinvoinnista.

Daya Mata teki pyhiinvaelluksensa luolaan, jossa Mahavatar asui antaessaan suurelle oppilaalleen Lahiri Mahasayalle vihkimyksen pyhään *kriya*-joogaan vuonna 1861. Lahiri Mahasayan vaikuttava kertomus heidän kohtaamisestaan on taltioitu Paramahansa Yoganandan *Joogin omaelämäkertaan*, luku 34: "Eräänä iltapäivänä olin jälleen vaeltelemassa, kun suureksi hämmästyksekseni kuulin etäisen äänen kutsuvan minua nimeltä. Jatkoin pontevaa kiipeämistäni – –. Saavuin lopulta pienelle aukealle, jonka reunamilla oli siellä täällä luolia. Eräällä kallionkielekkeellä seisoi hymyilevä nuorukainen, joka ojensi kätensä toivottaen minut tervetulleeksi – –.'Lahiri, olet tullut! Lepää tässä luolassa. Minä olin se, joka kutsui sinua.'" Tarina jatkuu Lahiri Mahasayan kuvauksella siitä erikoisesta tilanteesta, jossa hän sai Mahavatar Babajilta pyhän *dikshan* (vihkimyksen) *kriya*-joogaan.

Siunaus Mahavatar Babajilta

usein Babajista ja tapauksesta, jolloin Mahavatar oli ilmestynyt hänelle Kalkutassa juuri ennen kuin Paramahansaji lähti Intiasta tullakseen tähän maahan.[2] Aina kun Mestari viittasi suureen avataaraan[3], hän teki sen sellaisella hartaudella ja kunnioituksella, että jumalallinen rakkaus ja kaipuu täyttivät sydämemme. Joskus minusta tuntui, että sydämeni halkeaisi.

Gurujin poismenon jälkeen ajatus Babajista kasvoi yhä suuremmaksi tietoisuudessani. Mietin usein, miksi sydämessäni vallitsi erityinen tunne Babajia kohtaan, vaikka tunsin asiaankuuluvaa antaumusta ja arvonantoa myös muita rakastettuja *paramgurujemme*[4] kohtaan. En ollut tietoinen mistään erityisestä vastauksesta Babajin taholta, mikä olisi voinut saada minussa aikaan tämän merkittävän läheisyyden tunteen. Pidin omaa arvoani vähäisenä enkä siksi koskaan osannut odottaa, että saattaisin kokea henkilökohtaisesti Babajin pyhän läsnäolon. Ajattelin, että ehkä jossakin tulevassa elämässä tämä siunaus voisi koitua osakseni. En ole koskaan pyytänyt tai kaivannut hengellisiä kokemuksia. Haluan vain rakastaa Jumalaa ja tuntea Hänen rakkautensa. Iloni syntyy Hänen rakastamisestaan; en etsi muuta palkintoa elämässä.

Kun viimeksi menimme Intiaan, kaksi mukanani ollutta palvojaa[5] esittivät toiveen päästä käymään Babajin

---

[2] Ks. *Joogin omaelämäkerta*, luku 37.

[3] Jumalallinen inkarnaatio: sellainen joka on vapaaehtoisesti palannut maan päälle auttamaan ihmiskuntaa sen jälkeen, kun hän itse on saavuttanut vapautumisen ja täyden samaistumisen Hengen kanssa.

[4] *Paramguru* on oman gurun guru; tässä sana viittaa Self-Realization Fellowshipin pyhään gurulinjaan: Mahavatar Babaji, Lahiri Mahasaya, Swami Sri Yukteswar ja Paramahansa Yogananda.

[5] Ananda Mata (ks. alaviite sivulla 206) ja Uma Mata. Uma Mata on

Vain rakkaus

luolassa. Ensin en tuntenut suurempaa henkilökohtaista halua siihen, mutta tiedustelimme asiaa. Luola sijaitsee Himalajan alarinteillä Ranikhetin takana lähellä Nepalin rajaa. Delhissä viranomaiset kertoivat meille, että pohjoiset raja-alueet olivat ulkomaalaisilta suljettuja; vaikutti siltä, että tällainen matka olisi mahdotonta toteuttaa. En ollut pettynyt. Olen nähnyt liian monia ihmeitä epäilläkseni, etteikö Taivaallisella Äidillä olisi valtaa toteuttaa mitä tahansa, mitä Hän haluaa. Jos Hän ei halunnut tämän matkan tapahtuvan, minulla ei ollut henkilökohtaista toivetta asian suhteen.

Päivää tai paria myöhemmin Yogacharya Binay Narayan[6] kertoi minulle olleensa yhteydessä sen osavaltion, Uttar Pradeshin, pääministeriin, jossa Babajin luola sijaitsee. Pääministeri oli antanut seurueellemme erikoisluvan vierailla alueella. Kahdessa päivässä olimme valmiit matkaan. Meillä ei ollut lainkaan lämpimiä vaatteita, jotka olisivat sopineet vuoristoilmaston kylmyyteen, vaan pelkästään puuvillaiset sarimme ja villasta kudotut *chuddarit* (shaalit) harteille kiedottavaksi. Olimme innostuksessamme hiukan liian huimapäisiä!

Matkustimme junalla Lucknowhun, Uttar Pradeshin osavaltion pääkaupunkiin, ja saavuimme kahdeksan aikaan illalla kuvernöörin kotiin. Nautimme aterian hänen sekä pääministerin ja muiden vieraiden seurassa. Kymmeneltä olimme pääministerin kanssa jo

Self-Realization Fellowshipin / Yogoda Satsanga Society of Indian johtokunnan jäsen.

[6] Tunnettiin myöhemmin nimellä svami Shyamananda. Hän oli Yogoda Satsanga Society of Indian pääsihteeri ja toimi virassa kuolemaansa asti vuoteen 1971.

Syvässä yhteydessä Jumalaan Mahavatar Babajin luolassa
Himalajalla lähellä Ranikhetia, 1963

"*Hiljaisuuden ääni puhui voimakkaana Jumalan läsnäolosta. Oivalluksen aallot virtasivat tietoisuuteni läpi, ja sinä päivänä lausumiini rukouksiin on sittemmin vastattu.*"

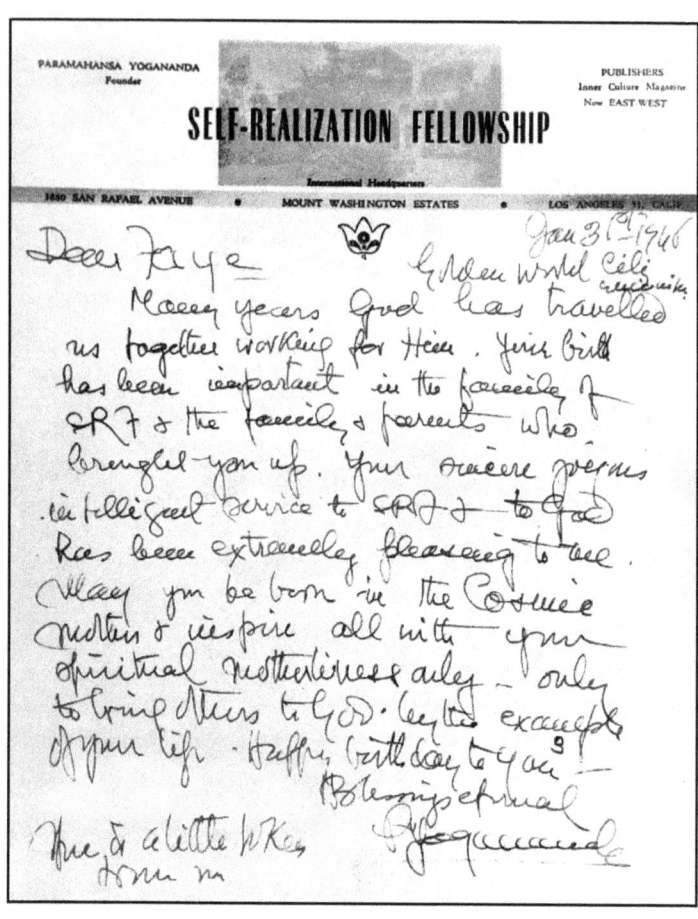

Paramahansajin kirje Daya Matalle tämän syntymäpäivänä,
31. tammikuuta 1946

"Monien vuosien ajan Jumala on antanut meidän kulkea yhdessä tekemässä Hänen työtään. Syntymäsi on ollut tärkeä SRF:n perheelle sekä perheelle ja vanhemmille, jotka kasvattivat sinut. Vilpitön, iloinen ja älykäs palvelusi SRF:lle ja Jumalalle on miellyttänyt minua suuresti. Toivon sinun syntyvän Kosmisessa Äidissä ja inspiroivan kaikkia hengellisellä äidillisyydelläsi – jotta toisit muut ihmiset Jumalan tykö oman elämäsi esimerkillä. Onnellista syntymäpäivää sinulle. Ikuisin siunauksin."

Siunaus Mahavatar Babajilta

junassa matkalla Katgodamiin. Oli melkein aamu, kun saavuimme pienelle asemalle. Sieltä meidän piti vielä matkata autokyydissä Dwarahatin vuoristoasemalle, jossa on majoitusta kaltaisillemme pyhiinvaeltajille.

Jumalallinen vahvistus Babajilta

Jonkin aikaa istuin Katgodamin rautatieasemalla aivan yksin. Muut olivat menneet ulos odottamaan autoja. Syvällä tunteella ja antaumuksella harjoitin *japa*-joogaa, kuten Intiassa kutsutaan Jumalan nimen lausumista uudelleen, uudelleen ja uudelleen. Näin tehdessä koko tietoisuus uppoutuu vähitellen yhteen ajatukseen sulkien kaiken muun pois. Lausuin Babajin nimeä. Pystyin ajattelemaan vain Babajia. Sydämeni oli pakahtumaisillaan sanoinkuvaamattomasta lumosta.

Yhtäkkiä kadotin kaiken tietoisuuden tästä maailmasta. Mieleni vetäytyi täysin toiseen tietoisuuden tilaan. Mitä suloisimman ilon ekstaasissa koin Babajin läsnäolon. Ymmärsin, mitä Avilan pyhä Teresa tarkoitti "nähdessään" Kristuksen vailla muotoa: yksilöitynyt Henki ilmentyi sieluna, joka oli verhoutunut vain ajatus-olemuksen muotoon. Tällainen "näkeminen" on havaintona elävämpi ja yksityiskohdiltaan tarkempi kuin aineellisten muotojen tai jopa näkyjen karkeat ääriviivat. Sisäisesti kumarsin ja otin tomua hänen jaloistaan.[7]

Mestari oli sanonut joillekin meistä: "Teidän ei koskaan tarvitse kantaa huolta järjestömme johtajasta. Babaji on jo valinnut ne, joiden kohtalona on johtaa tätä

---

[7] Intialainen tapa, jolloin palvoja koskettaa mestarin jalkoja ja sitten omaa otsaansa merkkinä nöyryydestä mestarin hengellisen suuruuden edessä. (Vrt. Mark. 5:27-34.)

Vain rakkaus

työtä." Kun johtokunta valitsi minut, kysyin: "Miksi minä?"[8] Nyt tajusin esittäväni asian Babajille: "He valitsivat minut. En lainkaan ansaitse sitä. Miten näin voi olla?" Sisäisesti nyyhkytin hänen jalkojensa juuressa.

Hyvin lempeästi hän vastasi: "Lapseni, sinun ei pidä epäillä Guruasi. Hän lausui totuuden. Se mitä hän sanoi sinulle, on totta." Babajin lausuessa nämä sanat minut valtasi autuas rauha. Koko olemukseni kylpi siinä tyyneydessä, en tiedä kuinka kauan.

Vähitellen huomasin, että seurueemme muut jäsenet olivat tulleet takaisin huoneeseen. Kun avasin silmäni, katsoin ympäristöäni uudella oivalluksella. "Tietenkin! Olen ollut täällä aiemmin." Hetkessä kaikki oli minulle aivan tuttua, kun muistot aiemmasta elämästä heräsivät.

Autot olivat valmiina viemään meidät ylös vuorille. Astuimme niihin ja matkasimme ylös kiemurtelevaa vuoristotietä. Kaikki ympärilläni, jokainen näkymä, oli minulle tuttu. Katgodamissa kokemani jälkeen Babajin läsnäolo jatkui minussa niin voimakkaana, että minne vain katsoinkin, hän näytti olevan siellä. Pysähdyimme hetkeksi Ranikhetissa,

---

[8] Erään kerran Paramahansa Yoganandalta kysyttiin Self-Realization Fellowshipin / Yogoda Satsanga Society of Indian tulevien presidenttien nimittämisestä. Virkansa puolesta nämä myös edustaisivat häntä SRF:n / YSS:n hengellisenä johtajana. Hän vastasi: "Tämän järjestön johdossa tulee aina olemaan Jumalan oivaltaneita miehiä ja naisia. Jumala ja gurut tuntevat heidät jo."

Vaikka Paramahansaji oli valinnut ja kouluttanut Daya Matajin tämän tulevaa hengellistä roolia varten, sisäisesti tämä ei koskaan ottanut nimitystä kirjaimellisesti vaan ajatteli, että hetken lopulta koittaessa Herra varmasti valitsisi jonkun toisen hänen sijastaan. Mutta täysin pätevän, vaikkakin nöyrästi vastahakoisen Daya Matan turha vaatimattomuus ei voinut muuttaa Jumalan tahtoa eikä gurun nimenomaista toivetta.

Siunaus Mahavatar Babajilta

jossa kaupungin virkamiehet ottivat meidät vastaan. Pääministeri oli tiedottanut heille vierailustamme. Lopulta saavuimme Dwarahatin syrjäiseen pikkukylään, joka kyyhötti korkealla Himalajan alarinteillä. Asetuimme hallituksen majataloon, vaatimattomaan yksikerroksiseen pyhiinvaeltajille tarkoitettuun majapaikkaan. Sinä iltana useita ihmisiä saapui ympäröivältä maaseudulta katsomaan meitä. He olivat kuulleet läntisistä pyhiinvaeltajista, jotka olivat tulleet käymään pyhässä luolassa. Tällä seudulla monet puhuvat Babajista, jonka nimi tarkoittaa Kunnioitettua Isää. He esittivät meille kysymyksiä ja pidimme yhteisen *satsangan* aivan kuten me pidämme nyt. Moni heistä ymmärsi englantia ja vieressä joku käänsi niille, jotka eivät sitä osanneet.

Enteellinen näky

Kun *satsanga* oli ohi ja kyläläiset olivat lähteneet kukin suuntaansa, istuimme meditoimaan ja vetäydyimme sitten yöpuulle lämpimiin makuupusseihimme. Keskellä yötä koin ylitietoisen kokemuksen. Valtava musta pilvi pyyhkäisi äkkiä ylitseni yrittäen nielaista minut. Kun näin tapahtui, huusin ääneen Jumalaa herättäen Ananda Man sekä Uma Man, jotka olivat samassa huoneessa kanssani. He olivat huolissaan ja halusivat tietää, mitä oli tapahtunut. "En tahdo puhua siitä juuri nyt", sanoin heille. "Olen kunnossa. Nukkukaa vain." Meditaation harjoittamisen ansiosta meissä jokaisessa kehittyy kaikkitietävä intuition voima. Olin intuitiivisesti ymmärtänyt, mitä Jumala yritti kertoa minulle tämän symbolisen kokemuksen kautta.

Vain rakkaus

Se ennusti vakavaa sairautta, jonka joutuisin pian kohtaamaan; ja se viittasi myös siihen, että koko ihmiskunta kokisi hyvin synkän ajan, jolloin paha voima yrittäisi nielaista koko maailman. Koska pilvi ei ympäröinyt minua kokonaan – ajatukseni Jumalasta torjuivat sen – näky merkitsi sitä, että selviytyisin henkilökohtaisesta vaarastani, kuten teinkin. Samoin se osoitti, että maailma tulisi loppujen lopuksi esiin karman uhkaavasta mustasta pilvestä, mutta ensin ihmiskunnan olisi tehtävä oma osansa ja käännyttävä Jumalan puoleen.

Kello yhdeksältä seuraavana aamuna aloitimme vaelluksemme luolalle. Tämän osan matkaa jouduimme enimmäkseen taittamaan jalan, mutta välillä kuljimme ratsain tai *dandissa*. Tämä pieni, karkeasta puusta tehty kantotuoli on köysillä ripustettu kahteen pitkään tankoon, joita neljä miespuolista kantajaa kannattelevat olkapäillään.

Kävelimme aina vain ylöspäin; toisinaan kirjaimellisesti konttasimme, sillä monin paikoin polku oli hyvin jyrkkä. Pysähdyimme ainoastaan hetkeksi kahdessa taukopaikassa matkan varrella. Toinen oli hallituksen majatalo, jossa yöpyisimme paluumatkalla luolasta. Kello viiden aikaan iltapäivällä, juuri kun aurinko alkoi laskea vuorten taa, saavuimme luolalle. Auringon valo – vai oliko valo lähtöisin toisesta Voimasta? – verhosi koko ilman ja kaikki ulokkeet hohtavaan kultaiseen hehkuun.

Alueella on itse asiassa useita luolia. Yksi niistä on avoin, luonnon valtavaan kallioon kovertama, ehkä samainen kallionkieleke, jolla Babaji seisoi Lahiri Mahasayan nähdessä hänet ensi kertaa. Sitten on myös

Daya Matajin lempivalokuva Paramahansa Yoganandasta

" – – hänen velvollisuutensa guruna oli auttaa oppilaita tunnistamaan ja voittamaan harha. Hänen tavoitteensa ei ollut pelkästään lisätä ihmisten älyllistä tietoisuutta Jumalasta vaan johdattaa sielut Hänen luokseen."

Satsanga Pariisissa kolme kuukautta kestäneellä matkalla SRF:n Euroopan keskuksiin, 1969

"Velvollisuutemme Jumalan lapsina tässä maailmassa on siis pyrkiä ymmärrykseen: itsemme ymmärtämiseen, toisten ymmärtämiseen, elämän ymmärtämiseen ja ennen kaikkea Jumalan ymmärtämiseen. Maailma voi olla parempi paikka vasta silloin, kun ihmisten sydämissä ja mielissä vallitsee

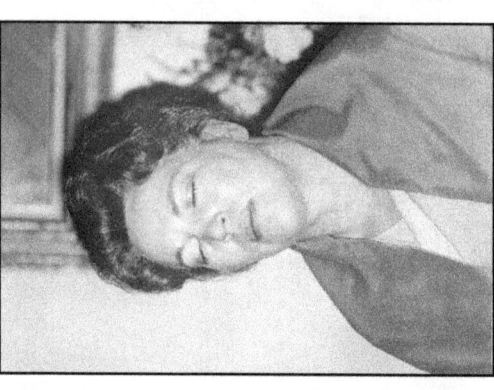

Meditaatio *kriya*-joogaseremonian aikana. SRF:n kansainvälinen päämaja, Los Angeles, 1965

"Jumalaa etsivän palvojan tulisi opetella olemaan enemmän hiljaa ja kuuntelemaan Rakkauden ääntä sisällään."

Siunaus Mahavatar Babajilta

toinen luola; päästäkseen sen sisälle on ryömittävä nelinkontin. Tämän väitetään olevan se, jossa Babaji asui. Luonnonvoimat ovat muokanneet luolan fyysistä rakennetta, erityisesti sisäänkäyntiä, sen yli sadan vuoden aikana, joka on kulunut Babajin oleskelusta. Istuimme tämän luolan sisällä pitkän aikaa syvässä meditaatiossa ja rukoilimme Gurujemme kaikkien oppilaiden sekä koko ihmiskunnan puolesta. Koskaan ennen hiljaisuus ei ole sanonut niin paljon. Hiljaisuuden ääni puhui voimakkaana Jumalan läsnäolosta. Oivalluksen aallot virtasivat tietoisuuteni läpi, ja sinä päivänä lausumiini rukouksiin on sittemmin vastattu.

Muistona käynnistämme ja symbolina siitä kunnioituksesta ja antaumuksesta, jota kaikki Gurudevan *chelat* tuntevat jumalallista suurta avataaraa kohtaan, jätimme luolaan pienen huivin, johon oli ommeltu Self-Realization Fellowshipin tunnus.[9]

Pimeän jälkeen aloitimme matkanteon kotiin päin. Moni kyläläinen oli liittynyt mukaan pyhiinvaelluksellemme, ja muutamat olivat huomaavaisesti ja järkevästi ottaneet mukaan öljylyhtyjä. Lauloimme ääneen Jumalalle astellessamme alas vuorenrinnettä. Yhdeksän aikaan saavuimme erään alueen virkamiehen vaatimattomaan kotiin. Hän oli noussut kanssamme luolalle ja pyysi meitä nyt lepäämään luonaan. Istuimme roihuavan nuotion ympärillä talon pihalla ja meille tarjoiltiin paistettuja perunoita, mustaa leipää ja teetä. Leivän annetaan paistua tuhkassa ja se on niin mustaa kuin

---

[9] Katso nimilehteä. Tunnuksen osat esittävät intuition hengellistä silmää (otsalla kulmakarvojen välissä), jonka kautta ihminen voi kokea Jumalan. Uloin reuna esittää lootusta, jonka terälehdet ovat avoinna, jumalallisen heräämisen ikivanhaa symbolia.

olla voi. En koskaan unohda, miten hyvältä tämä ateria maistui pyhän Himalajan raikkaassa yöilmassa.

Oli keskiyö, kun saavuimme hallituksen majatalolle, jossa olimme pysähtyneet matkalla luolalle. Täällä meidän oli määrä viettää yö – tai mitä siitä oli jäljellä. Moni huomautti meille myöhemmin, että silkka usko johdatti meidät alueen poikki sinä yönä. Se kuhisee vaarallisia käärmeitä, tiikereitä ja leopardeja. Kukaan ei kuvittelisikaan kävelevänsä siellä pimeällä. Mutta sanotaan, että tietämättömyys on suuri onni, eikä meille tullut mieleenkään pelätä. Vaikka olisimmekin olleet tietoisia vaarasta, olisimme varmasti ajatelleet olevamme turvassa. Mutta yleisesti ottaen en suosittele tätä matkaa tehtävän yöaikaan!

Koko päivän ajan Katgodamissa tapahtunut kokemukseni Babajista pysyi tietoisuudessani. Minusta myös tuntui jatkuvasti, että elin uudelleen menneisyydessä kokemiani asioita.

"Minun luontoni on rakkaus"

Sinä yönä en pystynyt nukkumaan. Kun istuin meditaatiossa, koko huoneen valaisi äkkiä kultainen valo. Valo muuttui kirkkaan siniseksi, ja jälleen koin rakkaan Babajimme läsnäolon! Tällä kertaa hän sanoi: "Lapseni, tiedä tämä: palvojien ei tarvitse tulla tähän paikkaan löytääkseen minut. Jos kääntyy sisäänpäin kutsuen minua ja uskoen minuun syvällä antaumuksella, saa minulta vastauksen." Tämä oli hänen viestinsä teille kaikille. Miten totta se onkaan. Jos vain uskotte, jos vain tunnette antaumusta ja kutsutte hiljaa Babajia, tunnette hänen vastauksensa.

Siunaus Mahavatar Babajilta

Sitten sanoin: "Babaji, Herrani, Gurumme opetti meille, että aina kun haluamme tuntea viisauden, meidän tulisi rukoilla Sri Yukteswarjia, sillä hän on kokonaan *jnanaa*, kokonaan viisautta; ja aina kun haluamme tuntea *anandan* eli autuuden, meidän tulisi olla yhteydessä Lahiri Mahasayaan. Mikä on sinun luontosi?" Kun sanoin sen, oi, tunsin että sydämeni oli pakahtua rakkaudesta, niin suuresta rakkaudesta – tuhannesta miljoonasta rakkaudesta käärittynä yhteen! Hän on kokonaan rakkautta; hänen koko luontonsa on *prem* (jumalallinen rakkaus).

Vaikka se lausuttiinkin ääneti, en olisi voinut kuvitella vaikuttavampaa vastausta. Babaji teki siitä vieläkin suloisemman ja merkityksekkäämmän lisäämällä nämä sanat: "Minun luontoni on rakkaus; sillä yksin rakkaus voi muuttaa tämän maailman."

Suuren avataaran läsnäolo katosi hiljalleen hiipuvaan siniseen valoon, ja jäin istumaan autuaasti kietoutuneena jumalalliseen rakkauteen.

Muistin, mitä Gurudeva sanoi minulle vähän ennen kuin jätti kehonsa. Olin kysynyt häneltä: "Mestari, yleensä kun johtaja poistuu, järjestö ei enää kasva vaan alkaa kuihtua. Miten me jatkamme ilman sinua? Mikä kannattelee ja inspiroi meitä, kun sinä et ole enää täällä lihallisessa muodossa?" En koskaan unohda hänen vastaustaan: "Kun olen jättänyt tämän maailman, vain rakkaus voi ottaa minun paikkani. Päihtykää niin Jumalan rakkaudesta öin ja päivin, ettette tiedä mitään muuta. Antakaa sitä rakkautta kaikille." Tämä on myös Babajin viesti – viesti tälle ajalle.

Rakkaus Jumalaan, ja Jumalaan kaikissa ihmisissä,

Vain rakkaus

on ikuinen kutsu, jota kaikki tätä maailmaa kaunistaneet hengelliset suuruudet ovat saarnanneet. Se on totuus, jota meidän tulee soveltaa omaan elämäämme. Se on aivan elintärkeä tänä aikana, kun ihmiskunta on epätietoinen huomisesta ja kun näyttää siltä, että viha, itsekkyys ja ahneus voivat tuhota maailman. Meidän tulee olla jumalallisia sotureja, aseinamme rakkaus, myötätunto ja ymmärrys; tätä maailmassa tarvitaan välttämättä.

Näin, rakkaat kuulijani, olen jakanut kanssanne tämän kokemuksen, jotta tietäisitte, että Babaji elää. Hän on olemassa, ja hänen viestinsä on jumalallisen rakkauden ikuinen viesti. En viittaa itsekkääseen, ahdasmieliseen, henkilökohtaiseen ja omistavaan rakkauteen tavallisissa ihmissuhteissa. Tarkoitan sitä rakkautta, jota Kristus antaa opetuslapsilleen, jota Gurudeva antaa meille: pyyteetöntä jumalallista rakkautta. Tämä on se rakkaus, jota *meidän* tulee antaa kaikille. Me kaikki itkemme sen perään. Tässä huoneessa ei ole yhtäkään, joka ei kaipaisi rakkautta, hiukan ystävällisyyttä ja ymmärrystä.

Me olemme sieluja, ja sielun luonto on täydellisyys. Siksi emme voi koskaan olla täysin tyytyväisiä johonkin, joka on vähemmän täydellistä. Emme voi koskaan tietää, mitä täydellisyys on, ennen kuin tunnemme Hänet, Täydellisen Rakkauden, Isän, Äidin, Ystävän ja Rakastetun: Jumalamme.

Totuuden henki

*Self-Realization Fellowshipin kansainvälinen päämaja,
Los Angeles, Kalifornia, 2. toukokuuta 1963*

Kaikkien Paramahansa Yoganandan ashrameissa viettämieni vuosien ajalta en muista montaakaan kertaa, jolloin hän olisi syvästi paneutunut metafyysisiin kysymyksiin puhuessaan ashrameissa asuvien oppilaiden kanssa. Se ei johtunut kiinnostuksen puutteesta meidän osaltamme eikä tiedon puutteesta hänen osaltaan. Hän vältteli tarkoituksellisesti tällaisia keskusteluja ohjatakseen meidät pois älyllistämisestä. Hän ei halunnut meidän askartelevan filosofisten pohdiskelujen parissa, ettemme menettäisi palavaa intoamme tuntea ja kokea Jumala ennen kaikkea.

Vastaavasti voisimme tänä iltana pohtia kysymystä siitä, luodaanko sieluja lakkaamatta, ja jos näin on, kuinka monta uutta sielua Jumala loi tänään ja niin edelleen. Guruji toisinaan sivusi tämäntyyppisiä aiheita kirjoituksissaan. Hän ei silti pitänyt niitä erityisen tärkeinä, sillä kaikki alkavat ymmärtää näitä asioita, kun heidän Itse-oivalluksensa etenee. Kunnes tämä suora oivallus saavutetaan, Jumalaa etsivän tulisi suojautua harha-askelilta ja eksymiseltä filosofiaan. On mahdollista oppia Paramahansan opetukset hyvin tarkasti ja kuitenkin olla omaksumatta hänen henkeään. Itse kannatan sitä ihannetta, että Jumalan ja Gurun hengen tulee ilmentyä tällä tiellä kulkevien palvojien elämässä. Tällaiset oppilaat ovat työmme tulevaisuus, sillä ne, jotka omaksuvat tämän hengen virittäytymällä yhteyteen Gurun kanssa meditaatiossa, saavuttavat oman Itse-oivalluksensa ja kaiken tiedettävissä olevan totuuden. Opiskelkaa Gurujin opetuksia tarkasti, ilman muuta; mutta asettakaa asiat tärkeysjärjestykseen. Suurimman kiinnostuksenne ja pyrkimyksenne tulisi suuntautua siihen, että koette sielussanne Jumalan, josta Gurudeva teille opettaa.

Istuisin paljon mieluummin Jumalan rakkaudesta päihtyneen jaloissa ja kuulisin hänen kertovan henkilökohtaisesta yhteydestään Jumalaan kuin kuuntelisin kaikkein nerokkainta esitelmää teoreettisesta filosofiasta. Tuntisimme olomme tyhjäksi ja rauhattomaksi, jos käyttäisimme aikamme ashramissa kuivaan keskusteluun teorioista, mikä Jumala on ja mitä hän tekee. Mutta kun joku puhuu muutaman sanan Hänestä oman kokemuksensa kautta ja kun meditoimme yhdessä tuntien Hänen läsnäolonsa, olemme sisäisesti tyytyväisiä ja kasvamme hengellisesti.

Muistakaa nämä sanat: niin kauan kuin ihminen kaipaa jotain Jumalaa vähäisempää, hän kamppailee yhä harhan vallassa. Jos Paramahansaji huomasi, että ashramissa joku alkoi kaivata jotakin muuta enemmän kuin Jumalaa, hän asetti oppilaan tielle kaikki mahdolliset hankaluudet herättääkseen tämän harhasta. Jos oppilas yritti tehdä Paramahansajiin vaikutuksen merkillisillä kysymyksillä, Gurudeva ei yksinkertaisesti huomioinut häntä. Mutta kun Paramahansaji tunsi palvojan taholta magneettista vetoa, joka syntyy vilpittömästä kaipuusta tuntea Jumala, hän vietti

Totuuden henki

tuntikausia tämän palvojan seurassa. Hän ei pelkästään puhunut hengellisistä totuuksista vaan opasti ja rohkaisi tätä meditaatiossa – toisinaan terävinkin sanoin, jos se oli tarpeen. Hän koulutti meitä tällä tavalla, koska hänen velvollisuutensa guruna oli auttaa oppilaita tunnistamaan ja voittamaan harha. Hänen tavoitteensa ei ollut pelkästään lisätä ihmisten älyllistä tietoisuutta Jumalasta vaan johdattaa sielut Hänen luokseen.

Totuuden voi täysin ymmärtää vain kokemuksen kautta

Kun oivaltaa syvästi minkä tahansa totuuden, kun rakastaa suuresti, ei ole helppoa puhua tunteistaan. Siksi palvojan on hyvin vaikeaa pukea sanoiksi suloista kokemustaan Jumalasta. Se on niin jumalallista, niin täydellistä itsessään, ettei siitä halua puhua. Pyhimykset sanovat, että sillä hetkellä, kun jumalallista kokemusta kuvaillaan sanoin, se verhoutuu jossain määrin epätäydellisyyteen. Sanat ovat vajavainen ilmaisun muoto ja siksi ne eivät voi täysin ilmentää täydellisyyttä. Sama koskee Totuutta. Sillä hetkellä kun Totuudesta tai Jumalasta vain puhutaan vailla kokemusta, jotakin katoaa. Jeesuksen Kristuksen opetukset ovat tästä esimerkki. Ne voidaan tulkita oikein vain silloin, kun Franciscus Assisilaisen kaltainen suuri Kristuksen rakastaja syntyy. Tällainen palvoja ei välitä niinkään paljon sanoista kuin hengestä niiden takana; hän toivoo saavansa elää Kristuksen hengessä. Juuri totuuden henkeä Paramahansa Yogananda yritti välittää niille, jotka tulivat hänen opetettavikseen.

Vain rakkaus

Monet eivät aktiivisesti etsi Jumalaa, koska he eivät oivalla, että todellista onnea ei voi löytää muualta. Inhimillinen maineen ja vallan himo, aineellisen yltäkylläisyyden halu ja muiden ihmisten tunnustuksen kaipuu ovat kaikki peräisin sielun luonnollisesta tarpeesta ilmentää rajatonta potentiaaliaan. Sielu tietää oman täydellisen luontonsa – se on jumalallisen loistokas ja kaikkivoipa. Mutta harhaisessa ego-tilassa emme tunne tätä sielun täydellisyyttä. Olemme vain tietoisia sen kehotuksista ilmentää myötäsyntyistä voimaamme ja loistoamme ja tulkitsemme ne väärin.

Oikea halujen tyydyttämistapa

Ei ole väärin elätellä ansiokkaita päämääriä ja haluja. Virhe piilee siinä, että yritämme ilmaista ja tyydyttää niitä rajoittunein tavoin, sillä silloin päädymme vellomaan harhassa. Tällaisten halujen syntyessä rukoilkaa sisäisesti: "Herra, tiedän, että näiden kaipuiden pohjalla on sielun halu ilmentää ääretöntä luontoaan Sinun kuvanasi. Auta minua tyydyttämään rakkauden, vallan ja tunnustuksen kaipuuni siten, että tunnen itseni sieluna." Tämä on suurenmoinen tapa ajatella: käyttää omaa arvostelukykyään harhan voittamiseksi.

"Etsikää ensin Jumalan valtakuntaa ja hänen vanhurskauttaan, niin myös kaikki tämä teille annetaan." Tiedän asian olevan näin. Monia vuosia sitten ollessani nuori oppilas tällä tiellä oivalsin, että nämä Kristuksen sanat ilmaisivat Jumalan suuren lupauksen: jos ennen kaikkea etsimme Herraa ja etsimme Häntä enemmän kuin mitään, niin kaikki muu mitä

Totuuden henki

olemme koskaan halunneet suodaan meille. Päätin, että omassa elämässäni todistaisin tämän väittämän joko oikeaksi tai vääräksi. Aina epäilyksen hetkellä uudistin sisäisen valani: käyttäisin mahdollisuuksiani tässä inkarnaatiossa todistaakseni, ovatko nämä Raamatun sanat valhetta vai totta.

Helpoin tapa seurata hengellistä tietä on omaksua filosofinen periaate tai totuudellinen väittämä ja pyrkiä rakentamaan elämänsä sen ympärille. Pyhässä kirjassa tai suurten pyhimysten sanoissa on jokaiselle teistä jokin totuus, joka on antamansa inspiraation takia teille erityisen rakas. Älkää tyytykö pelkästään saamaan innoitusta noista sanoista. Yrittäkää joka päivä parhaanne mukaan elää tuon totuuden mukaisesti, niin että inspiraationne syvenee suoraksi oivallukseksi.

Mestaria kiinnosti kaikkein eniten oppilaan henki – rakastava halu ja päättäväisyys kokea Jumala. Juuri tämä pitää todelliset hengelliset opetukset voimissaan ja puhtaina. Maailman koko älyllinen oppi ei pysty siihen, koska älyllisyys on liian usein kompastuskivi lukemiseen tai kuulemiseen perustuvan Jumalan ymmärtämisen ja Hänen suoran oivaltamisensa välillä. Kun etsijä kokee henkilökohtaisesti Jumalan rakkauden ja viisauden, kukaan ei voi horjuttaa hänen vakaumustaan. "Hän joka tietää, tietää; kukaan muu ei tiedä."[1] Tällainen palvoja haluaa vain elää Totuutta, tuntea Jumalan läsnäolon ja tulla yhdeksi Hänen kanssaan. Hänellä ei ole muita tavoitteita tai haluja.

Niinpä Jumalan löytäminen tai pelkkä Hänen vilpitön etsimisensä tarkoittaa kaikkien halujen loppua,

---

[1] Paramahansa Yoganandan teoksesta *Cosmic Chants*.

Vain rakkaus

sillä suhde Jumalaan on täydellisesti tyydyttävä. Jumalallinen ihminen on täysin tyytyväinen eikä hänellä siksi ole halua ilmaista itseään Jumalasta erillisenä egona. Häntä kiinnostaa vain tehdä Jumalan tahto ja jakaa Hänet muiden kanssa, herättää heissä kiinnostus ei itseään kohtaan, vaan Jumalaan. Hänen suurin ilonsa on houkutella toiset palvomansa Ainoan Rakastetun tykö.

Ne, jotka meditoivat syvästi, jotka harjoittavat *kriya*-joogaa uskollisesti ja saavuttavat välittömän kokemuksen Jumalasta, tulevat olemaan Self-Realization Fellowshipin kantava voima. Jumala asetti eetteriin tämän työn suunnitelman: se perustettiin Hänen käskystään[2] ja Hänen rakkautensa ja tahtonsa ylläpitävät ja ohjaavat sitä. Tiedän tämän vailla mitään epäilystä. *Kriyan* harjoittaminen tuo oman todisteensa Totuudesta jokaiselle Paramahansa Yoganandan oppilaiden sukupolvelle.

---

[2] Paramahansa Yogananda on kuvaillut *Joogin omaelämäkerrassa* niitä ainutlaatuisia tapahtumia, jotka johtivat Self-Realization Fellowshipin (Yogoda Satsanga Society of Indian) perustamiseen *kriya*-joogan levittämiseksi maailmaan.

Onko avataaroilla karma?

*Self-Realization Fellowshipin kansainvälinen päämaja,
Los Angeles, Kalifornia, 17. elokuuta 1965*

Puheen aikana Sri Daya Mata vastasi seuraaviin kysymyksiin: Onko vapautuneiden olentojen kärsimys seurausta menneisyydestä peräisin olevasta huonosta karmasta? Seuraako heidän tämän elämänsä teoista karmaa?

Oikeista tai vääristä teoistamme kertyviä seurauksia nimitetään karmaksi. Karman (toiminnan) laki on syyn ja seurauksen laki: mitä kylvämme, sitä niitämme. Hyvät teot tuovat elämäämme hyviä seurauksia, pahat teot tuovat negatiivisia seurauksia ja kärsimystä. Koko ihmiskunta on tämän lain alainen lukuun ottamatta niitä harvoja sieluja, jotka ovat nousseet sen yläpuolelle oivaltamallaykseytensä Jumalan kanssa. Jeesuksen ja Krishnan kaltaiset sielut kärsivät maan päällä, mutta on loogisesti naurettava johtopäätös väittää, että heidän kärsimyksensä olisi seurausta heidän vääristä teoistaan. Yhtä lailla meidän pitäisi silloin olettaa, että Herralla on hyvin huono karma, koska hän on luonut kärsivän ihmiskunnan. Ja jos me olemme yksilöityneitä Jumalan kipinöitä, kuten pyhät kirjoitukset opettavat, silloin kärsimyksemme olisi oltava seurausta Hänen vääristä teoistaan ja Hän olisi se, joka kärsisi meidän kauttamme. On siis epäloogista ajatella, että karman lakia voisi soveltaa Jumalaan tai niihin, jotka ovat tulleet yhdeksi Jumalan

Vain rakkaus

kanssa ja siten nousseet Hänen lakiensa yläpuolelle. Käärme kantaa myrkkyä myrkkyhampaissaan, mutta ei koskaan kuole omaan myrkkyynsä. Ääretön kantaa Itsessään kaksijakoisuuden lakia, *mayan* myrkkyä, mutta se ei vaikuta Häneen. Häntä, joka on yhtä Jumalan kanssa, ei *maya* myöskään kosketa. Vain ne, jotka ovat tämän kaksijakoisuuden lain alaisia, kärsivät sen myrkystä. Jopa suurilla pyhimyksillä saattaa olla pieniä jäänteitä karmasta. Mutta kun sielu on vapautunut ja sitten palaa maan päälle, hän on vapaa karman käskyistä. Riippumatta siitä mitä hän tekee, hän hallitsee täysin itseään ja tekojensa seurauksia.

Mestari voi olla kiivas olematta suuttunut

Ei esimerkiksi olisi oikein sanoa, että gurudeva Paramahansa Yogananda pystyi olemaan suuttunut. En koskaan nähnyt häntä vihaisena, vaikka hän saattoi olla kiivas tarpeen vaatiessa. Jos ihminen hallitsee täysin jonkin välineen, hän voi hyödyntää sitä tehokkaasti siihen, mihin se on tarkoitettu. Jos hän ei hallitse sitä, hän saattaa käyttää sitä väärin. Jumala antoi ihmiselle kyvyn puhua ja toimia tulenpalavasti. Jopa Kristus osoitti sen; hän oli kiivas ajaessaan rahanvaihtajat ulos temppelistä.[1] Hän ei vain lähestynyt heitä nöyrästi sanoen: "Tämä on tuhmasti tehty, lapseni, viekää kaupankäyntinne pois täältä." Hän kaatoi heidän pöytänsä ja päästi irti myynnissä olleet kyyhkyset. Samalla lailla kaikki mestarit – ne, jotka hallitsevat itsensä – voivat toisinaan ulkoisesti vaikuttaa vihastuneilta, mutta he

[1] Matt. 21:12.

Onko avataaroilla karma?

hallitsevat tunteen täysin. Kuka tahansa tavallinen ihminen, joka on taipuvainen vihastumiseen eikä hallitse sitä, joutuu opettelemaan tunnetilansa hillitsemistä tai kärsimään sen karmiset seuraukset.

Paramahansaji kertoi, että nuorena poikana hän kerran suuttui kiusaajalle, joka härnäsi pienempiä poikia. Hän päihitti kiusaajan tappelussa ja vannoi sitten, ettei koskaan enää suuttuisi. Tätäkin suuttumusta täytyi muuntaa. Kun suuri sielu syntyy tähän maailmaan, hän ilmentyy ensin lapsen kehon ja mielen kautta; hänellä on joitakin lapselle tyypillisiä rajoitteita. Mutta piilossa hänen sisällään, aivan kuten kukka on piilossa siemenen sisällä, on hänen luontonsa olennainen jumalallisuus; suuruuden malli on jo olemassa. Niinpä Gurudevalla oli lapsen suuttumus, mutta sitäkin hallitsi alitajuinen viisaus, sillä suuttumuksen aiheutti oikeudenmukainen syy.

Paramahansaji oli tietoinen äitinsä kohdussa, ja tämä tosiasia osoittaa, ettei hän ollut tavallinen lapsi. Hän oli saavuttanut ykseyden Jumalan kanssa monta inkarnaatiota sitten. Hän tuli tähän elämään mestarina. Mutta hän oli niin nöyrä, ettei hän kertonut paljoakaan itsestään yleisön edessä. Hän ei koskaan julistanut suuruuttaan. Tämä on todellisten suurten tie. Täydellisen nöyrinä he eivät koskaan ajattele omaa korkea-arvoisuuttaan. Jumala on samanlainen. Hän ei koskaan puhu verrattomasta suuruudestaan edes omille pyhimyksilleen. Mutta voimme nähdä sen katsoessamme luontoa. Nähkää luonnossa Hänen kaunis muotonsa ja älynsä: voima valtameressä, mahtavuus vuoristoissa, kaikkitietävyys maailmankaikkeutta ohjaavissa laeissa – näissä

me näemme Hänen hiljaisen ylevyytensä.
Samalla lailla todella ylväät ihmiset eivät sano sitä itse. Tämä koskee kaikkia suuria, ja tämä koski myös Gurudevaa.

Avataarat ottavat nimen ja muodon kuin roolia esittävät näyttelijät

Ilmestyäkseen maan päälle ihmisen muodossa mestarinkin on omaksuttava tietty määrä harhaa. Muuten hänen kehonsa hiukkaset eivät pysyisi koossa; mutta tämä ei ole karmaa. Harha, jota tarvitaan ilmenevän muodon saavuttamiseksi, on se mihin Jeesus viittasi, kun hän oli juuri astunut ulos hautakammiosta ristiinnaulitsemisensa jälkeen ja sanoi Magdalan Marialle: "Älä minuun koske, sillä en minä ole vielä mennyt ylös Isäni tykö."[2] Kun jokin sielu, jopa Kristus, laskeutuu kaksijakoisuuden maailmaan ja ottaa ihmisen muodon, hän samalla hyväksyy tietyn rajoittuneisuuden. Siihen ei kuitenkaan kuulu karman lain vaatimusten hyväksyminen. Hän pysyy edelleen kaiken karman yläpuolella ja ulottumattomissa.

Intian hengellisessä perimätiedossa on lukuisia kertomuksia, tosia ja myyttisiä, joiden tarkoituksena on kuvata – ja yksinkertaistaa – perustavaa laatua olevia metafyysisiä totuuksia. Esimerkkinä on eräs kertomus Herra Krishnasta. Sanotaan, että hän kulki oppilaansa kanssa pienen intialaiskylän peltojen halki ja näki emakon imettävän porsaitaan. Emä röhkäisi silloin tällöin poikasilleen, jotka vinkuivat tyytyväisinä.

---

[2] Joh. 20:17.

Onko avataaroilla karma?

Herra Krishna näki tämän kauniina ilmentymänä äidinrakkaudesta. Hän sanoi oppilaalleen: "Aion astua tämän emakon ruumiiseen ja tuntea sen kokemuksen hetken aikaa." Krishnan muoto katosi ja hänen identiteettinsä sulautui emakkoon.

Monikaan ei ole kovin ihastunut sikoihin. Mutta nuorena tyttönä kävin isoäitini kotitilalla joka kesä ja minusta mikään ei ollut suloisempaa tai herttaisempaa kuin pienet vaaleanpunaiset porsaat. Ne olivat ihastuttavia, niin puhtaita ja ihmisrakkaita. Meillä oli tapana kantaa ne nurmikolle talon eteen ja leikkiä niiden kanssa tuntitolkulla. Niinpä kun ensimmäisen kerran kuulin tämän tarinan, pystyin ymmärtämään ja arvostamaan Herra Krishnan tunnetta.

Kului kuukausia, ja oppilas alkoi huolestua Herra Krishnasta ja siitä, että hän ei ollut vielä tullut takaisin. Oppilas palasi pellolle, jonne hän oli jättänyt Krishnan. Hän näki onnellisen emakon porsaidensa ympäröimänä. "Krishna, Herrani, mitä sinä teet? Sanoit, että astuisit esiin tuosta muodosta vähän ajan kuluttua."

Krishna vastasi: "Oi, tämä on niin ihana kokemus, etten halua lähteä tästä pois."

"Herrani, sinä olet Krishna! Et voi pysyä noin rajoittuneena! Tule pois!"

Krishna suostui. "Olet oikeassa. Ota keihäs ja iske se tähän muotoon." Kun oppilas oli totellut, Krishnan muoto astui esiin sian ruumiista muuttumattomana ja vahingoittumattomana kokemuksestaan.

Samaan tapaan Kristuksella ja mestareilla ei ole karmaa, eivätkä heidän omaksumansa rajoitteet vaikuta heihin kuin hetkellisesti ja pintapuolisesti. Vain

Vain rakkaus

inkarnoituessaan he hetkellisesti rajoittavat itseään ruumiillisen muodon omaksuessaan. Jumalalla ei ole muotoa; Hän ei ole vanha valkopartainen mies, joka istuu valtaistuimellaan jossakin taivaassa. Hän on Henki, ääretön ja rajoittumaton. Kun hän ottaa väliaikaisen muodon, vain muoto itsessään on rajoittunut.

Koska suuret astuvat maan päälle vain esittääkseen roolin, heillä ei ole karmaa. Jeesus Kristus oli jonkin aikaa muotonsa rajoittama, ja ristiinnaulitsemishetken koittaessa hän tiesi roolin, joka hänen kohtalonaan oli esittää Äärettömän tahdon mukaisesti: hänen tuli osoittaa sielun kuolemattomuus. Siksi hän sanoi: "Hajottakaa maahan tämä temppeli, niin minä pystytän sen kolmessa päivässä."[3] Hänellä oli tämä voima. Mutta olisi väärin sanoa, että Kristus ei kärsinyt. Tietenkin hän kärsi! Hän oli kehonsa sisällä ja koki todellista tuskaa, kun häntä ruoskittiin ja kun naulat, orjantappurakruunu ja keihäs lävistivät hänen lihansa. Hän tiesi, mitä on tuska, tai hän ei olisi huutanut: "Jumalani, Jumalani, miksi minut hylkäsit?[4]" Mutta seuraavassa hetkessä hän voitti tämän rajoittuneisuuden harhan. Se antaa meille kaikille toivoa, että mekin voimme voittaa sen, jos vain yritämme.

Todellinen vahvuutemme syntyy antautumisesta

Sanotaan, että meidän täytyy sietää se, mitä emme voi parantaa. Meidän tulisi saavuttaa hiukan lisää sietokykyä tässä maailmassa. Älkäämme olko niin heikkoja, että valitamme ja itkemme ja tunnemme elämän

[3] Joh. 2:19.
[4] Matt. 27:46.

Onko avataaroilla karmaa

olevan toivotonta. Niin kauan kuin on elämää, on toivoa. Meidän ei koskaan, koskaan tule luovuttaa sisimmässämme. Sen sijaan meidän tulisi mielessämme heittäytyä Hänen eteensä, joka on vahvuutemme, voimamme, rakkautemme ja ilomme. Todellinen vahvuus syntyy tällaisesta antautumisesta. Se on vaikeaa; jos se olisi helppoa, kuka tahansa pystyisi siihen. Mutta on hyvin vaikeaa päästää irti omasta vähäisestä itsestä. Olemme täällä maan päällä oppiaksemme sen.

Se mikä koskee Kristusta, koskee myös kaikkia suuria sieluja. Kun he ovat esittäneet loppuun osansa maan päällä, heidän täytyy jälleen päästä eroon kaikesta muodon tietoisuudesta. Kuoleman lähestyessä suurimmatkin kokevat äkillisen järkytyksen. Kun Lahiri Mahasaya sai Babajilta viestin: "Kerro Lahirille, että tätä elämää varten varattu energia on käymässä vähiin – se on jo melkein lopussa"[5], Lahiri Mahasaya vapisi. Samoin kävi Swami Sri Yukteswarille, kun koitti hänen aikansa jättää kehonsa. Tällainen on harhan voima. Tämä hetkellinen pelko ei vähennä jumalallisten sielujen suuruutta.

Ennemmin tai myöhemmin Jumala tyydyttää kaikki halut

Koska vapautuneita sieluja ei rajoita karma, heidän halunsa eivät myöskään rajoita heitä. Kun Lahiri Mahasaya sai vihkimyksensä *kriya*-joogaan, Babaji loi kultaisen palatsin, jossa hänen *chelansa* saisi tyydyttää menneisyydestä periytyneen, jo kauan sitten

---

[5] *Joogin omaelämäkerta*, luku 36.

unohtuneen halun.[6] Kuitenkin Lahiri Mahasaya oli avataara, ja tällaiset halut eivät enää rajoittaneet häntä. Intian viisaat sanovat, että kestää kahdeksan miljoonaa elämää kehittyä ihmisen muotoon, ja me olemme jo viettäneet lukemattomia inkarnaatiota ihmisinä. Kaikkien näiden elämien aikana meillä on ollut miljoonia, ehkä triljooniakin haluja, joista jotkut koskivat aivan pieniä asioita kuten vaikkapa jäätelöä. Kun ihminen lopulta löytää Jumalan, Ääretön ottaa selville ja suo hänelle ennen pitkää kaiken, mitä hän on koskaan halunnut, tyydyttäen pienimmänkin toiveen. Silti ihmisen oletetaan luopuvan kaikista haluistaan Jumalan löytämiseksi. Mutta onko kyse luopumisesta? Ette luovu mistään! Luopuminen koskee vain täyttymyksen *ajankohtaa*. Koska niin kauan kuin teissä elää pieninkin kaipuu jotakin kohtaan, sen on saatava täyttymyksensä joko katoamalla tai neutralisoitumalla tai tyydyttymällä. Luopuminen tarkoittaa vain sitä, että sanotte: "Oi Herra, haluan vain Sinut! Nyt saat huolehtia minusta. Tämä sielu, tämä 'minä', kuuluu Sinulle – nyt se on Sinun ongelmasi. Minulla ei ole mitään suurempaa toivetta kuin yksin Sinä."

Kauan sitten jossakin Lahiri Mahasayan aiemmassa elämässä hänen on täytynyt haluta palatsia. Se ei estänyt hänen hengellisiä saavutuksiaan, sillä ne olivat jo toteutuneet ja neutralisoineet menneisyyden halut. Tilanne on sama kuin jos joku nyt kertoisi minulle, että lapsena hän rakasti aina jäätelöä. Häntä miellyttääkseni järjestäisin hänelle jäätelöä. Hän ei tarvitsisi sitä, koska olisi jo kauan sitten kasvanut yli sen

[6] *Joogin omaelämäkerta*, luku 34.

Onko avataaroilla karma?

kaipuusta. Ja minä ymmärtäisin, että se ei ole eikä ole koskaan ollut elämän edellytys, jota ilman hän ei yksinkertaisesti voisi tulla toimeen.

Esimerkki: aina Gurudevan luennoitua Salt Lake Cityssä (ennen kuin tulin tänne Mount Washingtonin päämajaan) minulla oli kunnia seurata hänen assistenttejaan hänen olohuoneeseensa hotellissa. Hän rentoutui ja puhui epävirallisesti luennoistaan tai muista hengellisistä aiheista. Aina ennen kuin lähdin kotiin, hän tilasi jäätelöä suklaakastikkeella. Olin kerran sanonut hänelle, että pidin jäätelöstä suklaakastikkeella! Niinpä koko sen kolmen kuukauden ajan, jotka hän vietti Salt Lake Cityssä, nautimme joka ilta jäätelöä suklaakastikkeella.

Noin kymmenen vuotta myöhemmin Gurudeva vieraili jälleen Salt Lake Cityssä ja minä olin mukana seurueessa. Asuimme kaikki samassa hotellissa, jossa hän oli aiemminkin luennoinut. Ensimmäisenä iltana kokoonnuimme hänen olohuoneeseensa ja kuulimme, että hän oli tilannut jäätelöä suklaakastikkeella. Hän katsoi minua silmät tuikkien kuin sanoakseen: "Tämä on sinulle." Hän tiesi, että halun täyttäminen ei ollut enää välttämätöntä. Se oli vain hellyydenosoitus – hän antoi minulle jotain, jolla oli joskus ollut minulle suuri merkitys.

Samalla lailla palatsin luominen oli Babajin tapa sanoa Lahiri Mahasayalle: "Koska sinä kauan sitten kaipasit palatsia, haluan antaa sen sinulle." Se ei millään lailla ollut edellytys, joka piti täyttää ennen kuin Lahiri Mahasaya saattoi saavuttaa vapautumisen. Hän oli jo saavuttanut sen. Mitä merkitystä palatsilla olisi Lahiri

Vain rakkaus

Mahasayan tietoisuuden tilassa? Omassa tietoisuudessani sillä ei ole mitään painoarvoa; miten sillä voisi olla merkitystä Lahiri Mahasayan tasoiselle ihmiselle? Totuus on niin jännittävä, niin kiehtova! Siitä voisi jatkaa keskustelua ikuisesti. Mutta loppujen lopuksi korkein totuus on oppia rakastamaan Ainoaa. Siinä rakkaudessa löydämme ykseyden Äärettömän kanssa. Silloin ei ole enää haluja, rajoitteita tai epäilyksiä. Siksi Gurudeva opetti meille, että ennen muuta meidän tulee rakastaa Jumalaa.

Ykseytemme Jumalan kanssa

Tiivistelmä puheesta Self-Realization Fellowshipin vuoden 1975 konvokaation avajaisissa, Los Angeles, Kalifornia, 25. heinäkuuta 1975

Miten mukavaa onkaan huomata näin monien Jumalan palvojien kokoontuneen tänne eri puolilta maailmaa tänä erityisenä päivänä.[1] Näitä konvokaatioita järjestetään joka viides vuosi, ja monet teistä olivat paikalla myös 50-vuotisjuhlakonvokaatiossa vuonna 1970. Nyt juhlistamme sitä, että viisikymmentäviisi vuotta on kulunut Gurudeva Paramahansa Yoganandan työn alkamisesta täällä lännessä.

Seuraavat kymmenen päivää ovat täynnä toimintaa. Vilpittömin toiveemme ja rukouksemme on tietenkin, että te kaikki voitte kokea näinä päivinä suurta innoitusta. Jumalan etsiminen, kuten tiedätte, on yksilöllinen pyrkimys. Kukaan muu ei voi antaa meille Jumalaa sen enempää kuin juoda vettä puolestamme, kun olemme janoisia. Gurujilla oli tapana sanoa, että jos on janoinen, lukeminen tai kaunopuheisten saarnojen kuuleminen vedestä ei riitä sammuttamaan janoa. Vasta kun astelee kaivolle ja juo sen viileää,

---

[1] 25. heinäkuuta Self-Realization Fellowship / Yogoda Satsanga Society of India viettää Mahavatar Babajin muistopäivää, joka on Paramahansa Yoganandan ja mahavataran ensitapaamisen vuosipäivä. *Joogin omaelämäkerrassa* Paramahansa Yogananda kertoo tästä erikoisesta tapauksesta ja paljosta muustakin Babajin elämässä.

Vain rakkaus

virkistävää vettä, jano on täysin tyydytetty. Samalla lailla voimme puhua Jumalasta iäisyyksen ajan, voimme lukea Jumalasta loputtomia saarnoja, mutta ne eivät koskaan riitä sammuttamaan sielujemme sisäistä kuivuutta. Vain yksi asia voi tyydyttää kaipuumme, täyttää tarpeemme, ja se on Jumalan rakkauden kokeminen. Aloitamme konvokaation tämä ajatus perimmäisenä tavoitteenamme.

Tänään on se päivä, jonka Self-Realization Fellowship vuosittain pyhittää Mahavatar Babajin kunnioittamiseen. Siksi sopiikin tähän tilanteeseen puhua hänen tehtävästään maailmassa. Juuri hän valitsi Gurujin Intiassa monia, monia vuosia sitten ja lähetti hänet viemään länteen ihmiskunnalle viestiä, joka on ikiaikainen ja samalla elävä ja tuore tärkeydessään. Totuus on ikuinen. Sitä ei omista mikään tietty aikakausi, ihmisryhmä, kansallisuus tai uskonnollinen ryhmittymä; se kuuluu koko ihmiskunnalle. Tuota ikuista totuutta, jota on vaalittu Intiassa, Babaji halusi levittää koko maailmaan. Viisaasti hän valitsi tehtävään rakastamansa Yoganandan, jonka elämä niin puhtaasti heijasteli jumaluutta. Niinpä Paramahansa Yogananda toi meille tämän Self-Realization Fellowshipin suuren opin sekä Babajin ainutlaatuisen lahjan maailmalle, *kriya*-joogan. Paramahansajin vetoomus ihmiskunnalle on: "Lapseni, Jumala on olemassa. Olette lukeneet kaikkien maailman uskontojen erilaisia pyhiä kirjoituksia, jotka kertovat Jumalan oivaltamisen suuresta kokemuksesta. Mutta se ei riitä. Teidän täytyy tehdä totuudesta omanne, ja *kriya* on keino siihen."

Ykseytemme Jumalan kanssa

Keskittymisen ja meditaation tekniikat Jumalan oivaltamiseksi löydettiin ensimmäiseksi Intiassa. Ja nyt, kuten Guruji vuonna 1934 ennusti, Intian meditaatiotiede pyyhkäisee länsimaiden yli.

Intiassa kerrotaan tarinaa, joka kuvaa sitä, ettei kenelläkään ole yksinoikeutta totuuteen. Kuusi syntymästään asti sokeaa poikaa olivat pesemässä isänsä norsua. Yksi pesi sen häntää; hän päätteli, että norsu oli köyden muotoinen. Toinen pesi jalkoja; hän kuvaili norsun olevan kuin neljä pylvästä. Kolmas poika sanoi: "Olette kumpikin väärässä. Norsu on kuin kaksi viuhkaa, jotka leyhyvät edestakaisin." Hän oli pessyt sen korvia. Neljäs heistä sanoi: "Ei! Norsu on kuin valtava muuri." Hän oli pessyt eläimen kylkiä. Viides poika oli pessyt sen syöksyhampaita. Hän oli varma, että norsu oli vain muutama luu. Lopulta kuudes sokea poika sanoi: "Minun täytyy ilmoittaa, että te olette kaikki väärässä. Norsu on kuin painava käärme." Hän oli pessyt sen kärsää.

Kina jatkui, ja jokainen poika oli varma, että hän tiesi totuuden norsun ulkomuodosta. Isä näki lastensa riitelevän ja kysyi, mikä oli hätänä. He selittivät ja vetosivat häneen: "Kuka meistä on oikeassa?" Isä vastasi: "Poikakultani, te olette kaikki oikeassa ja kaikki olette myös väärässä! Norsu ei nimittäin muistuta pelkästään yhtä niistä asioista, joita olette kuvailleet, vaan niitä kaikkia. Ette ottaneet huomioon, että ne kaikki ovat vain osa kokonaisesta norsusta."

Sama koskee totuutta. Millään uskonnolla ei ole yksinoikeutta totuuteen; ne kaikki sisältävät osan ikuisesta totuudesta. Kun siirrymme eriytyneiden uskomusten rajojen ulkopuolelle ja istumme hiljaa meditaatiossa, kirnuten eetteriä ajatuksellamme "Jumalani, Jumalani, Jumalani, paljasta Itsesi, paljasta Itsesi", ja sukellamme hiljaa yhä syvemmälle inspiraation lähteeseen ja sielun sisällä piilevään totuuteen, alamme nähdä, mikä Jumala on. Silloin kunnioitamme Häntä spontaanisti kaikissa uskonnoissa ja arvostamme kaikkia vilpittömiä opettajia. Tiedämme, että Jumalamme on koko ihmiskunnan Jumala, ja moninaiset totuuden ilmentymät ovat vain osa kokonaisuudesta. Tämän oivalluksen myötä me alamme myös syvemmin ymmärtää kanssaihmisiämme.

Ihmiset ovat veljiä, Jumala on isämme

Seuraavaksi lukisin enteellisen lausuman, jonka Gurudeva esitti tässä samassa salissa[2] vuonna 1937: "Edessämme on uusi maailma – – ja meidän tulee muokata itseämme sen muutosten mukaan. Uudelle sukupolvelle on ehdottoman välttämättöntä tunnustaa koko ihmiskunnan jumalallisuus ja pyyhkiä pois erimielisyyttä aiheuttavat esteet. En voi uskoa, että Jeesus Kristus tai Herra Krishna tai muinaiset *rishit* olisivat kutsuneet ketään kristityksi, hinduksi, juutalaiseksi ja niin edelleen. Sen sijaan *voin* kuvitella heidän kutsuneen kaikkia "veljikseen". Uutta järjestystä ei voida rakentaa muiden rotujen halveksunnan tai "valitun kansan" kompleksin varaan. Meidän on pikemminkin tunnustettava, että jokainen tämän maan

---

[2] Metodistikirkon auditorio Los Angelesin keskustassa. Paramahansa Yogananda puhui täällä uskonnollisten johtajien konferenssissa 25. helmikuuta 1937. Self-Realization Fellowship varasi tämän tilavan auditorion monia erityistilaisuuksia varten jäsentensä kokoontumiseen 1975.

päällä kävelevä ihminen on jumalallinen olento ja että Jumala on yhteinen Isämme."

Guruji sanoi, että jos Jeesus Kristus, Bhagavan Krishna, Herra Buddha ja kaikki muut Jumala-yhteyden saavuttaneet kerääntyisivät yhteen, ei heidän välilleen syntyisi riitaa, sillä he kaikki juovat samasta Totuuden lähteestä. He ovat yhtä Jumalassa. Hän ilmentyy heissä kaikissa. Erottelu syntyy ahdasmielisten opetuslasten väärästä intomielisyydestä. Meidän on päästävä eroon kapeakatseisuudesta, jos haluamme olla suurten todellisia opetuslapsia. Meidän tulisi kunnioittaa kaikkia uskontoja ja rakastaa kaikkia ihmisiä, olivatpa he mustia, keltaisia, punaisia, valkoisia tai ruskeita. On järjetöntä tuomita ihminen hänen ihonvärinsä perusteella. Sähkö virtaa punaiseen lamppuun, vihreään lamppuun, keltaiseen tai siniseen lamppuun; mutta voimmeko sanoa, että sähkö on jokaisessa niissä erilaista? Emme. Yhtä lailla Jumala hohtaa jokaisessa ihmislampussa kuolemattomana sieluna. Ihonvärillä ei ole mitään merkitystä. Meidän on päästävä eroon näistä ahtaista ennakkoluuloista. Jumala haluaa meidän omaksuvan kaikkien kansojen parhaat ihanteet ja ominaisuudet ja tekevän niistä omamme.

Missä kaksi tai kolme on koolla

Lopuksi jakaisin kanssanne muutamia Gurudevan ajatuksia: "Meidän tulee perustaa meditaatioryhmiä ja -keskuksia kaikkialle maailmaan. Mutta kuhisevat temppelit ja keskukset, jotka ovat tyhjiä Jumala-oivalluksen hunajasta, eivät kiinnosta minua. Järjestön kennon tulee olla täynnä Jumalan läsnäolon hunajaa."

Vain rakkaus

Yhdessä meditoiminen on oikea tapa täyttää järjestön kenno Jumalan hunajalla. Kun ensimmäistä kertaa tulin ashramiin, Gurudeva sanoi minulle: "Kerää kaksi tai kolme ympärillesi ja meditoikaa yhdessä." Näin hänenkin gurunsa oli sanonut hänelle. Nyt, kuten Gurudeva toivoi, näen teidän kaikista maailmankolkista tulleiden palvojien kerääntyvän pieniksi ryhmiksi. Ette tee sitä puhuaksenne filosofiaa tai koska haluatte itse päästä opettajiksi, vaan etsiäksenne Jumalaa meditaatiossa. Kun vaikka vain muutama teistä meditoi yhdessä, jokainen vahvistaa toisia heidän Jumalan kaipuussaan.

Gurudeva sanoi: "Intialaisten mestarien mukaan uskonnon tarkoitus ei ole luoda oppeja, joita tulee seurata sokeasti, vaan näyttää ihmiskunnalle pysyvä keino löytää ikuinen onni. Aivan kuten liikemies yrittää lievittää toisten kärsimystä vastaamalla johonkin tarpeeseen, aivan kuten jokainen ihminen on Jumalan edustaja tehdäkseen jotain hyvää maan päällä, niin Kristus, Krishna, Buddha – kaikki suuret – tulivat maan päälle antaakseen ihmiskunnalle kaikkein suurimman hyvän: tiedon siitä tiestä, joka johtaa Ikuiseen Autuuteen, sekä ylevien elämiensä esimerkin, joka inspiroisi meitä seuraamaan sitä. Jonakin päivänä joudutte jättämään kehon. Vaikka teillä olisi kuinka paljon valtaa, ruumis on lopulta haudattava maan alle. Aikaa ei ole hukattavaksi. Rakkaiden Kristuksen ja Krishnan opettamat joogamenetelmät poistavat tietämättömyyden ja kärsimyksen auttamalla ihmistä saavuttamaan oman Itse-oivalluksensa ja ykseyden Jumalan kanssa."[3]

---

[3] "Kristus ja Krishna: Yhden totuuden avataarat", Paramahansa

Ykseytemme Jumalan kanssa

[Daya Mataji pyytää Jumalan siunausta kokoontumiselle puhuen muutamilla kahdenkymmenenkahdeksan osallistujamaan kielistä ja päättää puheensa seuraaviin sanoihin:]

Taivaallinen Äiti ei siunannut minua kielitieteilijän kyvyillä! Mutta puhun teille sieluni universaalilla kielellä: annan teille kaikille sieluni jumalallisen rakkauden ja ystävyyden. Sitä rakkautta, jota tunnen rakasta Jumalaani kohtaan, tunnen myös jokaista teitä kohtaan, jotka olette omiani – teitä, jotka matkaatte kohti ainoaa päämäärää: yksin Jumalaa. Jumala siunatkoon teitä.

Yoganandan teoksessa *Man's Eternal Quest*.

Ainoa vastaus elämään

Intian valtion kulttuurikeskuksen sponsoroima indo-amerikkalainen hengellinen kokoontuminen, San Francisco, Kalifornia, 23. maaliskuuta 1975

On kunnia olla täällä tänä iltana ja osallistua siihen suureen päämäärään, jonka takia tämä kokoontuminen on järjestetty: uskonnollisten näkemysten yhdentymiseen.

Vuosisadan vaihteessa Yhdysvaltoihin saapui suuri hengellinen jättiläinen: Swami Vivekananda. Hän toi länteen ensimmäistä kertaa Intian ikiaikaisen uskonnon kuolemattoman sanoman ja istutti tänne *sanatana dharman* siemenet. Muutamaa vuosikymmentä myöhemmin toinen valaistunut opettaja, Paramahansa Yogananda, saapui gurunsa lähettämänä puhumaan Uskontoliberaalien konferenssiin Bostoniin ja istutti tänne Intian kuolemattoman uskonnon siemenet.[1]

Seitsemäntoistavuotiaana minulla oli etuoikeus aloittaa opiskeluni Paramahansa Yoganandan jalkojen juuressa, nauttia hänen opetuksestaan ja merkitä muistiin hänen sanansa. Vuonna 1934 hän lausui julkisesti: "Tulee vielä päivä, sen jälkeen kun olen jättänyt tämän fyysisen muotoni, jolloin syntyy suuri hengellisen innostuksen aalto ja kiinnostus Jumalaa kohtaan. Intian,

---

[1] Paramahansa Yogananda oli ensimmäinen intialaisen uskonnon lähettiläs, joka asettui Yhdysvaltoihin ja opetti siellä pitkän aikaa, yli kolmekymmentä vuotta.

Ainoa vastaus elämään

maailman hengellisen johtajan, sanoma pyyhkäisee koko maailman yli." Nämä sanat ovat kaikuneet monia kertoja korvissani, koska näen, että näin on tapahtunut tänään. Huomaamme, että enemmän kuin koskaan aiemmin ihmiset kaipaavat yhteisyyttä ja haluavat löytää vastauksen kaikkiin niihin kysymyksiin, jotka piinaavat heitä riippumatta ihonväristä tai siitä, mihin maapallon kolkkaan he ovat syntyneet.

Olemme astuneet uuteen aikaan, jolloin ihmiskunnan on välttämätöntä yhdistää voimansa. Sodat eivät pysty pelastamaan ihmiskuntaa. Voimme muistella Kristuksen sanoja kahdentuhannen vuoden takaa: "Kaikki, jotka miekkaan tarttuvat, ne miekkaan hukkuvat."[2] Miten katkerasti olemme saaneet maksaa tästä nykyaikana. Tulevaisuus edessämme on tuntematon.

Kaikissa maissa nuorten keskuudessa vallitsee kaaos. Kun kaksi vuotta sitten matkustelin Euroopan halki ja aina Afganistaniin asti, huomasin, miten nuoriso oli liikkeellä. He etsivät hämmentyneinä, tyytymättöminä siihen, mitä olivat saaneet elämältä ja millaisia esimerkkejä heille oli annettu. Tyytymättömyys on vallalla yhteisöissä, kansojen keskuudessa ja kaikkialla maailmassa.

On olemassa vain yksi vastaus elämään ja ihmisen olemassaolon tarkoitukseen. Jos on totta, että ihminen on luotu Jumalan kuvaksi – kuten jokainen uskonnollinen profeetta on opettanut – siitä seuraa, että Hänen kuvansa on sisäisesti meissä jokaisessa. Meidän

---

[2] "Silloin Jeesus sanoi hänelle: "Pistä miekkasi tuppeen; sillä kaikki, jotka miekkaan tarttuvat, ne miekkaan hukkuvat." (Matt. 26:52.)

Mataji ja ashramin asukkaita epävirallisessa kokoontumisessa *sannyas*-seremonian jälkeen.
SRF:n kansainvälinen päämaja, Los Angeles, 1965

"Jokaisessa elämänvaiheessamme – työssämme, meditaatiossa, vaikeuksien kanssa kamppaillessamme, pienistä iloista nauttiessamme – meidän on oltava sisäisesti ankkuroituneita ajatukseen: *Jumala! Jumala! Jumala!*"

Palparan kylä, Länsi-Bengal, Intiassa, 1973

"Rajat katoavat, kun tulemme yhteen rakkaudessamme Jumalaan kaikkien Isänä. Hänen on oltava koko ihmiskunnan ainoa yhteinen ihanne, ainoa yhteinen päämäärä."

Holia, hengellistä juhlaa, viettämässä. Ranchi, maaliskuu 1973

Yllä: YSS:n koulujen opettajat ja oppilaat saavat päälleen värijauhetta Matajin kädestä.

Alla: Juhlamenoihin osallistuva lapsi asettaa värijauhetta Matajin jalkoihin.

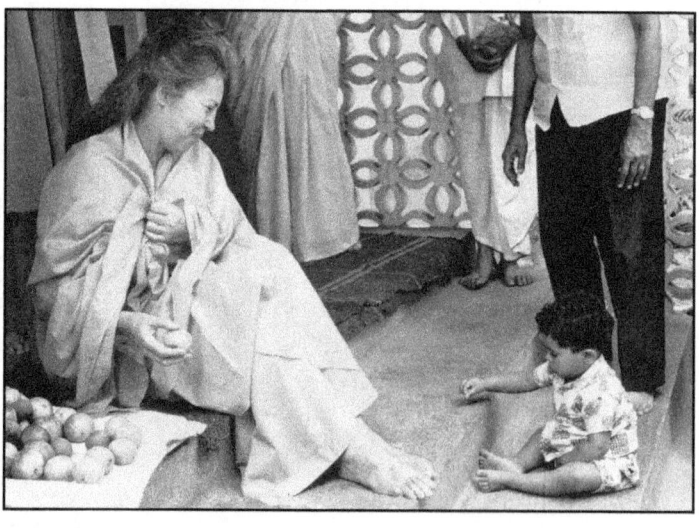

"Kun katsoo sisäänpäin Jumalaan, näkee pelkkää yksinkertaisuutta, taivaallista ja riemukasta yksinkertaisuutta. Sellainen Jumala on."

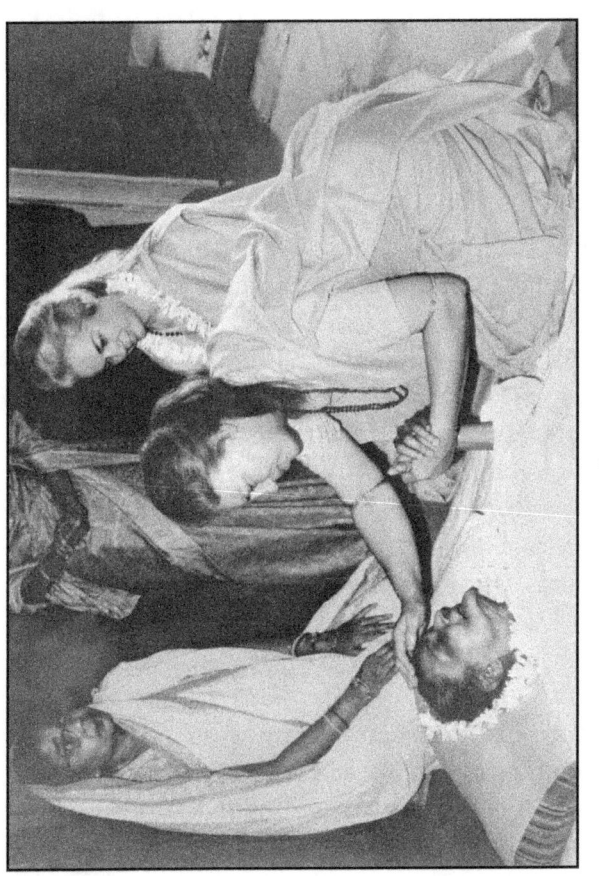

Kalkutta, 1968

"Meidän tulisi ymmärtää, että emme ole yksin, että emme ole koskaan olleet emmekä koskaan tule olemaan yksin. Aivan aikojen alusta Jumala on ollut kanssamme, ja Hän tulee olemaan kanssamme koko iäisyyden."

Vain rakkaus

tehtävämme on pyrkiä parhaamme mukaan ilmentämään sitä hyvyyttä ja puhtautta, sitä suurenmoisuutta, joka piilee ihmisrinnassa.

Bhagavadgita ja kristilliset tekstit opettavat, että ihmisen tarkoitus on tuntea Jumala, rakastaa Jumalaa ja palvella Jumalaa ihmiskunnan kautta. Tämä sanoma on kuolematon totuus ja aivan yhtä tärkeä tänään kuin vuosituhansia sitten, kun suuret hengelliset jättiläiset sen lausuivat.

Kun tutkiskelemme itseämme sisäisesti, huomaamme tulleemme elämässä siihen pisteeseen, että tunnemme janoa, kaipuuta ja tarvetta sellaiseen rakkauteen, joka suo meille täydellisen tyytyväisyyden ja täydellisen turvallisuudentunteen, jota mikään tässä maailmassa ei voi antaa – ei raha eikä terveys, ei mikään määrä älyllistä ymmärrystä. Tämä vie meidät *Gitan* sanomaan, jonka mukaan meditaatio yhdistettynä oikeaan toimintaan on tie totuuteen, tie takaisin Jumalan tykö, etsimämme Alkulähteelle.

Kaikissa uskonnoissa, vaikka menetelmää saatetaankin kutsua eri nimillä, palvojaa opetetaan harjoittamaan hengellistä hiljaisuutta eli meditaatiota. Kristinusko opettaa: "Rukoilkaa lakkaamatta."[3] Useammin kuin koskaan aiemmin on yliopistoissa, YK:n päämajassa ja monissa tärkeissä laitoksissa pieni hiljainen soppi, jonne voi vetäytyä istumaan ja puhumaan hiljaa Jumalansa kanssa sydämensä kielellä. Tätä yhteyttä harjoittavat miljoonat hartaat sielut.

Meidät on asetettu maan päälle, jotta oppisimme tuntemaan Hänet, josta me kaikki olemme tulleet. Me

---

[3] 1. Tess. 5:17.

Ainoa vastaus elämään

olemme Hänen lapsiaan. Eikö olekin kummallista, että hyödynnämme kaikkea, mitä Hän on meille antanut, ja silti unohdamme sen Ainoan, joka on matkannut kanssamme lukemattomien aiempien inkarnaatioiden ajan ja joka seuraa rinnallamme vielä tuleviin inkarnaatioihin? Älykkyys, rakkaus, vapaa tahto, kaikki mitä ilmennämme päivittäisessä elämässämme on peräisin vain yhdestä Voimasta, yksin Jumalasta. Me helposti unohdamme Jumalan, vaikka hyödynnämme kaikkea Hänen suomaansa.

Mitä on "oikea toiminta", josta *Gitassa* puhutaan? Se tarkoittaa niiden periaatteiden noudattamista – ensin ajatuksissa, sitten puheessa ja teoissa – jotka tuovat mukanaan hyvää. Pyrkikää totuudellisuuteen; kaikki uskonnot opettavat näin. Pyrkikää veljeyteen; kaikki opettavat näin. Rehellisyys, puhtaus, korkeat moraaliset periaatteet – mikään uskonto ei opeta toisin. Mutta ihmiskunta on pitkälti unohtanut ne. Tämä on syynä siihen hirvittävään kaaokseen, jossa huomaamme nykyään elävämme.

Tehtäväni vaativat minua ajoittain matkustamaan ympäri maailmaa. Matkoillani huomaan yhä selvemmin, että teidän tänne kokoontuneiden kaltaiset sielut ja etenkin nuoret ovat hyvin kiinnostuneita tietämään, mitä elämä on ja mitä totuus on. Ennen kaikkea he haluavat omaksua Intian ikuisen uskonnon, *sanatana dharman*. Tämä "uskonto" vetosi vuosia sitten minuun, nuoreen etsijään, koska ajattelin ettei ollut riittävää kuunnella suurenmoisia Jumalan ylistyksiä tai lukea Jumalasta. Minulla oli tapana katsella eri opettajia, joiden luona vierailin, ja miettiä: "Niin, mutta

Vain rakkaus

rakastatko Jumalaa? Minä etsin jotakuta, joka istuttaisi minuun sellaisen rakkauden, että se saisi sieluni liekkeihin – tekisi sieluni niin palavaksi, etten tuntisi mitään muuta kuin Jumalan ja omistautuisin palvelemaan Häntä ja Hänen kauttaan veljiäni kaikissa maailman kolkissa." Löysin tämän etsimäni Intian suuressa pojassa, gurudevassani Paramahansa Yoganandassa.

On siunattu etuoikeus kokoontua yhteen teidän kaltaistenne sielujen kanssa ja puhua Intian kuolemattomasta uskonnosta. Haluaisin seuraavilla Paramahansajin sanoilla tiivistää, mistä elämässä on kysymys ja miten me Jumalan lapsina voimme oppia tuntemaan Hänet ja luoda Häneen puhtaamman, henkilökohtaisemman suhteen.

[Daya Mata päätti puheensa Paramahansa Yoganandan runoon.]

JUMALA! JUMALA! JUMALA!

Unen syvyyksistä,
kun nousen valveen kierreportaikkoa,
kuiskaan:
Jumala! Jumala! Jumala!

Sinä olet ruoka, ja kun lopetan paaston,
joka öisin erottaa minut Sinusta,
maistan Sinut ja sanon mielessäni:
Jumala! Jumala! Jumala!

Vaikka menisin minne, mieleni valokeila
alati kääntyy Sinuun;
ja tehtävieni tuoksinassa hiljainen sotahuutoni
 kuuluu aina:
Jumala! Jumala! Jumala!

Kun koettelemusten myrskyt pauhaavat

Ainoa vastaus elämään

ja huolet ulvovat minulle,
hukutan niiden melskeen laulamalla:
Jumala! Jumala! Jumala!

Kun mieleni punoo unelmia
muistojen säikeillä,
siihen taikavaatteeseen kirjailen:
Jumala! Jumala! Jumala!

Joka yö, syvimmän unen hetkellä,
rauhani uneksii ja huutaa: Ilo! Ilo! Ilo!
Ja iloni syntyy, kun laulan ikuisesti:
Jumala! Jumala! Jumala!

Valveilla, syödessä, työssä, unelmoidessa, nukkuessa,
palvellessa, meditoidessa, laulaessa, jumalallisesti
  rakastaessa
sieluni hyräilee alati kenenkään kuulematta:
Jumala! Jumala! Jumala!

Jumala siunatkoon teitä kaikkia.

Kulkekaa sisäisesti Jumalan kanssa

Self-Realization Fellowshipin kansainvälinen päämaja, Los Angeles, Kalifornia, 9. helmikuuta 1956

Huomiomme tulisi olla niin kiinnittynyt Taivaalliseen Äitiin, että muutokset ulkoisen elämämme olosuhteissa eivät vaikuta meihin sisäisesti. Suru ja pettymys eivät saisi juurikaan liikauttaa meitä eivätkä aineelliset nautinnot kohtuuttomasti houkuttaa meitä. Muistan jonkun sanoneen Paramahansajille: "No, sellainen tila olisi varmasti mitä pitkästyttävin ja yhdentekevin." Mestari vastasi: "Päinvastoin, kun ihminen on uppoutunut Jumalalliseen Autuuteen, tietoisuuteen ja tuntemukseen Taivaallisen Äidin läsnäolosta, hän nauttii hyvistä asioista täällä maan päällä arvostaen niitä entistä enemmän, mutta hän ei tunne sitä riippuvuutta ja surua, joka yleensä seuraa maallisten askareiden harjoittamisesta."

Meidän tulisi oppia asennoitumaan niin, että emme takertuisi nautintoihin emmekä pelkäisi kärsimystä. Meidän tulisi hyväksyä se, mitä elämä meille antaa, ilman suurempaa haltioitumista tai liiallista lannistumista. Tämä on aidosti hengellisen ihmisen tila. Emme pysty löytämään tällaista lujuutta yhtäkkiä kohdatessamme vaikean ongelman. Meidän on rakennettava tätä tietoisuutta itsessämme vähitellen opettelemalla reagoimaan oikein arkipäivän ongelmiin ja tapahtumiin.

Kulkekaa sisäisesti Jumalan kanssa

Mestari eli Taivaallisen Äidin tietoisuudessa, jossa mikään ulkoinen ei voinut koskettaa häntä sisäisesti. Rajarsi[1] ilmensi tätä tilaa, ja niin teki myös siunattu Gyanamatamme.[2] Siitä pitäisi tulla osa myös meidän arkielämäämme.

Meidän tulisi opetella kulkemaan sisäisesti Jumalan kanssa, vapaina kaikista kiintymyksistä aineelliseen luontoomme tai maallisiin nautintoihin tai olosuhteisiin. Meidän tulisi hylätä suuttumus, ahneus, kateus, viha, ylpeys ja katkeruus. Hengellisen ihmisen päämäärä on hallita tunnetilojaan, halujaan ja ihmisluontoa. Itsensä hallinta on se, mihin jokainen ihminen, tietoisesti tai alitajuisesti, pyrkii; sillä vain itsensä hallitseva voi olla todella onnellinen. Meidän tulisi pyrkiä kohti tilaa, jossa pystymme säilyttämään tyyneytemme kaikissa olosuhteissa. Tätä täydellistä tyyneyttä ja tasapainoisuutta ei voi saavuttaa millään muulla keinolla kuin syvällä meditaatiolla – vetäytymällä lähemmäksi sitä Jumalallista Alkulähdettä, josta sielumme, todellinen luontomme, alkujaan on peräisin. Vain sulauttamalla tietoisuutemme pienen pisaran Jumalalliseen Valtamereen meditaation avulla pystymme tavoittelemaan pyhimysten antamaa esimerkkiä, ihanteellista autuasta olotilaa.

Ilmentämämme luonteenpiirteet ovat – lukuun ottamatta niitä ominaisuuksia, jotka ovat syntyneet ykseydestämme Hengen kanssa – kuin vaippa yllämme, pelkkää ulkoista olemusta, joka ei ilmennä todellisia tunteitamme ja todellista sisäistä luontoamme. Meidän

---

[1] Rajarsi Janakananda. Ks. sivu xxii.
[2] Ks. alaviite sivulla 86.

Vain rakkaus

on vietävä tietoisuutemme syvälle sisäänpäin ja pyrittävä tuntemaan ykseytemme Jumalan kanssa. Sitten kun tietoisuutemme palaa maailmaan ja ulkoisen elämän tapahtumiin, pystymme käyttäytymään siten, että heijastamme sitä jumalallista luontoa, jonka tunnemme sisimmässämme ja joka todellisuudessa olemme.

Jumala ensimmäisenä, Jumala viimeisenä, Jumala kaiken aikaa – yksin Jumala! Meidän on pidettävä kiinni tästä ihanteesta, tästä ajatuksesta. Vaikka lipsuisimme kuinka monta kertaa, tuo ihanne muuttuu vähitellen osaksi meitä, jos jatkamme ponnistelua. Tai pikemminkin meistä tulee osa sitä; samaistumme tuohon päämäärään ja siitä tulee hallitseva, innoittava voima, joka siunaa ja ohjaa elämäämme.

Älkää koskaan lannistuko. Älkää koskaan ajatelko, ettei teistä ole saavuttamaan tätä hengellisyyden tasoa, vaikka se tuntuisi ajoittain kuinka korkealta. Tämä muistutus oli kaikkein lohduttavimpia ja rohkaisevimpia kannustuksen sanoja, jotka Mestari meille lausui: "Pyhimys on syntinen, joka ei koskaan luovuttanut." Meidän tulisi muistaa tämä aina silloin, kun lannistumme tai meistä tuntuu, että emme ole saavuttaneet hengellistä päämääräämme. Pyhimykseksi haluavan pelastus on se, ettei hän koskaan luovuta vaan yrittää aina uudestaan riippumatta siitä, kuinka monta kertaa hän lankeaa tai kuinka monta virhettä hän tekee. Olemalla koskaan luovuttamatta me todistamme Jumalalle, että rakkaudellinen omistautumisemme, uskollisuutemme ja kaipuumme Häntä kohtaan ovat vailla ehtoja. Kun Herra vakuuttuu siitä, että yksin Hän on se mitä haluamme, että yksin

Kulkekaa sisäisesti Jumalan kanssa

Hänen puoleemme me käännymme, silloin Hän on tyytyväinen kaikista heikkouksistamme ja vioistamme huolimatta. Silloin Jumala ottaa meitä kädestä, "ja Hän kulkee kanssamme ja Hän puhuu kanssamme, ja Hän kertoo meille, että olemme Hänen omiaan."[3]

---

[3] Mukailtu C. Austin Milesin tunnetusta virrestä *In the Garden*.

Miten opetella käyttäytymään

Kooste

Gurudeva Paramahansa Yoganandalla oli tapana kertoa, että hänen gurunsa Swami Sri Yukteswar antoi usein tämän neuvon: "Opetelkaa käyttäytymään." Kun Gurudeva ensimmäisen kerran sanoi tämän minulle, ajattelin: "No, sehän on helppoa. Minun täytyy vain olla kohtelias ja ystävällinen joka päivä – ei se ole paljon pyydetty!" Minulla oli kuitenkin vielä opittavaa! Se on hyvin paljon pyydetty – oppia käyttäytymään on kaikki. Asenne on kaikki.

Kukaan Jumalan etsijä ei ole päässyt kovin pitkälle hengellisellä tiellään, ennen kuin hän on alkanut tutkiskella itseään ja ruvennut hiljalleen kitkemään pois kaikkia niitä pahoja tai negatiivisia taipumuksia, jotka ovat pitäneet hänet tietoisena itsestään egona ja kehona. "Tämä on minun!" "Tunteitani on loukattu!" "Minä" sitä ja "minä" tätä – tällä tavalla ajatteleminen on suuri virhe. Mutta mitä enemmän kilvoittelija meditoi, sitä selvemmin hän ymmärtää, että "minä" ei ole tekijä. Jumala on ainoa Tekijä. Jumalan palvojan tulisi rukoilla: "Herra, tee minusta entistä halukkaampi väline. Ohjaa tätä välinettä viisaudellasi, niin että se voi suorittaa ne tehtävät, jotka Sinä sille asetat, niin että se voi palvella millä tahansa tavalla, jota Sinä toivot."

Ei riitä, että pidättäydymme pahoista teoista. Ei riitä, että opimme hillitsemään malttimme niin, että

Miten opetella käyttäytymään

stressattuina emme sano mitään epäystävällistä. Ei riitä, että pidämme kielemme kurissa, jos pahuus ja suuttumus pysyvät mielessämme. Meidän on voitettava ne sisäisesti. Jos väärää käytöstä kannattaa vastustaa teoin, sitä kannattaa vastustaa myös ajatuksin. Pidättäytykää siitä sekä ajatuksissa että teoissa.

Sisällään ei voi pitää sekä hyvyyttä että pahuutta

Jossakin vaiheessa kaikki Jumalan etsijät käyvät läpi tilan, jossa he takertuvat sekä hyviin että huonoihin tapoihinsa. Tutkiskeltuaan ajatuksiaan he huomaavat, että vaikka he ovat hyvin innokkaita löytämään Jumalan ja vilpittömästi yrittävät omaksua hyviä tapoja, kuten meditaation ja hengellisen toiminnan, he ovat silti äärettömän vastahakoisia luopumaan huonoista tavoistaan – suuttumuksesta, mielialojen vaihteluista, mieltymysten ja vastenmielisyyksien tunteista. Ei kuitenkaan ole mahdollista sovittaa yhteen sekä hyvää että pahaa toimintaa elämässä, joka on omistettu Jumalalle. Se ei onnistu. Meidän on hyväksyttävä tämä tosiasia, muuten emme pysty todella ponnistelemaan voittaaksemme mielialat ja väärät tottumukset. Kun kilvoittelija meditoi syvemmin ja suorittaa kaikki askareensa ajatellen samalla palvelevansa Jumalaa, hän alkaa vähitellen vahvistaa hyviä tapojaan ja taipumuksiaan. Kun ne pääsevät voitolle, huonot tavat alkavat vähitellen menettää otettaan hänestä.

Niinpä etsiessämme Jumalaa ja pyrkiessämme olemaan hyviä meidän täytyy hyväksyä välttämätön seuraus eli pahasta luopuminen. Kukaan ei voi menestyksekkäästi pitää mielessään sekä hyvyyttä että pahuutta. Ennemmin tai myöhemmin niiden välinen konflikti rikkoo mielenrauhan. Muistan Gurudevan sanoneen oppilaille monet kerrat: "Jos luulette, että voitte pitää kiinni suuttumuksestanne, kateudestanne, itsekkäistä haluistanne ja silti löytää Jumalan, olette väärässä. Te ette pysty siihen!"

Pyrkikää aina kaikin voimin pääsemään yli ei-hengellisistä ominaisuuksista, mutta älkää lannistuko, jos se kestää kauan. Herraa ei kiinnosta, kuinka pitkään meiltä vie hylätä vikamme – Hänelle on tärkeintä, että *vastustamme lakkaamatta* vääriä taipumuksia ajatuksissamme ja teoissamme. Kun pyrimme kehittymään ja meditoimaan pidempään ja syvemmin, huomaamme silloin tällöin – usein kun vähiten sitä odotamme – että taakka häviää ja olemme täysin vapaita jostakin huonosta tavasta tai taipumuksesta.

Jumala-kokemuksen häivähdyskin muuttaa ihmistä

Gurudeva sanoi meille: "Jos vain kerran näette häivähdyksen Taivaallisesta Äidistä, unohdatte kaikki vastakkaiset halut ja toiveet. Ette enää tunne kaipuuta mihinkään muuhun." Tämä on totta, mutta se ei tarkoita, että kiusaus poistuu tieltänne. Kilvoittelija kohtaa monia kiusauksia, monia kokeita, monia vastoinkäymisiä, mutta koska hän on tuntenut Jumalan rakkauden, hän pystyy käyttämään arvostelukykyään. Hän ei halua mitään, mikä saa hänet tuntemaan olevansa erossa Jumalasta. Jos hän keskittyy liiaksi aineellisiin pyrkimyksiin, hän tuntee Jumalan vetäytyvän pois sydämestään ja päättää siksi: "Minun täytyy meditoida

Miten opetella käyttäytymään

enemmän." Jos hänellä on tapana kritisoida muita tai olla yliherkkä, hän yhtäkkiä huomaa: "Miksi nostan niin ison metelin? Miksi en muuta itseäni? Miksi tuhlaan aikaani yrittäen puolustella toisille uskomuksiani, mielipiteitäni, vakaumuksiani, kun voisin käyttää aikani paremmin ajattelemalla Jumalaa?"

Kun hallitsemme itsemme, mikään ei voi vaivata tai järkyttää meitä

Itsensä hallitsemisen taito piilee siinä, että opimme nousemaan kehon, halujen, tottumusten ja mielialojen yläpuolelle. Jonkin asian alkaessa vaivata mieltänne, muistakaa aina, että Jumala koettelee teitä ja opettaa teitä. Jos tämä koe "saa teidät tolaltanne", vie mielenne pois Jumalasta, järkyttää teitä, saa mielenne kuohahtamaan tai saa teidät tuntemaan itsesääliä – silloin olette löytäneet heikon lenkin tietoisuutenne ketjussa.

Todellinen palvoja on se, jonka mieli on aina uppoutunut Taivaalliseen Äitiin – Hänen tyyneyteensä, Hänen rauhaansa. Saavuttaaksemme tämän siunatun olotilan meidän täytyy ponnistella kohti sellaista itsemme hallintaa, että mikään ei voi vaivata tai järkyttää meitä. Suhtautukaa filosofisesti niihin vastoinkäymisiin, joita kohtaatte joka päivä, ja yrittäkää parhaanne mukaan sopeutua niihin. Olkaa kuin korkit valtameressä; vaikka aallot kuinka heittelisivät korkkia, se pysyy aina aallonharjalla. Riippumatta siitä, kuinka vakavasti elämä meitä heittelee, meidän ei pitäisi antaa itsemme vajota surkeuden valtamereen, harhan valtamereen.

Vain rakkaus

Vastoinkäymisten tarkoitus on tehdä meidät vahvemmiksi

Oivaltakaa, kuinka pitkä matka teillä on vielä kuljettavana tiellä, joka johdattaa takaisin Jumalan luo, ja miten tärkeää on nousta vähäpätöisten arjen ongelmien yläpuolelle. Älkää huomioiko vaikeuksien pieniä pistoja. Ne harhauttavat teidät päämäärästänne. Se päämäärä on löytää Jumala ja tulla yhdeksi Hänen kanssaan oikean toiminnan avulla ja ilmentämällä Hänen jumalallisia ominaisuuksiaan omassa elämässänne.

Elämän tie on täynnä koettelemusten ja vastoinkäymisten kiviä. Emme voi olettaa Jumalan poistavan niitä tieltämme, mutta voimme pyytää Häntä antamaan meille voimaa ja viisautta, jotta emme kompastu niihin. Jumalan tarkoitus ei ole, että meillä ei olisi elämässä lainkaan vastoinkäymisiä, sillä silloin pysyisimme heikkoina. Hän haluaa meidän tulevan vahvemmiksi päästessämme niistä yli.

Saadaksemme tämän voiman meidän tulee noudattaa vain yhtä yksinkertaista sääntöä: tuntekaamme suurempaa rakkautta Taivaallista Äitiä kohtaan. Kun tunne Jumalaa kohtaan kasvaa sydämessämme, jokainen vaikeuksien vuori kutistuu pikkuruiseksi myyränkeoksi. Kaikki, mikä aiemmin vaikutti mahdottomalta saavuttaa, muuttuu mahdolliseksi.

Suurin voima maailmassa

Rakkaus on kaikkein innoittavin voima maailmassa, ja rakkauden suurin ilmentymä luomakunnassa on Jumalan rakkaus. Mitä syvemmin keskitytte

Miten opetella käyttäytymään

Taivaallisen Äidin rakkauteen – vaikka ette aina tuntisikaan sitä sydämessänne – ja mitä enemmän rukoilette Häneltä, että saisitte kokea tuon jumalallisen rakkauden ja antaa sitä muille, sitä selvemmin tunnette tämän rakkauden vähitellen heräävän sisimmässänne. Ei ole olemassa mitään sen kaltaista! Autuaan jumalallisen rakkauden ilo on palsamia kaikille ihmiskunnan murheille.

Älkää koskaan levätkö – hetkeäkään, ei yöllä eikä päivällä – ennen kuin tunnette Jumalan rakkauden sydämessänne. Sen mukana avautuu suurenmoinen ymmärrys. Oivallatte, että Jumalan tahdosta maailma ei anna meille täydellistä rakkautta ja ymmärrystä ja ystävyyttä, jotta voisimme saada ne suoraan Häneltä. Hän rakastaa meitä niin paljon, ettei Hän halua meidän saavuttavan täydellistä täyttymystä inhimillisellä tasolla, jotta emme tyytyisi ohimenevän ilon palasiin ja eksyisi Hänestä iäksi.

Rakastakaa Jumalaa niin syvästi – koko sydämellänne, koko mielellänne, koko sielullanne – että päivin ja öin, vaikka olisitte tekemässä mitä, ajatus Hänestä on alati taustalla mielessänne. Gurudeva sanoi usein: "Tarkkailkaa ajatuksianne. Katsokaa, miten paljon aikaa käytätte hyödyttömiin, typeriin tai negatiivisiin ajatuksiin, ja huomatkaa, miten paljon aikaa käytätte Jumalan ajattelemiseen."

Riippumatta siitä mitä askareita suoritatte tai mitä nautintoja koette, älkää olko tyytyväisiä ennen kuin ajatus Jumalasta on aina taustalla mielessänne ja rakkaus Jumalaan päällimmäisenä sydämessänne. Älkää silloinkaan olko tyytyväisiä, ennen kuin saavutatte

Vain rakkaus

jokaisen palvojan perimmäisen päämäärän, jonka suuret viisaat ovat kokeneet – täydellisen jumalallisen yhteyden Hänen kanssaan.

Miten opimme tuntemaan Jumalan

Kooste

Koska meidät on luotu Jumalan kuvaksi, emme voi koskaan olla tyytyväisiä ennen kuin sulaudumme jälleen yhteen Hänen kanssaan. Jos etsimme täydellistä rakkautta ihmisiltä, emme löydä sitä. Gurudeva Paramahansa Yoganandalla oli tapana muistuttaa meitä: "Kaikki tulee tuottamaan teille pettymyksen paitsi Jumala." Tästä syystä on niin tärkeää täyttää tietoisuutensa ajatuksella Herrasta.

Maallisen ihmisen tietoisuus on pääasiassa häntäluuhun ja ristiluuhun liittyvissä sekä lantion alueen keskuksissa selkärangan kohdalla.[1] Vain harvoin hän nostaa tietoisuutensa niiden yläpuolelle. Aina kun ihminen lankeaa tunteellisuuteen tai malttinsa

---

[1] Jooga opettaa, että ihmisen aivoissa ja selkärangan punoksissa on seitsemän hiuksenhienoa voiman ja tietoisuuden keskusta. Joogakirjallisuudessa näihin keskuksiin viitataan nimillä *muladhara* (häntäluuhun liittyvä chakra), *svadhisthana* (ristiluuhun liittyvä chakra), *manipura* (lantion alueen chakra), *anahata* (selän alueen chakra), *vishuddha* (kaulan chakra), *ajna* (medulla oblongataan eli ydinjatkeeseen liittyvä chakra, Kristus-keskus kulmakarvojen välissä) ja *sahasrara* (tuhatterälehtinen lootus aivoissa). Ilman näihin kätkeytyviä voimia keho olisi pelkkä reagoimaton savikimpale. Ihmisen materialistiset vaistot ja motivaatiot saavat voimaa selkärangan kolmen alimman *chakran* energioista. Ylemmät keskukset ovat jumalallisen tunteen ja inspiraation sekä hengellisen oivalluksen lähteitä. Ihmisen ajatuksista ja haluista riippuen hänen tietoisuutensa suuntautuu ja keskittyy niitä vastaavaan voiman ja aktiivisuuden keskukseen.

Vain rakkaus

menettämiseen tai joihinkin inhimillisen tunne-elämän negatiivisiin ominaisuuksiin, tietoisuus vajoaa selkärangan kolmeen alimpaan keskukseen. Jumalallisen ihmisen tietoisuus pysyttelee pääasiassa selän alueen eli sydämen keskuksessa, jossa hän tuntee puhdasta rakkautta Jumalaa ja koko ihmiskuntaa kohtaan, medullan keskuksessa, missä hän ymmärtää kaiken luodun Jumalan pyhäksi värähtelyksi ja kuulee sen kosmisena *Aum*-äänenä,[2] sekä Kristus- eli *Kutastha*-keskuksessa, jossa hänen tietoisuutensa laajenee antaen hänen kokea suoran oivalluksen kautta ykseytensä Jumalan kanssa luomakunnan jokaisessa hiukkasessa. Aina kun ilmaisemme ystävällisyyttä, anteeksiantoa, ymmärrystä, kestävyyttä, rohkeutta, uskoa tai rakkautta, tietoisuutemme kohoaa näihin korkeampiin selkärangan ja aivojen keskuksiin.

Itsetutkiskelu: hyvä keino arvioida hengellistä edistymistä

Yksi keino saada todella tietää, edistymmekö hengellisesti, on tutkiskella itseämme rehellisesti. Elättelemme ehkä hengellisistä vahvuuksistamme ja kehittymisestämme luuloja, jotka eivät ole totta. Uskomme parasta itsestämme yksinkertaisesti siksi, että haluamme uskoa niin. Meidän tulisi tutkiskella ajatuksiamme tarkoin. Paramahansaji kehotti meitä silloin tällöin pysähtymään päivittäisten askareidemme keskellä ja kysymään itseltämme: "Missä tietoisuuteni on?" Vastaus herättää meidät usein unesta. Jos

---

[2] Raamatun "Sana" tai ääni kuin "paljojen vetten pauhina". (Ks. Joh. 1:1, Ilm. 19:6, Hes. 43:2.)

Miten opimme tuntemaan Jumalan

tietoisuutemme ei ole uppoutunut hiljaiseen Jumala-yhteyteen, rakkauteen ja huolenpitoon kanssaihmisistämme, laajentumisen tunteeseen, joka seuraa siitä että kuuntelemme sisäisesti *Aum*-ääntä – silloin meidän on myönnettävä, että meillä on vielä pitkä matka kuljettavana hengellisellä tiellä.

Meditaatio muuttaa elämämme

Ensimmäinen askel on meditaatio. Se on kaikkein tärkein, sillä vain jos meditoimme syvästi ja säännöllisesti, voimme varmasti tietää, että olemme saavuttamassa sitä jumalallista tilaa, jota muuten ehkä vain uskottelemme jo saavuttaneemme. Meditaatio voi säästää meidät omaa itseämme koskevien harhojen sudenkuopilta.

Meditaatiosta seuraa itsen unohtaminen, kaiken ajatteleminen oman Jumala-suhteen kautta ja Jumalan palveleminen muissa ihmissuhteissa. Palvojan on unohdettava oma vähäinen itsensä, jotta hän voisi muistaa, että hänet on tehty Jumalan kuolemattomaksi, alati tietoiseksi kuvaksi. Raamattu sanoo: "Hiljentykää ja tietäkää, että minä olen Jumala." Tätä on jooga. "Hiljentykää" tarkoittaa tietoisuuden vetämistä pois vähäisestä egosta ja kehosta, pois kaikista haluista ja tavoista, jotka painavat mieltä kohti selkärangan alempia keskuksia: niissä kehoon samaistumisen tunne on vahva. Vasta kun ihminen nostaa tietoisuutensa korkeampiin oivalluksen keskuksiin, hän voi ymmärtää, että hänet on luotu Jumalan kuvaksi.

Älkää epäröikö istua meditaatiossa pitkään. Mitä enemmän meditoitte, sitä enemmän haluatte meditoida. Mitä vähemmän meditoitte, sitä vähemmän haluatte meditoida.

Jos yritätte tosissanne omaksua tavan meditoida syvästi, huomaatte koko elämänne muuttuvan. Alatte saada elämään hengellistä tasapainoa, joka on välttämätöntä. Tunnette, että Jumala ohjaa teitä, että Hän on kanssanne ja kannattelee teitä. Niin hän todella tekeekin. Ainoa ongelma on se, että emme *oivalla* tätä. Meidän on heitettävä pois samaistuminen kehoon, että voimme tajuta Jumalan olevan se, joka meitä ylläpitää, jonka energia virtaa kehojemme lävitse ja jonka äly kulkee oman tietoisuutemme läpi.

Tätä on meditaatio: unohdamme maallisen tietoisuutemme ja muistamme olevamme kuolemattomia sieluja. Sielutietoisuudessa meillä on voima ja kyky saavuttaa elämässä mitä vain haluamme.

Älkää lannistuko mistään. Ongelmat vain muistuttavat meitä siitä, että tarvitsemme Jumalaa sydämissämme. Toivottakaa jokainen niistä tervetulleeksi. Jos elämä sujuisi helposti, emme tuntisi tarvetta etsiä Jumalaa. Me unohtaisimme Hänet. Vasta kun vastoinkäymiset ovat latistaneet meidät, kaipaamme lohtua. Tavallinen ihminen kääntyy perheensä ja ystäviensä puoleen, mutta palvoja juoksee Taivaallisen Äidin jalkoihin ja löytää Hänessä lohtunsa ja vapautensa.

Kiintymys Jumalaan vähentää kiintymystä materiaan

Aloittakaa päivänne oikein olemalla heti aluksi yhteydessä Jumalaan. Lopettakaa jokainen päivänne oikein meditoimalla jälleen syvästi, kun muu

Miten opimme tuntemaan Jumalan

maailma on jo mennyt nukkumaan. Rukoilkaa vilpittömästi Taivaallista Äitiä, että Hän paljastaisi itsensä teille; taistelkaa Hänen huomiostaan, jos se on tarpeen. Rukoilkaa Häntä täydestä sydämestänne vaikka vain viiden tai kymmenen minuutin ajan tai laulakaa Hänen nimeään hiljaa mielessänne. Meditaation jälkeen menkää nukkumaan Häntä ajatellen. Nämä tavat auttavat ylevöittämään tietoisuutenne. Tunnette jumalallisen tyyneyden, tasaisen rauhan ja hiljaisuuden virtauksen sisällänne.

Kun kilvoittelija on tehnyt Jumalasta elämänsä pohjantähden ja tuntee, että tapaaminen Jumalan kanssa aamuin illoin on tärkein osa päivän ohjelmaa, hänen kiintymyksensä Jumalaan kasvaa ja hänen takertumisensa maailmaan vähenee. Hän ei menetä kiinnostustaan elämään vaan pystyy elämään vapaana, sotkeutumatta siihen. Herra Krishna neuvoi meitä: "Ole joogi."[3] Tämä tarkoittaa: ole niin vankasti kiinnittynyt Jumala-tietoisuuteen, että maailman muuttuvat olosuhteet eivät vaikuta Häntä kohtaan tuntemaasi uskollisuuteen ja antaumukseen.

Palvoja, joka tahtoo oppia tuntemaan Jumalan, joutuu tekemään sen eteen töitä vilpittömästi ja pitkään uskoen Jumalaan lapsenomaisesti. Jos pystytte hetkeksi pysähtymään arjen askareissa ja tunnette välittömästi jumalallisen rauhan kuplivan sisällänne, jos pystytte sydämessänne tuntemaan rakkautta Jumalaa ja kaikkia muita kohtaan, silloin tiedätte, että edistytte hengellisellä tiellä

---

[3] *Bhagavadgita* VI:46 (suomennettu Paramahansa Yoganandan englanninkielisestä käännöksestä *God Talks With Arjuna: The Bhagavad Gita*).

Jumala on ikuinen kumppanimme

Palvojan tulisi tuntea, että Herra on hänen henkilökohtainen kumppaninsa – että mitä tahansa hän tekeekin, hän tekee sen Jumalan kanssa. Meidän tulisi ymmärtää, että emme ole yksin, että emme ole koskaan olleet emmekä koskaan tule olemaan yksin. Aivan aikojen alusta Jumala on ollut kanssamme, ja Hän tulee olemaan kanssamme koko iäisyyden. Luokaa henkilökohtaisempi suhde Jumalaan, niin että näette itsenne Hänen lapsenaan tai Hänen ystävänään tai Hänen palvojanaan. Meidän tulisi nauttia elämästä siinä tietoisuudessa, että jaamme kokemuksemme Hänen kanssaan, joka on ylivertaisen lempeä, ymmärtävä ja rakastava. Vain Jumala tietää ajatuksemme jo ennen kuin ajattelemme niitä eikä koskaan käänny pois luotamme, vaikka olisimme väärässäkin, jos vain etsimme Häntä. Tällaista rakkautta, tällaista ymmärrystä jokainen ihmissielu etsii. Mutta meidän on tehtävä osamme. Rakastettu gurudevamme Paramahansa Yogananda on sanonut:

"Jumalan voi löytää vain lakkaamattoman antaumuksellisen rakkauden kautta. Kun Hän on antanut sinulle kaikki aineelliset lahjat, etkä vieläkään suostu olemaan tyytyväinen ilman Häntä, kun itsepintaisesti haluat vain Antajaa etkä Hänen lahjojaan, Hän tulee luoksesi – – Astelemme tungoksessa elämän kaduilla ja silloin tällöin näemme kasvoja, jotka tunnemme; mutta yksi kerrallaan ne katoavat väkijoukkoon. Tällaista elämä on. Sinä ja minä näemme juuri nyt toisemme, mutta jonain päivänä katoamme toistemme näkyvistä. Tämä on traaginen maailma, jossa kaikki

Miten opimme tuntemaan Jumalan

sielut joutuvat harhan liekkien koettelemiksi ja joskus niiden polttamiksi. Mutta ne, jotka jatkavat ja sanovat: 'Haluan vain tuntea Sinut, Herrani', löytävät Jumalan ja vapauden."

Antakaa huolenne Jumalan haltuun

*Self-Realization Fellowshipin kansainvälinen päämaja,
Los Angeles, Kalifornia, 31. maaliskuuta 1961*

"Meditoikaa! Meditoikaa!" Sanon tämän teille kaikille. Työ tulee toisena. Vaikka olette hyvin kiireisiä täällä ja seuraatte Gurudevan esimerkkiä työskennellessänne ahkerasti Jumalaa varten, meditaation pitäisi tulla ensin. Muistakaa se. En ole koskaan painottanut mitään muuta kuin tätä – ja tämä oli myös Gurujin opetus.

Ajatelkaa niitä kertoja elämässänne, kun olette tuhlanneet tuntikausia tyhjänpäiväiseen jutusteluun tai turhaan negatiivisissa ajatuksissa vellomiseen. Tästä lähin antakaa tämä aika Jumalalle. Teillä voi olla psykologisia ja emotionaalisia taakkoja – jokaisella on niitä, kunnes hän palaa yhteen Jumalan kanssa – mutta niin kauan kuin marisette niistä ja levitätte niiden negatiivisuutta, ette koskaan pääse nousemaan Jumalan tykö.

Aina kun jokin asia vaivaa teitä, yrittäkää parhaanne mukaan korjata se, mikä on mennyt vikaan, mutta heittäkää negatiiviset huolet pois mielestänne. Miten? Kumartukaa mielessänne Jumalan jalkojen juureen ja laskekaa ongelma Hänen eteensä. Jo ennen kuin tuotte huolenne Hänelle, Hän tietää niistä. Jo ennen kuin luovutatte ne Hänelle, Hän tietää vähäiset ristinne. Mitä kauemmaksi olette eksyneet Jumalan jalkojen juuresta, sitä raskaammiksi ne ristit ovat muuttuneet. Jos voisin iskostaa teihin vain tämän yhden ajatuksen: täällä teidän tulee asioida yksin Jumalan ja Gurun kanssa. Viekää huolenne Heille. Meditoikaa enemmän ja ajatelkaa Jumalaa. Minkä hurmion, minkä ilon, minkä rakkauden koettekaan!

Pyrkikää ilmentämään elämässänne enemmän iloa, hyväntuulisuutta, ymmärrystä, myötätuntoa ja rakkautta. Nämä syntyvät vain yhä syvemmästä ja säännöllisemmästä meditaatiosta. Huomaatte siitä Jumala-yhteydestä, jonka saavutatte meditaation avulla, miten Jumala ja Guru ohjaavat teitä kaikessa mitä teette. Kun elämänne on kohdallaan Jumalan ja Gurun suhteen, kaikki elämässänne on kohdallaan. Tunnette aina iloa sisimmässänne. Mikään määrä ulkoisia vastoinkäymisiä ei pysty ryöstämään teiltä tuota iloa.

Jos itsepintaisesti ajattelette, että ulkoiset olosuhteet ovat tyytymättömyytenne syy tai että muut ihmiset ovat vastuussa ongelmistanne, niin sanon, että teiltä on jäänyt ymmärtämättä ashramissa elämisen tarkoitus. Jos ette pysty osoittamaan hyväntuulisuutta ja iloa ja rakkautta eläessänne täällä, silloin voitte syyttää itseänne ja vain itseänne. Jumala auttaa sitä, joka auttaa itseään. Mutta Hän ei voi astua sydämeen, joka on täynnä epäilystä. Hän ei voi ilmentyä sellaisen mielen kautta, joka on katkeruuden kyllästämä. Hänelle ei ole sijaa negatiivisuuden täyttämän palvojan elämässä. Muistakaa se!

Teillä on täällä aikaa ja mahdollisuus löytää Jumala. Tämä jumalallinen ympäristö on täydellinen sellaiseen pyrkimykseen. Mutta te yksin luotte taivaan sisällenne; mikään olosuhde tai tapahtuma ei voi kieltää teiltä tuota pyhää oikeutta.

Halutkaa Jumalaa koko sydämestänne

Olen aina pyrkinyt elämään periaatteen mukaan, jonka opin monia vuosia sitten Gurujin jalkojen juuressa – periaatteen, jonka Pyhä Franciscus on ilmaissut näillä sanoilla: "Oppikaa hyväksymään moitteet, kritiikki ja syytökset hiljaa, ilman vastahyökkäyksiä, vaikka ne olisivat valheellisia ja perusteettomia." Mikä viisauden määrä tässä neuvossa piileekään! Teette sielullenne vääryyttä, jos kritisoitte muita tai panette painoa toisten antamille moitteille tai itseänne koskeville kehuille. Mitä merkitystä sillä on, mitä ihmiset ajattelevat? Jumalan hyväksyntäähän te kaipaatte. Olkaa täynnä yhtä toivetta – Jumalaa, Jumalaa, Jumalaa. Ellette ole vilpittömän omistautuneita, rakkaat kuulijani, Häntä on hyvin vaikeaa löytää. Jos jatkuvasti annatte mielenne vajota mitättömyyksien, kanssaihmistenne tylyn kritisoimisen ja egoistisen arvostelemisen suohon, ette koskaan tule löytämään Jumalaa tässä elämässä. Miksi tuhlaisitte aikaa? Teillä ei ole aikaa. Kun vanhenette, ymmärrätte tämän yhä paremmin.

Jos haluatte Jumalaa, halutkaa Häntä koko sydämestänne. Hän ei voi eikä suostu hyväksymään vähempää kuin sataprosenttisen antautumisen palvojansa taholta. Kristus todisti sen. Hän luovutti jopa kehonsa, tuon kaikkein arvokkaimman ihmisen aarteista, ja vailla vihaa tai katkeruutta hän sanoi: "Isä, anna heille anteeksi, sillä he eivät tiedä, mitä he tekevät."

Meidän tulisi seurata Kristuksen jumalallista

esimerkkiä anteeksiannosta ja myötätunnosta. Mutta samalla meidän ei pidä ajatella: "Voi, olen niin hyvä ihminen, olen niin ylevä; annan jalomielisesti anteeksi vihamiehilleni." Hengellinen ylpeys on vaarallista. Sydämessä täytyy olla todellista myötätuntoa, aitoa rakkautta. Mutta meillä ei voi olla sitä ilman, että ensin rakastamme Jumalaa. Etsikää Häntä ensin. Rakastakaa Häntä kaikesta sydämestänne, mielestänne ja sielustanne. Älkääkä tyytykö ennen kuin teillä on tämä jumalallinen rakkaus. Huutakaa Jumalaa päivin ja öin, puhukaa Hänelle lakkaamatta, päihtykää kaiken aikaa Hänen kaipuustaan – ja tulette huomaamaan, miten ihmeellisesti elämänne muuttuu.

Self-Realization Fellowshipin hengelliset päämäärät

Tiivistelmä lopetuspuheesta Self-Realization Fellowshipin 50-vuotisjuhlakonvokaatiossa. Biltmore Bowl, Biltmore-hotelli, Los Angeles, Kalifornia, 12. heinäkuuta 1970

Siitä lähtien, kun ensimmäistä kertaa kohtasin guruni Paramahansa Yoganandan melkein neljäkymmentä vuotta sitten, minulla on ollut ilo laskea sydämeni, mieleni, sieluni ja kuolevainen muotoni Jumalan jalkojen juureen siinä toivossa, että jollakin lailla Hän voisi hyödyntää tätä elämää, jonka olen Hänelle antanut. Mikä sielun tyytyväisyys onkaan täyttänyt nämä vuodet; tuntuu kuin jatkuvasti joisin Jumalallisen Rakkauden lähteestä. En voi ottaa siitä kunniaa itselleni. Se on Gurun siunaus, siunaus jonka hän suo meille jokaiselle yhtä lailla, jos vain valmistaudumme ottamaan sen vastaan.

Pyydän teitä kaikkia rukoilemaan puolestani ja antamaan minulle hyvän tahtonne ja siunauksenne, kun vastaisuudessakin palvelen teidän kanssanne tätä suurta asiaamme, Self-Realization Fellowshipia / Yogoda Satsanga Society of Indiaa.

Olemme osa suuren hengellisen uudestisyntymisen tai ylösnousemuksen alkua, joka tulee käsittämään koko maailman. Lueskelen usein muistiinpanoja, joita tein Gurudevan puhuessa meille oppilaille. Vuonna 1934 hän sanoi, että koittaa vielä aika, jolloin tämä

Self-Realization Fellowshipin hengelliset päämäärät

suuri sanoma Intiasta pyyhkäisee yli maailman, koska se sisältää ne kuolemattomat totuudet, jotka ovat elämän ja kaikkien uskontojen peruskivi. Tämän hengellisesti vapauttavan opetuksen levittäminen on Self-Realization Fellowshipin tavoite, Mahavatar Babajin asettama tehtävä Paramahansa Yoganandalle. Tarkastelkaamme lyhyesti muutamia Self-Realization Fellowshipin päämääristä ja ihanteista.

Levittää kansojen keskuuteen tietoa täsmällisistä tieteellisistä tekniikoista, joiden avulla voidaan saavuttaa suora henkilökohtainen kokemus Jumalasta. Kaikkein ensimmäinen ja tärkein Self-Realization Fellowshipin periaatteista on levittää täsmällistä tiedettä, jota harjoittamalla kaikkien uskontojen seuraajat voivat päästä yhteyteen Jumalan kanssa ja tuntea oman välittömän hengellisen kokemuksensa kautta – ei pelkästään pyhän tekstin tai suuren opettajan välityksellä – että Jumala on olemassa.

Gurudeva sanoi meille: "Voin kertoa teille, miltä jakkihedelmä[1] maistuu, voin kuvailla sitä, leikata sen paloiksi ja tutkia sitä ja kertoa teille sen koostumuksen, kuten luonnontieteilijä tekisi. Mutta vaikka kertoisin teille siitä tuhansia vuosia, ette siltikään tietäisi, miltä hedelmä maistuu. Mutta jos annan teidän syödä siitä pienen palasen, sanotte välittömästi: 'Aivan! Nyt tiedän.'"

Sama esimerkki pätee suhteeseemme Jumalaan. Loputtomat sanat, loputtomat keskustelut, loputtomat kirjoitukset Jumalasta eivät itsessään riitä. Siunattuja

---

[1] Intiassa yleinen hedelmä.

Vain rakkaus

ovat he, jotka kuuntelevat, lukevat ja ottavat noista sanoista opikseen. Mutta ennen kaikkea Paramahansa Yoganandan sanoma on, että meidän täytyy *maistaa* Totuutta. Meidän täytyy tuntea Jumala suoran henkilökohtaisen kokemuksen kautta.

Tuoda julki alkuperäisen, Jeesuksen Kristuksen opettaman kristinuskon sekä alkuperäisen, Bhagavan Krishnan opettaman joogan välinen täydellinen harmonia ja perustavanlaatuinen ykseys ja osoittaa, että nämä totuuden periaatteet ovat kaikkien tosi uskontojen yhteinen tieteellinen perusta. Miten monia sotia onkaan aikojen saatossa käyty uskonnon nimissä! Totuus on yksi, sillä Jumala on yksi, vaikka ihmiset antavatkin Hänelle eri nimiä. Paramahansa Yoganandan tavoite on näyttää, että on olemassa yksi yhteinen valtatie Jumalan luo, reitti jota kaikkien uskontojen harjoittajien tulee seurata, jos he haluavat saavuttaa Itse-oivalluksen, Jumala-oivalluksen. Se on määritelty seuraavassa Päämäärässä.

Näyttää se jumalallinen valtatie, jolle kaikkien tosi uskontojen tiet lopulta johtavat: päivittäisen tieteellisen ja antaumuksellisen meditaation valtatie. Kolmekymmentä vuotta sitten Guruji sanoi: "Koittaa päivä, jolloin kirkot ja temppelit ja moskeijat ovat tyhjiä." Se ei ole uskonnon syy, vaan pikemminkin sen harjoittajien syy. Niin kauan kuin ihminen tyytyy astumaan rakennukseen vain kuullakseen muutaman totuuden sanan ja saadakseen hiukan inspiraatiota ja menee sitten takaisin kotiinsa ja jatkaa tavallista Jumalan unohtaneen luontonsa seuraamista – ilmentäen aiempia mielialojaan, itsekkyyttä,

Self-Realization Fellowshipin hengelliset päämäärät

hermostuneisuutta, jännittyneisyyttä, pelkoja ja aistillisuutta – mitä arvoa on hänen uskonnollisuudellaan? Self-Realization Fellowshipin tavoite on rohkaista jokaista ihmistä luomaan sydämeensä yksin Jumalalle pyhitetty temppeli, jossa hän on päivittäin yhteydessä itse Herraan syvässä meditaatiossa.

Osoittaa, että mieli hallitsee kehoa ja sielu mieltä. Pyrimme osoittamaan, että tämä vähäinen lihan muodostama häkki ei rajoita ihmistä. Jeesus sanoi: "Älkää murehtiko hengestänne, mitä söisitte tai mitä joisitte, älkää ruumiistanne, mitä päällenne pukisitte."[2] Älkää kiinnittäkö liikaa huomiota tähän fyysiseen muotoon. Tukeutukaa enemmän mielen voimaan ja Jumalan voimaan, joka on sielussa. Emme ole fyysisiä olentoja; itse asiassa emme ole edes henkisiä olentoja, vaikka toimimmekin mielen ja fyysisen kehon kautta. Ihminen on sielu, Äärettömän Hengen yksilöitynyt ilmentymä. Se on todellinen luontomme. Tämän ihanteen tarkoituksena on johtaa meitä vapautumaan kaikista fyysisistä ja piilevistä henkisistä kahleista, jotka sitovat sielun lihaan ja mielialoihin ja jättävät meidät vaille rauhaa.

Vapauttaa ihminen hänen kolminkertaisesta kärsimyksestään: ruumiillisista sairauksista, henkisestä tasapainottomuudesta ja hengellisestä tietämättömyydestä. Vain Jumalan oivaltaminen voi vapauttaa ihmisen pysyvästi kaikesta kärsimyksestä. Oikea kehon, mielen ja sielun toiminta, jota tasapainottaa oikea meditaatio, on keino saavuttaa tämä kolminkertainen vapaus.

[2] Matt. 6:25.

Vain rakkaus

Edistää idän ja lännen keskinäistä kulttuurista ja hengellistä ymmärrystä ja kummankin parhaiden ominaispiirteiden keskinäistä vaihtoa. Vaikka maailma on jakautunut itään ja länteen, Jumala osoittaa tämän päivän ihmisille, etteivät he voi enää elää oman kansansa ahtaiden rajojen eristäminä. Gurumme sanoi: "Jumala loi maan, ja ihminen loi eristyneet maat ja niiden mielivaltaisesti jähmettyneet rajat."[3] Jumala osoittaa meille, että itsekkäitä rajoja ei enää pidä olla. Mutta niitä ei voi tuhota pommeilla ja raa'alla voimalla. On vain yksi oikea tapa hävittää nämä rajat; te täällä tänään osoitatte sen. Rajat katoavat, kun tulemme yhteen rakkaudessamme Jumalaan kaikkien Isänä. Hänen on oltava koko ihmiskunnan ainoa yhteinen ihanne, ainoa yhteinen päämäärä. Kun alamme paremmin tunnistaa Hänet ainoana Alkulähteenä ja elämän Ylläpitäjänä, ennakkoluulon kahleet putoavat pois. Alamme nähdä ne, joita pidimme niin erilaisina, aivan samanlaisina kuin olemme itsekin. Olen kiertänyt tämän maailman ympäri nyt neljä kertaa ja käynyt useimmissa isoissa maissa; jokaisen kansan edustajissa näen saman suloisen vilpittömyyden, samat päämäärät ja tarpeet, samat kiinnostuksen kohteet. Self-Realization Fellowshipin on oltava jumalallisen veljeyden sanoman lipunkantaja. Kun palaatte koteihinne, antakaa tämän olla ihanteenne. Antakaa ennakkoluulojen hävitä. Ottakaa kaikki vastaan siinä veljeyden hengessä, joka on todellinen Jumalan heijastuma teissä.

---

[3] Paramahansaji siteerasi tämän ja muita säkeitä runostaan "Minun Intiani" puheessaan Biltmore-hotellissa maaliskuun 7. päivän iltana vuonna 1952, juuri ennen kuin hän siirtyi *mahasamadhiin*.

Self-Realization Fellowshipin hengelliset päämäärät

Yhdistää tiede ja uskonto niiden perimmäisten periaatteiden ykseyden oivaltamisen kautta. Ei ole olemassa sellaista kuin tieteen ja uskonnon välinen ero. Loppujen lopuksi kumpikin päätyy samaan johtopäätökseen: on olemassa vain yksi Alkutekijä. Materian tutkijat yrittävät jatkuvasti löytää syyn maailmankaikkeudelle. Jotkut kieltävät Jumalan olemassaolon. Mutta kohdatessaan jonkin suuren vastoinkäymisen elämässään jopa ateisti huutaa tahtomattaan: "Voi hyvä Jumala, voi hyvä Jumala!". Alitajuisesti hän on takertunut Ikuiseen Periaatteeseen, joka antaa elämälle jatkumon tunnon. Ikuinen Periaate ohjaa elämää; mikään ei tapahdu "vahingossa". Olemme kaikki täällä tällä hetkellä, koska kohtalomme on olla tässä nyt. Yhtä varmasti kuin aurinko ja kuu ja tähdet matkaavat avaruuden halki omalla määrätyllä nopeudellaan ja tietyssä ajassa, jokaisen meidän elämää ohjaa ja suojelee suuri lainmukainen periaate, Jumala. "Eikö kahta varpusta myydä yhteen ropoon? Eikä yksikään niistä putoa maahan teidän Isänne sallimatta."[4]

Edistää yksinkertaista elämää ja syvällistä ajattelua; levittää kansojen keskuuteen veljeyden henkeä opettamalla niiden ykseyden ikuista perustaa: että ne kaikki ovat Jumalan sukua. Jumalan etsiminen ja sen hylkääminen, mitä Paramahansaji nimitti "tarpeettomiksi välttämättömyyksiksi", ei tarkoita köyhyydessä elämistä. Hänellä oli tapana sanoa: "En pidä sanasta 'köyhyys'; sillä on kielteinen kaiku. Uskon sen sijaan yksinkertaiseen elämään. *Yksinkertaisuus*

---

[4] Matt. 10:29.

Vain rakkaus

on ihanteeni." Yksinkertaisuus sydämessä, yksinkertaisuus puheessa, yksinkertaisuus omaisuudessa; puhtaus joka syntyy vaatimattomasta elämästä ja vaatimattomasta mielestä; puhtaus joka syntyy suorasta ja henkilökohtaisesta suhteesta Jumalaan ja jonka ansiosta oivallatte: "Herra, olen asettanut itseni Sinun jalkojesi juureen. Olen tyytyväinen kaikkeen, mitä annat minulle ja mitä teet minulla."

Syvällinen ajattelu tarkoittaa, että mielemme on aina niin ylevällä tasolla, että millä hetkellä hyvänsä tietoisuutemme voi välittömästi kääntyä Jumalaan. Mieli tulisi aina pitää puhtaana juoruilusta ja kielteisyydestä – kaikesta, mikä painaa tietoisuuden hermostuneisuuden ja levottomuuden tilaan. Jumala-ajatuksesta täyttynyt mieli on tyyni ja näkee selkeästi ihmisluonnon ja -kokemuksen.

Kun karsimme elämän olosuhteet niihin perustarpeisiin, joiden avulla saavutamme onnellisen ja hengellisesti ylevän olemassaolon, huomaamme löytäneemme elämän ainoan yhteisen nimittäjän – Jumalan. Oivallamme, että me ja kaikki muut olennot ovat tulleet Jumalasta, että yksin Hänen voimansa ylläpitää meitä ja että Hänen luokseen me palaamme jonakin päivänä. Näemme itsemme osana yhtä suurta Jumalallisen Vanhemman perhettä; koko ihmiskunnasta tulee meidän omamme ilman erottelua rotuihin, väriin, uskontoon, kansallisuuteen tai sosiaaliluokkaan. Kuvitelkaa sitä kauneuden ja rauhan maailmaa, joka puhkeaisi kukkaan, jos tämä totuus hyväksyttäisiin yleismaailmallisesti!

Voittaa paha hyvällä, suru ilolla, julmuus ystävällisyydellä, tietämättömyys viisaudella. Emme

Self-Realization Fellowshipin hengelliset päämäärät

voi hävittää pimeyttä huitomalla sitä kepillä; se katoaa vasta sitten, kun tuomme sisään valoa. Samalla lailla positiivisten ominaisuuksien ja tekojen sekä Itse-oivalluksen valo voi yksin karkottaa pimeät ja negatiiviset voimat tästä maailmasta.

On kiehtovaa nähdä niin paljon iloa teissä tänä iltana. Kun ensimmäisen kerran tulin ashramiin, luulin Jumalan etsimisen olevan niin vakava asia, ettei naurulle olisi lainkaan sijaa. Mutta Guruji sanoi minulle: "Ole aina iloinen ja valoisa, sillä se on sielusi luonto. Sinun täytyy olla tässä maailmassa niin onnellinen, ettet koskaan tunne surua, sillä suru ei ole todellisuutta. Vain Jumala on todellinen, ja Hän on ilo. Jumalan etsiminen tarkoittaa kaiken surun loppua." En ole koskaan unohtanut näitä sanoja. Ja niinpä, kun katson palvojia iloinen hymy kasvoillaan ja näen miten suloisesti ja hyväntuulisina te voitte nauraa toistenne kanssa, sydämeni täyttyy ilosta, koska näen meidän seuraavan Gurun ihannetta.

Palvella ihmiskuntaa omana laajempana Itsenä.
Self-Realization Fellowshipin ihanteena on pyrkiä elämään enemmän siinä ajatuksessa, että teemme hyvää muille, ja vähemmän ajatuksessa "minä, minua ja minulle". Katsokaa, miten paljon iloa te, jotka olette palvelleet tätä konvokaatiota, olette saaneet tehdessänne tästä onnellisen ja hengellisesti palkitsevan tilaisuuden niin monille rakkaille jäsenille ja ystäville maailman eri kolkista. Olette auttaneet luomaan tämän jumalallisen yhteisön palvelemalla sitä vailla itsekkyyttä, unohtaen oman ajoittaisen väsymyksenne sekä pienet huolet ja stressinaiheet, jotka kuuluvat

Vain rakkaus

näin suuren konvokaation järjestämiseen. Olette suurenmoisesti ilmentäneet ihannetta palvella ihmiskuntaa omana laajempana Itsenä. Rukoilen, että kaikki täällä omaksuvat tämän epäitsekkään ihanteen, sillä palvelemalla muita me opimme tuntemaan ja näkemään Jumalan jokaisessa.

Tämä viisikymmenvuotisjuhla on tilaisuus, jonka me kaikki tulemme muistamaan kauan. Palaatte koteihinne ja tulette usein muistelemaan jumalallista yhteisyyttä, josta olemme nauttineet. Viette mukananne jotain meidän sydämistämme ja uskon, että jätätte tänne meidän luoksemme jotain omista sydämistänne – tämä on molemminpuolista vaihtoa. Olemme luoneet hengellisen ystävyyden siteen, jumalallisen suhteen, joka tulee kestämään kauan. Kun ruokimme sitä, se muuttuu aina vain vahvemmaksi, suureksi magneettiseksi voimaksi, joka vetää monia muita tälle Self-Realization Fellowshipin pyhälle tielle.

Lopuksi haluaisin lukea nämä Gurumme sanat: "Kehoni tulee katoamaan, mutta työni tulee jatkumaan. Ja henkeni elää edelleen. Silloinkin, kun minut otetaan pois maan päältä, teen töitä kanssanne pelastaaksemme maailman Jumalan sanomalla. Valmistautukaa Jumalan loistoon. Ladatkaa itsenne hengen liekillä."

"Jos Jumala sanoisi minulle tänään *Tule kotiin!*, jättäisin kaikki velvollisuuteni täällä taakseni katsomatta – järjestön, rakennukset, suunnitelmat, ihmiset – ja kiirehtisin noudattamaan Hänen tahtoaan. Maailman pyörittäminen on Hänen velvollisuutensa. Hän on Tekijä, ette te tai minä."

Kokoelma neuvoja

Hengellisen ohjauksen ja inspiraation sanoja.

Ellei toisin mainita, nämä katkelmat ovat Self-Realization Fellowshipin kansainvälisessä päämajassa Los Angelesissa Kaliforniassa pidetyistä puheista.

Jumala on suurin aarre
25. toukokuuta 1961

Kun olette yksinäisiä, huutakaa Taivaallista Isää. Kun kaipaatte ymmärrystä, juoskaa Hänen tykönsä. Ihminen ei tiedä, kuinka suurenmoinen Ystävä, kuinka suurenmoinen Rakastaja, kuinka suurenmoinen Isä-Äiti-Rakastettu etsii hänen rakkauttaan!

Mutta ensin on etsittävä Häntä. Hän ei tyrkytä itseään lapsilleen; Hän odottaa heidän etsivän Häntä. Hän työntää tiellenne *kaiken* paitsi itsensä. Hän tarjoaa jatkuvasti erilaisia korvikkeita ja odottaa näkevänsä, tyydyttekö niihin. Jos tyydytte, seisahdutte paikallenne hengellisellä tiellä. Mutta viisas palvoja työntää tuhman lapsen tavoin pois tieltään jokaisen lelun, jokaisen maallisen ja houkuttavan helyn, ja huutaa edelleen Herraa. Tällainen palvoja löytää Jumalan; kukaan muu ei löydä.

Rukoilen, että te kaikki olisitte Taivaallisen Isän tuhmia lapsia, jotka alati sisällään itkevät Hänen peräänsä. Älkää antako mielenne harhautua tyytymättömyyden ja joutavien häiriötekijöiden suohon. Älkää tuhlatko elämäänne sillä lailla, rakkaat kuulijani! Janotkaa Häntä

Vain rakkaus

sisimmässänne jokaisena hetkenä. Palakaa Jumalan kaipuusta. Muuntakaa kaikki halunne yhdeksi valtavaksi kaipuun liekiksi Jumalaa kohtaan. Kaikki rajoituksenne palavat tuhkaksi näissä vapauttavissa liekeissä.

Kun maalliset houkutukset harhauttavat teitä, rukoilkaa: "Herra, jos aineelliset nautinnot ovat minusta näin houkuttelevia, kuinka paljon houkuttavampi Sinun täytyy olla!" Jumala on suurin aarre. Kaikki pyhät kirjoitukset julistavat näin. Käyttäkää arvostelukykyänne välttääksenne joutavia askareita ja etsikää tätä ainoaa, verratonta ja ikuista Aarretta.

Jumala on vastaus kaikkiin ongelmiin
3. toukokuuta 1956

Jumala on vastaus jokaiseen ongelmaan, jonka elämässä kohtaamme. Meidän on takerruttava Häneen yhä tiukemmin. Meidän on etsittävä Hänestä johdatusta ja ratkaisuja elämän arvoituksiin. Loppujen lopuksi meidän on jätettävä tämä keho, joten miksi huolehtisimme niin paljon aineellisista seikoista?

Pitäkää kaikkein tärkeimpänä Jumalan etsimistä ja Hänen palvelemistaan. Jumalan palveleminen syvällä antaumuksella ja tietoisuus siitä, että suoritamme kaikki tehtävämme Hänen hyväkseen, on eräänlainen meditaation muoto, tapa etsiä Jumalaa. Meidän on opittava löytämään Hänet omasta tietoisuudestamme ja tehtävä Hänestä alituinen seuralaisemme.

Gurudevalla oli tapana rohkaista meitä kokoontumaan pieniksi ryhmiksi ja meditoimaan sen sijaan,

Kokoelma neuvoja

että olisimme jutelleet yhdessä joutavia ja tuhlanneet aikaa. Tulette huomaamaan, kuten mekin, että meditaatio jonkun seurassa tai yksin antaa teille paljon enemmän kuin jutustelu.

Älkää jääkö vatvomaan elämän vähäpätöisiä ongelmia. Tärkein huolenaiheenne on suhteenne Jumalaan. Tunteet, tottumukset, kaikki mihin tunnette olevanne oikeutettuja – nämä eivät ole niin tärkeitä. Antakaa Jumalan kantaa huoli niistä. Huolehtikaa yhteydestänne Jumalaan, niin Jumala huolehtii teistä. Tämä on jumalallinen sitoumus Äidin ja lapsen välillä. Pitäkää kiinni tästä lupauksesta kyseenalaistamatta koskaan, että on olemassa jumalallinen laki, joka huolehtii kaikesta.

Ainoa todellinen suhteemme on Jumalaan ja Guruumme. Pitäkää kiinni Heidän kädestään. Pyhä Lisieuxin Thérèse sanoi: "Käytän aikani taivaassa tekemällä hyvää maan päällä." Tämä oli myös Mestarin lupaus. Hänen ainoa toiveensa on auttaa meitä löytämään Jumala. Jokainen, joka etsii häneltä ohjausta ja ojentaa hänelle kätensä avun tarpeessa, saa poikkeuksetta tuntea hänen johdattavan läsnäolonsa. Teillä on oltava uskoa, teidän on tehtävä osanne, teidän on meditoitava. Silloin saavutatte täydellisen yhteyden Gurun kaikkialliseen apuun ja siunauksiin.

Hyvän ja pahan psykologinen taistelukenttä
12. heinäkuuta 1956

Vaikka kohtaisitte elämässä kuinka suuria vastoinkäymisiä, vaikka millaisia koettelemuksia, muistakaa:

Vain rakkaus

Taivaallinen Äiti suojelee teitä. Emme saisi yllättyä kokiessamme vaikeuksia ja kamppailua hengellisellä tiellä. Ennemmin tai myöhemmin jokainen kilvoittelija kohtaa niitä. Meidän tulisi ottaa ne rohkeasti vastaan luottaen siihen, että Taivaallisen Äidin rakkauden ja suojelun armo on kanssamme.

Hyvän ja pahan välinen taistelu on koko ajan käynnissä sisällämme. Gurudeva sanoi, että hengellinen kilvoittelija seisoo keskellä, ja häntä kiskoo toiseen suuntaan Saatana pahojen ja negatiivisten voimien edustajana, ja toiseen suuntaan Jumala hyvien ja positiivisten voimien edustajana. Sen enempää hyvä kuin pahakaan ei voi voittaa itselleen tietoisuutemme valtakuntaa paitsi sillä hallintavoimalla, jonka me itse sille annamme. Jumala on suonut meille vapaan tahdon hyväksyä tai hylätä paha, hyväksyä tai hylätä hyvä: olla yhteistyössä Jumalan tai Saatanan kanssa.

Taivaallinen Äiti seisoo meidän jokaisen takana ohjaten ja auttaen meitä. Omantuntomme kautta Hän yrittää kaikin mahdollisin tavoin auttaa meitä tekemään oikean ratkaisun hyvän ja pahan psykologisella taistelukentällä. On suurenmoinen siunaus, että Taivaallinen Äiti vastaa palvojan jokaiseen ponnistukseen, kaikkein pienimpäänkin – jokaiseen pieneen pyrkimykseen löytää Jumala, tuntea Jumala, olla Jumalan kanssa. Emme aina välttämättä ole tietoisia Taivaallisen Äidin vastauksesta – mutta kun sisäisten kamppailujemme keskellä pyydämme Häneltä apua, Hänen armonsa ohjaa tekojamme, tukee pyrkimyksiämme ja suojelee meitä kaikkitietävällä rakkaudellaan.

Kokoelma neuvoja

Itse-oivallus löytyy sisäisestä hiljaisuudesta
Ananda Moyi Man ashram, Kalkutta, 18. tammikuuta 1959

Itse-oivallus tarkoittaa sielun yhtymistä Jumalaan. Valaistuneiden sielujen kokemukset ovat kautta aikojen todistaneet, että kaikkien uskontojen korkein päämäärä, perimmäinen tavoite, on Itse-oivallus. Ilon täyttämä Ananda Moyi Ma, oma gurudevani Paramahansa Yogananda ja kaikki muut suuret pyhimykset viittaavat tähän ainoaan päämäärään.

Meidän ei pitäisi eksyä uskonnon ulkoisiin seikkoihin – rituaaleihin tai muotoihin. *Pujan*, messujen ja riittien tarkoitus on vain inspiroida palvojia etsimään Jumalaa sisimmästään. Muuten tällaiset palvonnan ulkoiset muodot ovat joutavia.

Jumala on ikuisesti olemassa oleva, ikuisesti tietoinen, kaikkivoipa, ikuisesti uusiutuva Autuus – *Satchitananda*. Sielu on yksilöityneenä ilmenevä ikuisesti olemassa oleva, ikuisesti tietoinen, kaikkivoipa, ikuisesti uusiutuva Autuus. Meditaatiossa tämän voi oivaltaa. Voimme oppia tuntemaan Itsen vain menemällä syvälle sisäiseen rauhaan. Etsikää rauhallinen nurkka kotona tai ashramissa ja vetäytykää sisäänpäin meditaatiossa, niin ymmärrätte keitä olette. Silloin saatte tietää, että teidät on luotu Jumalan kuvaksi. Ilosta olemme tulleet, Ilossa elämme ja Ilossa synnymme uudelleen. Kun tiedämme tämän, koemme Itse-oivalluksen. Tähän tilaan päästäkseen on tarpeen tuntea autuas hiljaisuus sisimmässään. Emme voi koskaan tuntea Jumalaa vain sokean uskon tai palvonnan ulkoisten muotojen kautta. Meidän on ryhdyttävä meditoimaan syvästi saavuttaaksemme Jumalan, ja se on ihmisen päämäärä. Olkaa nyt Jumalan kanssa, niin tulette olemaan Jumalan kanssa myös tuonpuoleisessa.

Meillä ei ole aikaa hukattavaksi

Daya Matan palattua kotiin Paramahansa Yoganandan Intian ashrameista. Self-Realization Fellowshipin ashram-keskus, Hollywood, Kalifornia, 16. joulukuuta 1959

Tiemme on kahtalainen: sekä palvelemisen että meditaation tie. Guruji sanoi: "Uskon tasapainoon." Hän opetti meitä olemaan tyynesti aktiivisia ja aktiivisesti tyyniä, löytämään Jumalan kaikkien askareidemme keskellä sekä meditaation hiljaisuudessa. Tämän tasapainon löytävä tulee onnelliseksi. Hän tuntee Jumalan, sillä Jumala on sekä aktiivinen että epäaktiivinen – käsittämättömän ahkera Luojana, sanoinkuvaamattoman hiljaa absoluuttisena, autuaana Henkenä.

Ihanteenamme on etsiä Jumalaa syvässä meditaatiossa sekä löytää iloa ja onnellisuutta palvelemalla Häntä. Ei ole väliä, millä tavalla Häntä palvelemme. Olemmepa työssä keittiössä, opetamme tai kirjoitamme – tämä ei ole tärkeää. Tärkeää on, teemmekö sen miellyttääksemme Jumalaa vai pelkästään itseämme.

Rukoilen vilpittömästi, että jokainen meistä pyrkisi tuntemaan suurempaa sisäistä kaipuuta Taivaallista Rakastettua kohtaan. Uppoutukaa syvälle meditaatioon.

Kokoelma neuvoja

Tämä tulee muistaa. Ei ole väliä, vaikka meditaatio kestäisi vain viisi minuuttia; tehkää niistä viidestä minuutista Rakastetun täyttämät. Meditoikaa kuitenkin pidempään aina kun voitte. Älkää keksikö tekosyitä, miksi ette meditoi päivittäin, säännöllisesti. Tuntekaa palavaa kaipuuta Jumalaan öin ja päivin. Sanat eivät voi kuvata sitä iloa, jonka suhde Häneen antaa.

Seitsemäntoista kuukautta sitten jätin Mestarin ashramit Amerikassa ja lähdin vierailemaan hänen Intian ashrameissaan. Mielessäni oli vain yksi ajatus: "Sinä olet elämäni, Sinä olet rakkauteni – –." Sieluni paloi jumalallisesta rakkaudesta. Olen tullut kotiin saman tunteen vallassa. Meillä ei ole aikaa tuhlattavaksi. Guruji sanoi: "Elämä on kuin kastepisara, joka valuu alas ajan lootuksenlehdeltä." Mietin usein, miten kastepisara alkaa valua ja liikkuu aina vain nopeammin. Monelle meistä suurin osa elämästä ei ole enää edessämme vaan takanamme. Mielessäni on vain yksi asia: kiihkeä halu käyttää tämä aika Rakastetun tuntemiseen.

Meidän tulisi kaihota Jumalaa kiihkeästi, palaa halusta löytää Hänet rakkautemme ja omistautumisemme kautta ja palaa halusta palvella Häntä. Älkää pelätkö uhrata kehoanne Jumalallisen Rakastetun palvelemisessa, jos se on tarpeen. Jumala ylläpitää teitä. Hän on voimamme. Hän on elämämme. Hän on rakkautemme.

Kun meditoitte, antakaa koko mielenne sulautua Jumalaan. Kun istuudutte ajattelemaan Häntä, heittäkää mielestänne kaikki muu ja sukeltakaa yhä syvemmälle Äärettömän Rakastetun kaikkiallisuuteen. Jumalasta virtaa kaikki se rakkaus, joka on koskaan suodattunut ihmissydämen läpi: lapsen rakkaus äitiinsä, äidin rakkaus lapseensa, ystävän rakkaus toiseen, aviomiehen

Vain rakkaus

rakkaus vaimoonsa. Kaikki rakkauden muodot ovat peräisin tästä yhdestä Lähteestä. Etsikää Lähdettä. Teillä on käsillä kaikki, mitä tarvitsette löytääksenne Jumalan. Teidän ei tarvitse etsiä muualta. Gurudeva toi meille opetukset. Nyt on teidän tehtävänne hyödyntää niitä. Muistan usein nämä Mestarin suurenmoiset sanat, joiden mukaan meidän tulisi elää:

> Oi Taivaallinen Rakastettu, en voi tarjota Sinulle mitään,
> sillä kaikki on Sinun.
> En sure sitä, että en pysty antamaan,
> sillä mikään ei ole minun, mikään ei ole minun.
> Lasken tähän jalkojesi juureen
> elämäni, kehoni, ajatukseni ja puheeni,
> sillä ne ovat Sinun, ne ovat Sinun.

Gurudeva eli näiden sanojen mukaan. Pyrkikäämme me, hänen oppilaansa, noudattamaan hänen esimerkkiään.

Palakaa halusta Jumalaan

18. tammikuuta 1960

Laiskuus ja tärkeimmän unohtaminen – välttäkää näitä kahta suurta sudenkuoppaa hengellisellä tiellä. Vuosien saatossa unohdamme usein tärkeimmän tavoitteen, jonka takia omaksuimme hengellisen elämän. Juutumme liikaa hengellisiin tapoihimme, noudatamme ulkoisia muotoja mutta emme saa pidettyä hengissä palavaa halua Jumalaa kohtaan. Ryhdymme mielellämme moniin muihin askareisiin, mutta emme

Rannalla, jonne Self-Realization Fellowshipin ashramin alue ulottuu Tyynen valtameren ääreen. Encinitas, Kalifornia

"En ole koskaan pyytänyt tai kaivannut hengellisiä kokemuksia. Haluan vain rakastaa Jumalaa ja tuntea Hänen rakkautensa. Iloni syntyy Hänen rakastamisestaan; en etsi muuta palkintoa elämässä."

Pahalgam, Kashmirin vuoristo, 1961

"Ihminen on todella elossa, kun hän herää aamunkoitteessa täynnä elämää, elämäniloa, halua unohtaa itsensä ja ilmentää suurempaa Itseään, joka on Jumala hänen sisimmässään. Siihen asti hän on pelkästään olemassa."

Kokoelma neuvoja

vaivaudu käyttämään vapaa-aikaamme oikein: syvään Jumalan etsimiseen.

On silkkaa viisastelua väittää: "Jos olosuhteet olisivat olleet toisenlaiset, jos minua olisi kohdeltu ymmärtäväisemmin, jos sitä ja tätä ei olisi tapahtunut, olisin tänään lähempänä Jumalaa." Tällainen järkeily kertoo siitä, että on unohtanut asian ytimen. Jos ei löydä Jumalaa, syy ei piile joissakin ulkoisissa olosuhteissa tai toisissa ihmisissä vaan omassa itsessä. Loppujen lopuksi kukaan tai mikään ei voi estää meitä tuntemasta Jumalaa, jos jatkuvasti pyrimme vapautumaan laiskuudesta ja välinpitämättömyydestä ja muistamme tärkeimmän. Palakaa sisäisestä halusta Jumalalliseen Rakastettuun. Jos ette tunne näin, syyttäkää vain itseänne.

Kun saavuin Mount Washingtoniin, jouduin kohtaamaan monia ongelmia niin omassa itsessäni kuin ympärilläni olevien ihmisten kanssa. Lannistuin huomatessani, etten ashramissakaan päässyt eroon näistä vaikeuksista. Mutta sisälläni paloi valtava halu tuntea Jumala. Uneksin siitä, että löytäisin Hänet tässä elämässä. Niinpä mietin: "Voiko mikään elämäntilanne, ympäristö tai ihminen viedä sinulta palavaa haluasi Jumalaa kohtaan? Jos näin on, et edes halunnut Häntä kovin paljon." Se ajatus mielessäni ryhdyin suurella hartaudella ottamaan askelia oikeaan suuntaan hengellisellä tiellä.

On traagista, jos juuttuu niin uriinsa, että noudattaa hengellistä elämäntapaa ulkoisesti mutta sallii välinpitämättömyyden sammuttaa antaumuksellisen Jumalan kaipuunsa. Palvojan tulisi nyt heti alkaa oikaista tilanne ja pitää mielensä keskittyneenä Jumalaan päivin ja öin: Jumalaan ensimmäiseksi, Jumalaan viimeiseksi, Jumalaan kaiken aikaa.

Vain rakkaus

Jumalan rakkaus tekee jokaisesta sielusta ainutlaatuisen

Intiaan suuntautuneen matkan paluutilaisuudessa, Self-Realization Fellowshipin kansainvälisessä päämajassa, 20. heinäkuuta 1964

Side, joka liittää meidät yhteen jopa tiukemmin kuin perhesiteet, on Jumalan rakkaus. Mitä kauemmin elän, sitä paremmin oivallan, että se on ainoa ihmiset yhdessä pitävä voima. Rakkauden, jumalallisen rakkauden vastaanottaminen ja levittäminen on Jumalan antama tehtävämme elämässä. Tämä rakkaus on myötäsyntyistä, se on valmiiksi sieluissamme; ja aivan kuten ruusulle on luontaista levittää tuoksuaan, sielulle on luontaista levittää Jumalan rakkauden suloista tuoksua. Yhä uudelleen muistutan palvojia täällä ja Intiassa Gurujin kuolemattomista sanoista, jotka välittävät suurten pyhimysten viestin aikojen takaa: "Vain rakkaus voi ottaa minun paikkani." Matkoillani olen puhunut monien kanssa ja huomannut, että rakkaus on ainoa viesti, joka herättää vastakaikua kaikissa. Jumalallinen rakkaus on oikea taso lähestyä kaikkia sieluja; ja jumalallisen rakkauden tie on se tie, jonka siunattu gurumme Paramahansa Yogananda on meille viitoittanut.

Jokainen meistä on Jumalan silmissä ainutlaatuinen. Hänen edessään olemme kaikki samanarvoisia: kukaan ei ole ylempi, kukaan ei ole alempi. Olemme kaikki Hänelle tärkeitä, sillä luodessaan meistä jokaisen Hän ei ajatellut ketään muuta kuin yksin meitä.

Kokoelma neuvoja

Meidät on yksilöity Hänen ajatuksissaan ja Hänen suuressa tietoisuudessaan. Meidän tulisi löytää sisältämme tämä sielun ainutlaatuisuus ja ilmentää sitä ulkoisesti. Ei ole suurenmoisempaa tapaa osoittaa ainutlaatuisuuttamme kuin jumalallisen rakkauden kautta, Jumalan antamalla kyvyllämme rakastaa puhtaasti ja pyyteettömästi. Kun ymmärrämme sen ja harjoitamme sitä, tiestämme tulee paljon helpompi. Kun koemme taivaallisen rakkauden, joka tulee Jumalalta ja virtaa lävitsemme, elämämme alkaa hehkua tavalla, jota mikään muu maan päällä – valta, kunnia tai aistien tyydyttäminen – ei voi meille suoda.

Antakaa Jumalan auttaa taakkojenne kantamisessa

22. maaliskuuta 1956

Heikot eivät löydä Jumalaa, vaan hän, joka sanoo: "Herrani, olen antanut Sinulle elämäni; olen luovuttanut sinulle sydämeni. Tee minulla oman tahtosi mukaan." Sanoin kerran Gurudevalle: "Millainen asenne auttaisi minua kantamaan sitä taakkaa, jonka tunnen painavan hartioitani?"

"Ensinnäkin", hän sanoi, "älä ajattele sitä taakkana. On siunattu etuoikeus palvella Jumalaa." Vaikka kyse olisi vain siivoamisesta ja kuuraamisesta, kouluttakaa mieltänne hyväksymään jumalallisena siunauksena mahdollisuus palvella Jumalaa missä hyvänsä tehtävässä, johon Hän teidät asettaa, olipa se miten ylhäinen tai vähäpätöinen tahansa. Mestari lisäsi: "Muistuta itseäsi

Vain rakkaus

aina, että sinä et ole tekijä. Jumala on Tekijä; sinä olet vain Hänen välineensä. Lupaa olla halukas, vastaanottavainen väline." Kun hän sanoi minulle nämä kaksi asiaa, ajattelin: "Hän on antanut minulle tämän opetuksen; nyt on minun vuoroni soveltaa sitä käytännössä." Täytyy myöntää, että se on auttanut minua kantamaan paljon suurempaa taakkaa kuin pidin mahdollisena. Se auttaa jokaista teistä kantamaan paljon suurempaa taakkaa kuin piditte mahdollisena.

Virittäytykää tietoisuudessanne yhteen Taivaallisen Äidin kanssa, niin että Hän ottaa kantaakseen taakkanne – niin että sen paino lepää Hänen harteillaan. Se ei kuulu teille. Kun meditaation aika koittaa, kaiken muun pitäisi poistua mielestänne, myös kaikkien kehoanne koskevien ajatusten. Sisällänne tulisi vallita täydellinen hiljaisuus. Se on mahdollista mutta vaatii vaivannäköä. Ennen kaikkea teidän tulee rukoilla Taivaallisen Äidin rakkautta. Silloin hengelliset pyrkimykset muuttuvat yksinkertaisiksi. Käyttäkää viikonloput meditaatioon ja yksinoloon uudistaaksenne sisäisen hengellisen voimanne. Jos meditoitte säännöllisesti ja syvästi, se muuttaa koko elämänne.

Turvautukaa yksin Jumalaan

7. helmikuuta 1956

Meidän tulisi rakastaa Jumalaa koko sydämestämme. Silloin yksinäisyyden tunne ja riippuvuus ihmissuhteista katoavat. Jumalan kumppanuus on ylivertainen.

On oikein rakastaa kanssaihmisiämme, mutta

Kokoelma neuvoja

meidän ei tulisi turvautua toisiin ihmisiin vaan Jumalaan. Keneen tahansa toiseen takerrumme, hänet me menetämme. Ehkä näin käy, koska Herra haluaa meidän tietävän, että jos kaipaamme Häntä, huomiomme tulee olla kohdistunut vain Häneen. On suurenmoista kutsua yöllä sielujemme ainoaa Jumalallista Rakastettua. On suurenmoista lausua Jumalalle kaikki haluamansa tietäen, että Hän ymmärtää ja vastaa äänettömästi.

Tiedän nyt, miksi Gurudeva ei juuri puhunut kanssamme henkilökohtaisista ongelmistamme. Hän halusi puhua meille vain Jumalasta ja keskustella ainoastaan hengellisistä asioista. Hän rohkaisi meitä unohtamaan henkilökohtaisten pulmiemme pohdiskelun ja painotti, että pääsisimme yli ongelmistamme etsimällä Jumalaa. Hän saattoi keskustella tuntikausia vierailevien SRF:n jäsenten kanssa, ja silloin mietin: "Eikö olekin outoa? Oppilaat hänen ympärillään saavat vain harvoin mahdollisuuden puhua ongelmistaan hänen kanssaan." Mutta hän ei halunnut sellaista suhdetta meihin. Hän opetti meitä kääntymään suoraan Jumalan puoleen. Toisinaan saatamme saada hiukan kannustusta ja apua tällä tiellämme kääntymällä toistemme puoleen; mutta kun kaipaamme jumalallista voimaa, meidän tulee kääntyä Jumalan ja yksin Jumalan puoleen.

Guru on jumalallinen kanava, jonka kautta rakastetun Herramme viisaus ja armo virtaavat. Kuin lintuemo, joka työntää poikasensa pois pesästä jotta se oppisi lentämään, guru pakottaa kilvoittelijan luomaan oman suhteensa Jumalaan. Samasta syystä Jumala vie palvojalta kaiken kanssaihmisten tuen ja kaiken aineellisen, joka ei herätä tietoisuutta Hänestä, kunnes palvoja kokee lopullisen oivalluksen: "Jumala on voimani, Jumala on rakkauteni, Jumala on ystäväni, Jumala on rakastettuni, ainoani. Kun Hän on poissa luotani, minulle ei jää mitään. Olen kerjäläinen. Kun Hän on kanssani, olen täynnä rakkautta ja iloa, olen täynnä rohkeutta ja voimaa."

Jos käännymme ihmisten puoleen etsiessämme jumalallista lohtua, jumalallista turvaa, saatamme hetken aikaa tuntea hiukan onnea ja tyytyväisyyttä, mutta ennemmin tai myöhemmin Herra ottaa meiltä pois tämän oljenkorren. Meidän tulee turvautua Jumalaan. Hän yksin on iankaikkinen, ja siksi Hän haluaa meidän olevan vahvoja Hänessä.

Antakaa Jumalalle mahdollisuus
8. syyskuuta 1955

Meidän tulisi antaa Jumalalle mahdollisuus astua elämäämme, mutta Hänellä ei ole siihen tilaisuutta, jos pidämme puolella sydämellä kiinni maailmasta, toisella puolella Hänestä. Meidän on jätettävä kaikki muu taaksemme ja tehtävä suuri hyppy Äärettömään. Pyhimykset sanovat, ettei se ole lainkaan vaikeaa. Kun käännämme ajatuksemme ja rakkautemme sisäänpäin, löydämme ikuisen, rakastavan, riemullisen Kumppanin, joka on salaa aina kanssamme.

Muistan, miten usein tulin Gurudevan olohuoneeseen ja näin hänet siellä – silmät loistaen jumalallisesta rakkaudesta kuin timantit. Kaikki läsnä olevat oppilaat saattoivat tuntea, että hän oli uppoutunut Jumala-yhteyteen. Toisinaan tässä tilassa Mestari puhui ääneen. Kuulimme hänen kuiskaavan hiljaa

Kokoelma neuvoja

Taivaalliselle Äidille.

Vaikka hän olikin aina sisäisesti sulautunut Jumalaan, en keksi ketään muuta, joka nautti kaikesta tekemästään Mestarin lailla. Mikään ei ollut hänelle raadantaa. Hän oli hyvin luova ja teki kaiken mitä suurimmalla mielenkiinnolla, koska Jumala oli alati läsnä hänen tietoisuudessaan ja hänen kokosydäminen toiveensa oli miellyttää Herraa.

Kerta toisensa jälkeen Mestari toisti hengellisen opastuksensa meille: meditoikaa syvästi joka päivä ja *tuntekaa* Jumalan läsnäolo. Emme ole täällä vain oppiaksemme hyvin Self-Realization Fellowshipin suurta joogafilosofiaa vaan ennen kaikkea *elääksemme* sitä. Mestarin armon ja esimerkin kautta olemme saaneet tämän siunatun mahdollisuuden.

Kehotuksia tiellä etenemiseksi
7. maaliskuuta 1956

Viimeisinä päivinään luonamme Gurudeva lausui oppilailleen useita kehotuksia, joita meidän tulisi seurata edetäksemme pidemmälle hengellisellä tiellä. Hän käsitteli niissä useita aiheita.

Hän neuvoi meitä olemaan vakavampia ja samalla iloisempia: "Olkaa sisällänne onnellisia ja iloisia, mutta älkää ryhtykö liikaan vitsailuun ja pinnallisuuteen. Miksi tuhlaisitte sisäisen näkemyksenne jonninjoutaviin puheisiin? Tietoisuutenne on kuin maitokiulu. Kun täytätte sen meditaation rauhalla, teidän tulisi pitää se sellaisena. Vitsailu on usein vääränlaista hupia,

Vain rakkaus

joka poraa reiät kiulunne kylkiin ja antaa sisäisen rauhanne ja onnellisuutenne maidon valua hukkaan."

Mestari opetti meitä olemaan nukkumatta liikaa ja käyttämään ylimääräisen ajan sen sijaan syvään meditaatioon ja jumalyhteyteen. "Uni on vain tiedoton tapa nauttia Jumalan läsnäolon suomasta rauhasta. Meditaatio on tietoisen levon ja rauhan tila, virkistävämpi kuin tuhat miljoonaa unta."

"Älkää tuhlatko aikaanne", hän sanoi. "Kukaan muu ei voi antaa teille syvää Jumalan kaipuuta, joka pitää teidät vakaina. Teidän on itse saatava se aikaan. Älkää älyllistäkö älkääkä järkeilkö. Ennen kaikkea älkää koskaan epäilkö, tuleeko Jumala luoksenne. Kun olette suorittaneet velvollisuutenne, antakaa aikanne Jumalalle meditaatiossa, niin koette sisäisesti Hänen jumalallisen autuutensa, Hänen jumalallisen rakkautensa."

Jumalallinen rakkaus motivoi oikeaan toimintaan
11. kesäkuuta 1968

Uskon lujasti oikean toiminnan ihanteeseen meditaation ohella. Oikeassa toiminnassa sydän, mieli ja sielu sulautuvat riemukkaasti yhteen. Emme ajattele: "Teen Sinulle palveluksen, Herra", vaan omistaudumme ilolla Jumalalle. Oikeassa toiminnassa ihminen ei kaipaa tekojensa hedelmiä, vaan toimii pelkästään siitä ilosta, että saa tehdä sen Jumalalle. Tämä tekemisen ilo syntyy siitä, että hän on rakastunut. Elämää ei voi elää olematta rakastunut – johonkin! Jokainen kukoistaa

Kokoelma neuvoja

rakkaudesta. Keino nauttia suurimmasta rakkaudesta koko elämänsä ajan on etsiä ainoaa Kosmista Rakastajaa, sielujemme Ikuista Rakastettua. Tämä on ollut minun kokemukseni; se *on* minun kokemukseni. Minulle Jumala on ainoa todellisuus tässä maailmassa. Viisas on hän, joka pitää mielensä uppoutuneena Kosmiseen Rakastettuun. Ei voi tietää, millainen rakastaja tämä Jumalallinen on ennen kuin opettelee kävelemään Hänen kanssaan, puhumaan Hänen kanssaan ja ymmärtämään, että Hän on omamme. Silloin saa tietää, mitä ilo on, silloin saa tietää, mitä rakkaus on korkeimmassa ja kauneimmassa muodossaan. Se, että Jumala on rakkaus, on gurudevamme Paramahansa Yoganandan sanoman tärkein ydin.

On totta, että Itse-oivallus on viisauden tie, se on työn tie, se on autuuden tie. Mutta minulle se on ennen kaikkea jumalallisen rakkauden tie. Jumalallinen rakkaus muuttaa ihmisen siinä määrin, että hän ei voi enää ajatella "minä" ja "minun", vaan ainoastaan "Sinä, Sinä, Herrani."

Meidän jokaisen tulisi omaksua tämä rakkauden viesti sieluumme ja pyrkiä elämään se.

Maallisen tietoisuuden harha
Koko päivän mittainen joulumeditaatio, 23. joulukuuta 1960

Jotta saisimme meditaatiosta parhaan mahdollisen tuloksen, on tärkeää heittää sen ajaksi pois mielestämme kokonaan tietoisuus kehosta ja kaikki levottomat ajatukset. Pystymme tähän, jos ymmärrämme täysin, että

Vain rakkaus

emme ole tämä keho emmekä tämä mieli. Lukuisten aiempien elämien aikana meillä on ollut monia kehoja ja monia mieliä. Yrittäkää viedä tietoisuutenne pois samaistumisesta tämän vähäpätöisen kehon vaippaan, joka nyt on yllämme, pois tästä mielen vaatteesta, jota käytämme hetkellisesti. Me olemme kuolematon sielu, joka on luotu Kaikkein Rakkaimman kuvaksi.

Antakaa sydämenne janota Jumalaa kiihkeämmin kuin koskaan aiemmin. Olemme viettäneet monia inkarnaatioita vaeltaen erilaisten halujen teitä, haluten nimeä, kuuluisuutta, kunniaa ja kaikkia niitä maallisia asioita, joita tällä elämällä on tarjota. Meditoidessanne tänään heittäkää mielestänne pois kaikki muut ajatukset paitsi yksi: "Jumalani, minut on luotu Sinun viisautesi, autuutesi ja rakkautesi kuvaksi. Olen Sinun lapsesi. Vapauta minut harhasta, joka on saanut minut pitämään itseäni kuolevaisena olentona, ja anna minun nähdä itseni – kuten Gurudeva ja kaikki suuret ovat nähneet itsensä – Sinun lapsenasi, Sinun rakastettuna lapsenasi."

On etuoikeus palvella Jumalaa
9. lokakuuta 1964

Kukaan tässä maailmassa ei ole korvaamaton. Jumala tulee hyvin toimeen ilman meidän palveluksiamme. Mieleeni palaa yhä uudestaan sanat, jotka Guruji lausui minulle vuosia sitten: "Älä koskaan anna Taivaalliselle Äidille sitä tunnetta, että teet hänelle palveluksen työlläsi." Hänen sanansa iskostuivat silloin syvään ja nyt niillä on minulle vielä suurempi

Kokoelma neuvoja

merkitys. Ymmärrän, että Taivaallisen Äidin palveleminen – mitä teemme jatkaessamme Gurudevan työtä – on harvinainen etuoikeus. Mutta jos ajattelemme tekevämme paljon, meillä on väärä asenne. Joka hetki meidän tulisi olla täynnä nöyrää kiitollisuutta siitä siunauksesta, että saamme palvella Häntä.

Palveleminen on tehtävä oikealla asenteella. Ilman oikeaa asennetta millään työmäärällä ei ole merkitystä Taivaalliselle Äidille. Voimme ruokkia köyhiä, ohjata kanssaihmisiämme tai suorittaa loputtomasti muita hyödyllisiä tehtäviä, mutta asenteemme on väärä, jos alamme ajatella: "Miten monessa hyvässä työssä olenkaan mukana! Eikö ole hienoa, että pystyn tekemään niin paljon muiden hyväksi? Miten ihmiset sitä arvostavatkaan!" Mestari muistutti meitä usein: "Taivaallinen Äiti tarkkailee sydäntä." Hän toivoo meidän haluavan miellyttää Häntä, sen sijaan että välitämme siitä, miellytämmekö ihmisiä. Ihmisen mielipide muuttuu: tänään hän antaa meille rakkautta ja arvonantoa ja huomenna hän saattaa heittää meidät syrjään. Ihmisen kiintymys ei ole tunnettu pysyvyydestään. Siksi meidän tulisi pohtia sitä, mikä on aidosti tärkeää: miten miellyttää Jumalaa, joka on ikuinen Ystävämme.

Päämääriä uudelle vuodelle
Tammikuu 1967

Aloittaessamme uuden vuoden toimet oivaltakaamme, miten tärkeää on käyttää jokainen minuutti siihen, että teemme itsestämme parempia ja täydellisempiä

Vain rakkaus

Jumalan lapsia. Nyt on psykologisesti oikea hetki analysoida menneen vuoden tekojamme ja huomata, miten olemme edistyneet hengellisesti. Meidän tulisi pohtia vakavasti, mitä haluamme muuttaa itsessämme ja elämäntilanteessamme, ja tehdä sitten parhaamme tavoitteemme toteuttamiseksi. Meidän tulisi kirjoittaa ylös ne lupaukset, jotka auttavat meitä saavuttamaan korkeimmat pyrkimyksemme tulevan vuoden aikana. Joka kuukausi meidän tulisi käydä ne läpi ja arvioida, olemmeko saavuttamassa itsellemme asettamia tavoitteita.

Ymmärtäkäämme tämän uuden vuoden aikana entistä selvemmin, että Jumalan löytäminen on ainoa pysyvä ratkaisu mihin tahansa ongelmiin, joita kohtaamme elämässämme. Meidän tulisi vaalia syvempää tietoisuutta Hänestä.

Ainoa todellinen suhde ihmisellä voi olla Jumalan kanssa sekä gurun kanssa, joka on Hänen välineensä. Jumala kurittaa meitä; Jumala rakastaa meitä. Olkaamme Hänelle uskollisia! Tukeutukaamme Self-Realization Fellowshipin oppeihin sekä siunatun Gurumme käteen. Hänen ainoa suuri toiveensa on auttaa meitä tulemaan jälleen yhdeksi Taivaallisen Isämme kanssa.

Rakkaus sitoo meidät yhteen

Kahdeksannentoista vuosipäivän juhla. Self-Realization Fellowshipin ashram-keskus,
Hollywood, Kalifornia, 21. huhtikuuta 1969

Gurudeva Paramahansa Yogananda on tuonut meidät kaikki yhteen jumalallisen rakkauden

Kokoelma neuvoja

tietoisuudessa. Hän on sitonut meidät yhteen vahvalla mutta lempeällä rakkauden säikeellä ja muodostanut antautumisen ja rakkauden tuoksuvan seppeleen, jonka laskemme Ainoan Rakkauden, sielujemme Suurimman Rakastetun jalkojen juureen. Hän on sytyttänyt sydämissämme palavan kaipuun Jumalaan, sillä hän on aina osoittanut meille ihanteen, että rakkauden Jumalaan on tultava ensin ja sitten, sen rakkauden hengessä, tulee rakkaus kaikkia muita kohtaan. Tähän jumalalliseen rakkauteen hän viittasi sanoessaan minulle: "Haluan nähdä teidän kaikkien päihtyvän niin täysin Jumalan rakkaudesta päivin ja öin, ettette tiedä mistään muusta kuin Jumalasta. Haluan nähdä teidän antavan sitä rakkautta kaikille, jotka tulevat tykönne."

Taivaallinen Äiti kurinpitäjänä
1. maaliskuuta 1956

Taivaallisella Äidillä on moninainen luonne. Se, millaisena Hän ilmenee meille, heijastaa pelkästään omaa tietoisuuden tilaamme. Kun meillä on yhteys Häneen, Hän on autuas, rakastava Äiti. Kun yhteytemme Häneen katkeaa, Hän näyttää ankaralta kurinpitäjältä. Kyse ei ole siitä, että Taivaallinen Äiti haluaa kurittaa meitä. Kärsimys syntyy, kun olemme erossa Jumalasta. Me itse luomme tämän eron, kun unohdamme Jumalan, noudatamme huonoja tapojamme tai välitämme liikaa ulkoisista asioista tai tunteistamme ja mielialoistamme. Taivaallinen Äiti ei koskaan

Vain rakkaus

hylkää meitä; me itse hylkäämme Hänet. Silloin Hän vaikuttaa ankaralta kurinpitäjältä, mutta vain siksi, että me olemme itse katkaisseet yhteyden kaiken oikean ja hyvän Alkulähteeseen.

Kun Taivaallinen Äiti näyttää kadonneen näkyvistämme, paenneen tietoisuutemme kiertoradalta, syynä olemme me, ei Hän. Ehkä mielemme on liiaksi uppoutunut huoliin, mikä on hengellinen synti, sillä se osoittaa uskon puutetta, luottamuksen puutetta Jumalaan. Ehkä mielemme on liiaksi kietoutunut tunteellisuuteen, joka syntyy samaistuessamme egoon ja nähdessämme itsemme kuolevaisena olentona pikemmin kuin jumalallisena kuvana tai sieluna. Ehkä mielemme on liiaksi sekaantunut maallisiin askareisiin. Tällaisina hetkinä Taivaallinen Äiti jättää meidät. Hän sanoo: "Sinne missä minä olen, lapseni, sinunkin pitäisi tulla." Taivaallinen Äiti piiloutuu – ei meitä rangaistakseen vaan rohkaistakseen meitä, jotta yrittäisimme nostaa tietoisuutemme siihen jumalalliseen valtakuntaan, jossa Hän on olemassa. Hän haluaa, että yritämme jatkuvasti muuttua paremmiksi.

Myös Mestari opetti juuri näin. Juuri kun uskoimme ikään kuin venyneemme tai kohottaneemme tietoisuutemme tietylle tasolle, Mestari nosti tasoa entistä korkeammalle. "Nyt kun olet päässyt näin pitkälle, yritä kurottaa vielä hiukan ylemmäs." Uuden tason saavuttaaksemme yritimme jatkuvasti tulla paremmiksi. Yritimme jättää pois tietoisuuden kehosta, tietoisuuden rajoittuneisuudesta sekä tunteellisuuden, joka sitoo meidät tähän kuolevaiseen muotoon. Gurun, hengellisen opettajan, päämäärä on auttaa meitä nousemaan oman itsemme yläpuolelle. Hän auttaa meitä

Kokoelma neuvoja

heittämään pois alemman itsen, egon, ja muistamaan, että meidät on luotu Jumalan kuolemattomaksi kuvaksi – ikuisesti olemassa olevan, ikuisesti tietoisen, alati uuden Autuuden ja Rakkauden kuvaksi. Se me olemme ja meidän tulisi hävetä, jos emme pysty ilmentämään todellista luontoamme olemassaolomme joka minuutti. Täydellisyys on se, mihin meidän tulee pyrkiä. Silloin Taivaallisen Äidin ei enää tarvitse esiintyä kurinpitäjänä, vaan Hän voi alati ilmentyä meille puhtaassa muodossaan riemullisena, hyväntahtoisena, ymmärtävänä, rakastavana Äitinä.

Miten saada paras meissä esiin

Janakanandan ashramkappeli, Self-Realization Fellowshipin kansainvälinen päämaja, 28. helmikuuta 1962

Jos ette ole vielä tunteneet voimakasta Jumalan kaipuuta, älkää lannistuko. Ottakaa tavaksi meditoida entistä syvemmin joka päivä, vaikka vain viiden minuutin ajan. Gurujin sanoin: kutsukaa Jumalaa kuten hukkuva haukkoo ilmaa, kuten kuoleva kamppailee hengittääkseen. Jos tunnette näin suurta kaipuuta, saatte tuntea Jumalan tämän elämänne aikana. Vaaliaksenne tätä tunnetta välittömästä Jumalan tarpeesta teidän tulee meditoida päivittäin ja viljellä muita hyviä tottumuksia.

Pimeyttä ei voi poistaa huoneesta huitomalla sitä kepillä. Kun sytyttää sähkövalon, pimeys katoaa. Samalla lailla väärien tapojen tukahduttaminen ei ole

Vain rakkaus

tehokkain keino päästä niistä eroon. Sytyttäkää sen sijaan ymmärryksen valo, joka syntyy syvästä meditaatiosta ja vapaaehtoisesta tietoisesta pyrkimyksestä harjoittaa itsensä hallintaa. Itsekurin ja viisauden valossa väärien tapojen pimeys katoaa.

Kaikki tässä maailmassa on ajatusta. Jos siis haluatte syrjäyttää jonkun huonon tavan, alkakaa mielessänne vahvistaa myönteisellä tavalla sitä vastaavaa hyvää tottumusta. Jos teillä on tapana sortua liialliseen kriittisyyteen, ajatelkaa heti, kun saatte itsenne kiinni etsimästä turhaan vikoja jostakusta, sen sijaan hänen hyviä puoliaan. Hyvin usein tarve kritisoida johtuu kateudesta, epävarmuudesta tai itsekkyydestä. Ei ole tarpeen välittää muiden puutteista vaan ainoastaan omistaan. Vikojen etsiminen rikkoo rauhanne.

Etsikää aina hyviä puolia jokaisesta. Tämä ei tarkoita, että meidän tulisi olla liian sinisilmäisiä Pollyannoja ja sulkea silmämme vääryyksiltä, joita muut tekevät. Tällainen asenne osoittaa vain arvostelukyvyn puutetta. Mutta on mahdollista tulla niin kriittiseksi, että emme pysty näkemään edes toisten ihmisten hyviä puolia.

Ihminen on täynnä epätäydellisyyttä. Miksi keskittyä siihen? Mestari suhtautui jokaiseen oppilaaseen sellaisena kuin hän oli ja keskittyi tuomaan esiin hänen parhaat puolensa. Miten Mestari teki sen? Suomalla oppilaalle rakkautta ja ymmärrystä. Niin meidänkin tulisi tehdä. Meidän tulisi pyrkiä auttamaan toinen toistamme muuttumaan paremmiksi. Se tapahtuu harjoittamalla jumalallisen sielun sisäisiä ominaisuuksia – rakkautta ja ymmärrystä – ja jakamalla niitä auliisti kaikille.

Kokoelma neuvoja

Arvostelukyvyn voima
21. maaliskuuta 1962

Ainoa keinomme paeta tästä hirvittävästä karman kehästä, jossa pyörimme ympäri ja ympäri kuin oravat juoksupyörässään, on noudattaa siunatun Gurudevamme osoittamaa hengellistä tietä ja sen ihanteita tietäen, että hänen siunauksensa ja ohjauksensa eivät puutu meiltä koskaan. Ollen kaikkiallinen Jumalassa Gurudeva on aivan suljettujen silmiemme pimeyden takana ja katsoo meitä ääneti. Kun säilytämme tämän tietoisuuden, joka pitää meidät vastaanottavaisina hänen aina läsnä olevalle avulleen, pystymme käyttämään yhä tarkemmin arvostelukyvyn säilää, jonka hän on meille antanut opetustensa viisaudessa. Leikkaamme rohkeasti pois maalliset häiriötekijät, jotka houkuttelevat mieltämme materialistisuuden poluille. Vähitellen pystymme auliisti päättämään, että haluamme elää niiden ihanteiden mukaan, jotka vetävät meitä Jumalaa kohti. Arvostelukyvyn voimin opimme tekemään, mitä meidän pitää tehdä silloin kun se on tehtävä – ei ulkoisten vaikutteiden yllyttämänä vaan toimien tyynesti ja järkevästi, Jumalan antaman älyn ja tahdonvoiman turvin.

Meidän tulisi oppia päivittäin tutkiskelemaan itseämme: "Miten pärjään? Mihin suuntaan olen menossa? Mitä olen tänään tehnyt, joka vie minua kohti Jumalaa ajatuksissa, puheessa ja teoissa?" Ja "Mitä pahoja tapoja noudatan edelleen, jotka vievät mieleni pois Jumalasta?"

Vain rakkaus

Kun yhä uudelleen muistutamme itsellemme meditaation ja jatkuvien hengellisten ponnistusten avulla, että olemme kuolemattomia sieluja emmekä kuolevaisia olentoja, katkaisemme vähitellen ne kahleet, jotka ovat kauan vanginneet meidät kehoomme samaistuvaan tietoisuuteen ja loputtoman, häiritsevän muutoksen hallitsemaan maailmaan. Kun alamme karistaa yltämme näitä kahleita, näemme häivähdyksiä itsestämme Jumalan kuvaksi luotuna sieluna. Mitä selvemmin koemme tätä jumalallista kuvaa sisimmässämme, sitä syvemmin tunnemme Hänen rakkautensa sydämessämme, Hänen viisautensa mielessämme ja Hänen ilonsa sielussamme.

Tarkkailkaa omia ajatuksianne ja tekojanne
28. tammikuuta 1962

Meditoituamme Gurujilla oli tapana sanoa meille: "Säilyttäkää hiljaisuus, pysykää sisäänpäin vetäytyneinä. Silloinkin kun nousette ylös meditaatiosijaltanne, antakaa mielenne levätä jatkuvasti, tai niin usein kuin mahdollista, Jumala-ajatuksessa." Tästä ajatuksesta saamme sen voiman, viisauden ja suuren rakkauden, jota sielumme janoaa. Ankkuroitukaa henkisesti siihen, joka yksin on muuttumaton tässä muuttuvassa maailmassa: Jumalaan.

Kun ihminen oppii tuntemaan todellisen luontonsa, hän muuttuu sisäisesti kuplivaksi ilon valtamereksi. Hän haluaa niin kiihkeästi pitää kiinni tästä ilosta,

Kokoelma neuvoja

että hän varoo tarkasti ilmaisemasta sitä liikaa ulkoisesti, ettei se katoaisi.

Olkaa aina hyväntahtoisia ja rakastavia. Jättäkää pikkumaiset ajatukset, mitättömyydet. Jos toiset ovat teille ilkeitä, yrittäkää voittaa heidät puolellenne rakkaudella. Jos se ei toimi, luovuttakaa ongelma Jumalan haltuun ja unohtakaa se. Tämä on oikea tapa selviytyä maailmassa.

Jokaisen meistä tulisi pyrkiä ilmentämään jumalallista rakkautta. Meidän ei pidä välittää siitä, ilmentävätkö muut sitä; jos käytöksemme perustuu muiden käytökseen, emme koskaan pääse eroon vähäisestä itsestä. Meidän tulee pyrkiä pysymään korkeammassa tietoisuudessa. Jos tämä ylevä ihanne on aina mielessänne ja keskitytte omaan pyrkimykseenne, teillä ei ole aikaa miettiä, noudattavatko muut tätä ihannetta eli tekevätkö he osansa. Teidän tulisi välittää vain omasta toiminnastanne ja omasta tietoisuuden tilastanne, siitä, juoksetteko te sisäisesti Jumalallisen Rakastetun jalkojen juureen.

Hengellisen elämän malli
Tammikuu 1961

Mistä voitte tietää, että edistytte hengellisesti? Silloin kaipaatte aina syvästi Jumalaa, ja meditaatiossa pystytte hallitsemaan mielenne niin, että huomionne keskittyy meditaation kohteeseen. Tunnette suuren rauhanvaltameren sisällänne ja kaikkialla ympärillänne maailmankaikkeudessa. Päivittäisessä elämässänne

Vain rakkaus

tunnette jatkuvaa halua tehdä hyvää ja yrittää tehdä oikein. Mielessänne on aina ajatus: "Herra, siunaa minua, ohjaa minua, auta minua tuntemaan Sinun tahtosi. Auta minua löytämään Sinun rakkautesi."

Eräässä mielessä on hyvin yksinkertaista löytää Jumala – se on elämäntapa. Nouskaa aamulla vuoteesta yksi ajatus mielessänne: Jumala. Suorittakaa koko päivän askareet yrittäen parhaanne mukaan välttää suuttumusta, itsekkyyttä, kaunaa ja kriittisyyttä, täysin tietoisina siitä, että kaikissa kokemuksissanne toimitte Jumalan kanssa. Hän on tukenne, Hän on puolustuksenne, Hän on voimanne, Hän on rakkautenne. Pyrkikää miellyttämään Häntä ensimmäisenä, viimeisenä ja kaiken aikaa. Miellyttäessänne Häntä pyrkikää miellyttämään myös Guruanne ja kanssaihmisiänne. Viimeiseksi joka ilta meditoikaa syvästi.

Kun olimme fyysisesti väsyneitä, Guruji sanoi usein katsoessaan meitä: "Älkää välittäkö; teille on hyväksi tehdä kovasti työtä Jumalan eteen. Mutta ette saisi käyttää sitä tekosyynä olla meditoimatta iltaisin. Tulkaa toimeen vähemmällä unella. Vaikka teillä olisi vain viisitoista minuuttia meditaatioon, käyttäkää ne viisitoista minuuttia hyväksenne. Heittäkää maailma pois tietoisuudestanne yhä uudestaan, ja sukeltakaa Jumalan läsnäolon suureen, sisäiseen valtamereen"

Jumala on helppo löytää, jos meillä on vain yksi tarkoitus, yksi päämäärä – vain Jumala. Jumalan löytäminen on hyvin hankalaa, jos sallimme mielemme vaellella ja harhautua merkityksettömiin asioihin. Tietäkää mitä haluatte, ja tavoitelkaa sitä koko sydämestänne. Jos haluatte Jumalaa, palakaa halusta saavuttaa Hänet. Jos kehonne on tiellä tai vastustelee, pankaa se ojennukseen. Meditaatiossa komentakaa kehoanne istumaan suorassa ja pysymään paikallaan, tarkkailkaa hengitystänne[1] älkääkä antako mielenne vaipua uneen. Meditaatiossa mielen tulee olla kuin hehkuva johdin; koko huomiokykynne tulisi palaa halusta Jumalaan. Jos kysytte, miten päästä siihen tilaan, kerron että se on hyvin helppoa: luokaa henkilökohtainen suhde Jumalaan puhumalla Hänelle joka hetki. Olemme aina keskittyneitä johonkin – mielihyvään tai kipuun, mieleemme juolahtaviin ajatuksiin tai henkilöihin. Keskittykää mielessänne sen sijaan Jumalaan. Olkaa rakastuneita Häneen päivin ja öin. Jos ette pysty tuntemaan tätä rakkautta, rukoilkaa sitä taukoamatta. Olla rakastunut Jumalaan – mikä suurenmoinen tila se onkaan! Se on kuin hiljainen, lempeä ilon joki, joka virtaa lakkaamatta tietoisuutenne läpi ja yhdistää olemuksenne Jumalan läsnäolon suureen valtamereen sisällänne ja ulkopuolellanne, kaikkialla ympärillänne.

Onnellisen elämän salaisuus

18. joulukuuta 1962

Sisäinen maailma[2] on ainoa todellinen pakopaikka vastoinkäymisistämme. Mitä enemmän pysymme

---

[1] Viittaus erityiseen joogiseen meditaatiotekniikkaan, jota Self-Realization Fellowshipin oppilaat harjoittavat.

[2] "Eikä voida sanoa: 'Katso, täällä se on', tahi: 'Tuolla'; sillä katso, Jumalan valtakunta on sisällisesti teissä." (Luuk. 17:21.)

Vain rakkaus

meditaatiossa sisäisen maailman jumalallisessa tietoisuudessa, sitä enemmän haluamme pysyä siinä. On helppoa ymmärtää, miksi suuret joogit uppoutuvat tähän meditatiiviseen tilaan tuntikausiksi, päiviksi tai vuosiksi kerrallaan. Vasta kun kääntyy syvälle sisäänpäin, oivaltaa olevansa todella elossa; vasta silloin on oikeasti kosketuksissa Todellisuuteen. Silloin ei tunne halua jättää tätä sisäistä taivasta ja laskeutua alas tältä tietoisuuden tasolta. Ainoa syy tehdä niin on Jumalan antamien tehtävien suorittaminen maailmassa.

Herra ei odota meidän pakenevan metsiin etsimään Häntä yksinäisyydessä. Meidän on löydettävä tämä yksinäisyys sisältämme. Kun sitten palaamme takaisin meditatiivisesta tilasta ja olemme jälleen tietoisia maailmasta, pysymme sisäisesti korkealla tasolla ja voimme paremmin täyttää Jumalan tahdon. Oikea keino pysytellä rauhallisena maailmassa on olla kiintymättä työmme hedelmiin ja suorittaa kaikki tehtävämme mitä syvimmällä hartaudella, mitä tunnollisimmalla tarkkaavaisuudella, mitä suurimmalla innolla – ei kaivaten tuloksia itsemme takia vaan ainoastaan täyttääksemme Jumalan tahdon.

Gurudeva sanoi minulle kerran: "Onnellisen elämän salaisuus on vain tämä: sano alati itsellesi sisäisesti: 'Herra, Herra, tapahtukoon Sinun tahtosi, ei minun. Sinä olet Tekijä, en minä.'" Kun pyritte elämään tämän ajatuksen mukaan, pääsette ajan myötä suuren sisäisen vapauden riippumattomaan tilaan. Vaalitte vain yhtä toivetta: "Herra, haluan tehdä vain Sinun tahtosi. Olkoon se mikä hyvänsä, olen siihen tyytyväinen, koska tässä maailmassa ei ole mitään, minkä haluan saavuttaa itseäni varten. Pyrin vain suorittamaan minkä tahansa tehtävän, jonka Sinä olet minulle antanut, pelkästään miellyttääkseni Sinua."

Taivaallinen rakkaussuhde Jumalan kanssa
7. huhtikuuta 1955

Olkaa sisäisesti niin vahvoja, niin täysin uppoutuneita Jumala-ajatukseen, uskoen Häneen täysin, että millään muulla ei ole merkitystä. Silloin mikään harmi, mikään ikävä tapahtuma, ei voi järkyttää teitä. Ne ovat pelkkiä koettelemuksia. Jos ne vaivaavat kehoamme, niiden tarkoitus on yllyttää meidät muistamaan Taivaallinen Äiti ja todellinen luontomme Hänessä. Fyysisten koettelemusten kautta opimme loppujen lopuksi rukoilemaan: "Vaikka tätä kehoa piinaavat kivut, vaikka olen epävarma siitä, mitä tuleman pitää, oi Äiti, tiedän etten ole tämä keho vaan kuolematon sielu, joka vain lyhyen aikaa asustaa tässä kuolevaisessa muodossa." Jos epäilykset raastavat mieltä ja sielu on tyytymätön, se on vain muistutus, että meidän on haettava Äärettömästä Alkulähteestä sitä turvaa ja täyttymystä, jota sydämemme janoaa, sitä rakkautta, jota mikään ihmissuhde ei voi meille antaa. Kukaan paitsi yksin Jumala ei voi täysin tyydyttää ihmishengen synnynnäisiä tarpeita.

Jumalasta me olemme lähtöisin. Jumalalle ja yksin Jumalalle meidän tulisi elää ja työskennellä vailla itsekkyyttä, aina vain epäitsekkäämmin. Rakkaan

Vain rakkaus

Jumalamme syliin me jonakin päivänä sulamme jälleen. Miettikää tätä totuutta, ja pitäkää se aina esikuvananne. Älkää pelätkö mitään. Älkää pelätkö kehon kamppailuja. Älkää pelätkö tehdä joitakin uhrauksia ja antautua Jumalalle. Jokaisen palvojan tulee oppia tämä suuri opetus. Miksi huolehtia ylenpalttisesti tästä väliaikaisesta kehosta? Luovuttakaa se Jumalan haltuun.

Voin muistaa ne päivät, jolloin en vielä pystynyt päästämään irti vaan annoin liikaa painoa itselleni. Miten suurenmoisen vapauden tunteen koettekaan, kun viimein astutte esteen yli ja oivallatte, että Taivaallinen Äiti ylläpitää meitä elämämme jokaisena hetkenä, jokaisen hengenvetomme kautta, jokaisen sydämenlyöntimme kautta. Jos Hän on kanssamme, kuka tai mikä voisi olla meitä vastaan?

Jokaisessa meissä on Jumalallinen Kipinä, joka oli myös kaikissa pyhimyksissä. Jumala ei rakasta meitä tippaakaan vähempää kuin heitä. Mikä sitten puuttuu? Vain jokin sisällämme. Jos emme pysty tuntemaan Jumalan rakkautta, se johtuu siitä, että rakkautemme Häntä kohtaan ei ole kyllin syvää. Missä piilee vika? Jälleen vain meissä itsessämme. Emme voi syyttää ketään muuta – emme olosuhteitamme, emme ympäristöämme tai kanssaihmisiämme. Meidän on meditoitava syvemmin.

Kun nousette aamulla, meditoikaa. Jos on välttämätöntä, olkaa luja henkisesti kehoanne kohtaan, niin että saatte sen tottelemaan. Kehonne on kanssanne vain muutaman vuoden ajan; se on käytössänne kuolemattoman sielunne, todellisen itsenne, välineenä. Pitäkää myös mielenne kurissa. Kun saatte kehon ja

Kokoelma neuvoja

mielen hallintaan, huomaatte miten yksinkertaista, miten helppoa on oivaltaa Jumalan läsnäolo.

Mitä sitten teettekin, mikään ei estä teitä puhumasta Jumalalle äänettömästi. Kun on vielä aikaa – kun on elämää, terveyttä, mahdollisuuksia ja vapautta kokea tämä taivaallinen rakkaussuhde Jumalan kanssa – älkää tyytykö, ennen kuin tunnette Jumalan rakkauden kuohuvan sisällänne aina kun ajattelette Hänen nimeään. "Koittaako se päivä, Äiti, kun sanon 'Äiti' ja kyyneleet valuvat silmistäni?" Kun Guruji lauloi tätä laulua, sydämeni kaihosi: "Oi, Äiti, koittaako se päivä minulle?" Vain sellainen rakkaus on todellista. Tärkein velvollisuutemme elämässä on löytää tämä rakkaus ja herättää se toisten sydämissä. Vain tätä tehtävää varten Self-Realization Fellowshipin järjestö on olemassa. Tälle tielle omistautuneina pitäkää tuo ihanne aina esikuvananne.

MUITA SRI DAYA MATAN KIRJOJA JA PUHETALLENTEITA

Kirjat

Finding the Joy Within You:
Personal Counsel for God-Centered Living

Enter the Quiet Heart:
Creating a Loving Relationship With God

How to Change Others

Intuition: Soul-Guidance for Life's Decisions

Overcoming Character Liabilities

The Skilled Profession of Child-Rearing

CD-tallenteita

Anchoring Your Life in God

Finding God in Daily Life

Free Yourself From Tension

God First

A Heart Aflame

Is Meditation on God Compatible With Modern Life?

Karma Yoga:
Balancing Activity and Meditation

Let Every Day Be Christmas

Let Us Be Thankful

Living a God-Centered Life

Moral Courage:
Effecting Positive Change Through Moral and Spiritual Choices

"My Spirit Shall Live On...":
The Final Days of Paramahansa Yogananda

Strengthening the Power of the Mind

Understanding the Soul's Need for God

The Way to Peace, Humility, and Love for God

DVD-TALLENTEITA

Beholding God in the Temple of All Life

Him I Shall Follow:
Remembrances of My Life With Paramahansa Yogananda

Finding Divine Peace and Balance

Fulfilling the Soul's Deepest Needs

Living in the Love of God

Opening Your Heart to God's Presence

A Scripture of Love

The Second Coming of Christ:
Making of a Scripture – Reminiscences by Sri Daya Mata and Sri Mrinalini Mata

Security in a World of Change

SELF-REALIZATION FELLOWSHIPIN JULKAISUJA

Saatavana kirjakaupoista tai suoraan kustantajalta:

Self-Realization Fellowship
3880 San Rafael Avenue
Los Angeles, California 90065-3219, U.S.A.
Puh +1 323 225-2471 • Fax +1 323 225-5088
www.yogananda-srf.org

Paramahansa Yoganandan suomeksi käännettyjä kirjoja

Joogin omaelämäkerta

Kuinka voit puhua Jumalan kanssa

Metafyysisiä meditaatioita

Miksi Jumala sallii pahuuden ja miten päästä pahan tuolle puolen

Onnistumisen laki

Paramahansa Yoganandan sanontoja

Peloton elämä

Sielun pyhäkössä

Sisäinen rauha

Vahvistavien parannuslauseiden tiede

Voitokas elämä

MUITA SUOMEKSI KÄÄNNETTYJÄ SELF-REALIZATION FELLOWSHIPIN KIRJOJA

Swami Sri Yukteswar:
Pyhä tiede

Sri Daya Mata:
Intuitio
Sielun ohjausta elämän valintoihin

Sri Daya Mata:
Vain rakkaus
Hengellinen elämä muuttuvassa maailmassa

PARAMAHANSA YOGANANDAN ENGLANNINKIELISIÄ KIRJOJA

Autobiography of a Yogi

The Second Coming of Christ:
The Resurrection of the Christ Within You
Inspiroitu kommentaari Jeesuksen alkuperäisistä opetuksista.

God Talks with Arjuna: The Bhagavad Gita
Uusi käännös ja kommentaari.

Man's Eternal Quest
Paramahansa Yoganandan koottujen puheiden
ja esseiden ensimmäinen osa.

The Divine Romance
Paramahansa Yoganandan koottujen puheiden
ja esseiden toinen osa.

Journey to Self-realization
Paramahansa Yoganandan koottujen puheiden
ja esseiden kolmas osa.

Wine of the Mystic:
The Rubaiyat of Omar Khayyam — A Spiritual Interpretation
Inspiroitu kommentaari, joka tuo päivänvaloon jumalayhteyden mystisen tieteen Rubaijatin arvoituksellisen kuvaston takaa.

Where There Is Light:
Insight and Inspiration for Meeting Life's Challenges
Innoitusta elämän haasteiden ymmärtävään kohtaamiseen.

Whispers from Eternity
Kokoelma Paramahansa Yoganandan rukouksia ja jumalallisia kokemuksia korkeissa meditaatiotiloissa.

The Science of Religion

The Yoga of the Bhagavad Gita:
An Introduction to India's Universal Science of God-Realization

The Yoga of Jesus:
Understanding the Hidden Teachings of the Gospels

In the Sanctuary of the Soul:
A Guide to Effective Prayer

Inner Peace:
How to Be Calmly Active and Actively Calm

To Be Victorious in Life

Why God Permits Evil and How to Rise Above It

Living Fearlessly:
Bringing Out Your Inner Soul Strength

How You Can Talk With God

Metaphysical Meditations
Yli kolmesataa hengellisesti kohottavaa meditaatiota, rukousta ja affirmaatiota.

Scientific Healing Affirmations
Paramahansa Yoganandan perusteellinen selostus vahvistavien parannuslauseiden tieteestä.

Sayings of Paramahansa Yogananda
Kokoelma Paramahansa Yoganandan lausumia ja viisaita neuvoja, hänen vilpittömiä ja rakastavia vastauksiaan niille, jotka tulivat hakemaan häneltä opastusta.

Songs of the Soul
Paramahansa Yoganandan mystistä runoutta.

The Law of Success
Selittää ne dynaamiset periaatteet, joita noudattamalla on mahdollista saavuttaa tavoitteensa elämässä.

Cosmic Chants
Kuudenkymmenen antaumuksellisen laulun sanat ja melodiat. Johdannossa Paramahansa Yogananda selittää, miten hengellinen laulu voi johtaa jumalayhteyteen.

PARAMAHANSA YOGANANDAN ÄÄNITTEITÄ

Beholding the One in All

The Great Light of God

Songs of My Heart

To Make Heaven on Earth

Removing All Sorrow and Suffering

Follow the Path of Christ, Krishna, and the Masters

Awake in the Cosmic Dream

Be a Smile Millionaire

One Life Versus Reincarnation

In the Glory of the Spirit

Self-Realization: The Inner and the Outer Path

MUITA SELF-REALIZATION FELLOWSHIPIN JULKAISUJA

Täydellinen luettelo Self-Realization Fellowshipin julkaisuista on saatavana pyydettäessä.

Swami Sri Yukteswar:
The Holy Science

Sri Daya Mata:
Only Love:
Living the Spiritual Life in a Changing World

Sri Daya Mata:
Finding the Joy Within You:
Personal Counsel for God-Centered Living

Sri Gyanamata:
God Alone:
The Life and Letters of a Saint

Sananda Lal Ghosh:
"Mejda":
The Family and the Early Life of Paramahansa Yogananda

Self-Realization
(Paramahansa Yoganandan vuonna 1925 perustama, neljä kertaa vuodessa ilmestyvä lehti)

SELF-REALIZATION FELLOWSHIPIN OPETUSKIRJEET

Paramahansa Yoganandan opettamia tieteellisiä meditaatiotekniikoita – *kriya*-jooga mukaan lukien – sekä ohjeita tasapainoisen hengellisen elämän kaikille alueille esitetään opetuskirjeissä, Self-Realization Fellowship Lessons. Tarkempaa tietoa löytyy ilmaiseksi saatavasta kirjasesta *"Undreamed-of Possibilities"*, jota on englanniksi, espanjaksi ja saksaksi.

PARAMAHANSA YOGANANDASTA

"Jumalan rakastamisen ja ihmiskunnan palvelemisen ihanteet toteutuivat täysimittaisesti Paramahansa Yoganandan elämässä – – Vaikka hän vietti suurimman osan elämästään Intian ulkopuolella, hän kuuluu suurten pyhimystemme joukkoon. Hänen työnsä jatkaa kasvuaan loistaen yhä kirkkaammin ja kutsuen ihmisiä kaikkialla Hengen pyhiinvaellustielle."

– Intian hallituksen kunnianosoituksesta sen julkaistessa juhlapostimerkin Paramahansa Yoganandan muistolle.

Paramahansa Yoganandaa pidetään laajalti oman aikamme yhtenä suurimmista hengellisistä hahmoista. Hän oli syntynyt Pohjois-Intiassa vuonna 1892. Hän asui ja opetti Yhdysvalloissa yli kolmenkymmenen vuoden ajan alkaen vuodesta 1920, jolloin hänet oli kutsuttu Intian edustajaksi Bostoniin uskonnollisten johtajien kansainväliseen konferenssiin, aina kuolemaansa, vuoteen 1952 asti. Elämällään ja opetuksillaan hän edisti kauaskantoisella tavalla idän hengellisen viisauden ymmärtämistä ja arvostusta läntisessä maailmassa.

Paramahansa Yoganandan elämäkerta, *Joogin omaelämäkerta* (*Autobiography of a Yogi*), on sekä kiehtova muotokuva tästä rakastetusta maailman opettajasta että syvällinen johdanto Intian muinaiseen joogatieteeseen, -filosofiaan ja ikivanhaan meditaatioperinteeseen. Kirja on ollut jatkuva menestysteos jo 60. vuoden ajan aina ilmestymisestään lähtien. Se on käännetty yli kolmellekymmenelle kielelle, ja sitä käytetään oppi- ja viitekirjana monissa korkeakouluissa ja yliopistoissa. Teosta pidetään nykyajan hengellisenä klassikkona, ja se on löytänyt tiensä miljoonien lukijoiden sydämiin kautta maailman.

Paramahansa Yoganandan hengellistä ja humanitaarista työtä jatkaa Self-Realization Fellowship, kansainvälinen uskonnollinen järjestö, jonka hän perusti 1920 ja joka tänään toimii Sri Mrinalini Matan ohjauksessa. Järjestö julkaisee Paramahansa Yoganandan kirjoituksia, luentoja, vapaamuotoisia puheita (samoin kuin laajaa opetuskirjesarjaa kotiopiskelua varten) sekä julkaisutoiminnan lisäksi johtaa eri puolilla maailmaa toimivia temppeleitä, retriittejä ja keskuksia, Self-Realization-luostariyhteisöjä ja maailmanlaajuista rukouspiiriä.

SELF-REALIZATION FELLOWSHIPIN PÄÄMÄÄRÄT JA IHANTEET

Määritellyt Paramahansa Yogananda, perustaja
Sri Mrinalini Mata, presidentti

Levittää kansojen keskuuteen tietoa täsmällisistä tieteellisistä tekniikoista, joiden avulla voidaan saavuttaa suora henkilökohtainen kokemus Jumalasta.

Opettaa, että elämän tarkoitus on ihmisen omien ponnisteluiden kautta tapahtuva kehitys rajallisesta kuolevaisen tietoisuudesta Jumala-tietoisuuteen ja tätä varten perustaa kaikkialle maailmaan Self-Realization Fellowshipin temppeleitä, joissa voidaan harjoittaa jumalayhteyttä, sekä kehottaa ihmisiä perustamaan Jumalan temppeleitä omiin koteihinsa ja sydämiinsä.

Tuoda julki alkuperäisen, Jeesuksen Kristuksen opettaman kristinuskon sekä alkuperäisen, Bhagavan Krishnan opettaman joogan välinen täydellinen harmonia ja perustavanlaatuinen ykseys ja osoittaa, että nämä totuuden periaatteet ovat kaikkien tosi uskontojen yhteinen tieteellinen perusta.

Näyttää se jumalallinen valtatie, jolle kaikkien tosi uskontojen tiet lopulta johtavat: päivittäisen tieteellisen ja antaumuksellisen meditaation valtatie.

Vapauttaa ihminen hänen kolminkertaisesta kärsimyksestään: kehon sairauksista, mielen tasapainottomuudesta ja hengellisestä tietämättömyydestä.

Edistää yksinkertaista elämää ja syvällistä ajattelua; levittää kansojen keskuuteen veljeyden henkeä opettamalla niiden ykseyden ikuista perustaa: että ne kaikki ovat Jumalan sukua.

Päämäärät ja ihanteet

Osoittaa, että mieli hallitsee kehoa ja sielu mieltä.
Voittaa paha hyvällä, suru ilolla, julmuus ystävällisyydellä, tietämättömyys viisaudella.
Yhdistää tiede ja uskonto niiden perimmäisten periaatteiden ykseyden oivaltamisen kautta.
Edistää idän ja lännen keskinäistä kulttuurista ja hengellistä ymmärrystä ja kummankin parhaiden ominaispiirteiden keskinäistä vaihtoa.
Palvella ihmiskuntaa omana laajempana Itsenä.

www.ingramcontent.com/pod-product-compliance
Lightning Source LLC
Chambersburg PA
CBHW031612160426
43196CB00006B/108